MALCOLM SMITH

DIE KRAFT DES NEUEN BUNDES

Wie Gottes Verheißungen erlebbar werden

Die englischsprachige Originalausgabe erschien im Verlag *Harrison House* unter dem Titel *The Power of the Blood Covenant – Uncover the Secret Strength in God's Eternal Oath*

Die Deutsche Nationalbibliothek verzeichnet diese Publikation in der Deutschen Nationalbibliografie; detaillierte bibliografische Daten sind im Internet über https://dnb.de abrufbar.

Bibelzitate, sofern nicht anders angegeben, wurden der Schlachter Bibelübersetzung entnommen. Bibeltext der Schlachter, © 2000 Genfer Bibelgesellschaft. Alle Rechte vorbehalten. Alle Bibelübersetzungen wurden mit freundlicher Genehmigung der Verlage verwendet. Hervorhebungen und Ergänzungen einzelner Wörter oder Passagen innerhalb von Bibelzitaten wurden vom Autor vorgenommen.

AMP *Amplified Bible*, © 1987 The Lockman Foundation, www.lockman.org.
ELB *Revidierte Elberfelder Bibel*, © 2006 SCM R.Brockhaus, Witten.
EÜ *Einheitsübersetzung der Heiligen Schrift*, © 2016 Kath. Bibelanstalt GmbH, Stuttgart.
KJV *King James Version*.
LUT *Lutherbibel*, © 2016 Deutsche Bibelgesellschaft Stuttgart.
MSG *The Message*, © by Eugene H. Peterson 1995. NavPress Publishing Group.
NKJV *New King James Version*, © 1982 by Thomas Nelson.
NLB *Neues Leben Bibel*, © 2017 SCM R.Brockhaus, Witten.

Umschlaggestaltung: spoon design, Olaf Johannson
Umschlagbild: Rene Bohmer/Unsplash
Übersetzung: Gabriele Kohlmann
Korrektorat: Thilo Niepel
Satz: Grace today Verlag
Druck: CPI Clausen & Bosse, Leck
Printed in Germany

1. Auflage 2024

Paperback: ISBN 978-3-95933-262-6, Bestellnummer 372262
E-Book: ISBN 978-3-95933-263-7, Bestellnummer 372263

www.gracetoday.de

INHALT

KAPITEL 1

Was fehlt?

Noch bevor sie ihn tatsächlich sahen, wussten die Astronomen bereits, dass der Planet, den wir heute als Pluto kennen, aufgrund seines Gravitationseinflusses auf andere Planeten zu unserem Sonnensystem gehört. Meine Reise in die Inhalte dieses Buches verlief ähnlich.

Als ich die verschiedenen Bücher der Bibel durchlas und die einzelnen Personen studierte, wurde mir bewusst, dass sie etwas gewusst haben, das mir nicht bekannt war. Dieses »Etwas« übte einen enormen Einfluss auf ihr Verständnis von Gott und der mit ihm verbundenen Errettung aus. Der mutige Glaube, den sie voller Autorität zur Anwendung brachten, war eine Reaktion auf dieses »Etwas«.

Während ich die Psalmen studierte und die in der Bibel festgehaltenen Gebete von Männern und Frauen Gottes las, wurde mir bewusst, dass die Art ihres Betens und ihrer Gottesverehrung eine Folge der Offenbarung war, die sie von diesem »Etwas« hatten. Ich erkannte, dass es sich hierbei – was auch immer es war – um das Fundament handelte, auf dem das Volk Gottes sein Leben aufbaute. Dieses »Etwas« war das Geheimnis ihres Lebens und ihres Wandels mit Gott und die Grundlage für ihre Taten in seinem Namen.

Am deutlichsten zeigte sich das im Neuen Testament. Auch dort konnte ich deutlich erkennen, dass die Gläubigen auf etwas reagierten, von dessen Existenz ich nicht wusste. Sie schienen Errettung ganz anders zu sehen, als ich es tat.

Ich war dazu erzogen worden, meine Errettung nach dem Vorbild eines Gerichtssaals zu sehen, in dem ich der zum Tode verurteilte Gefangene war und der Richter meinen Platz einnahm, um meine Strafe zu tilgen, wodurch ich entlastet und für gerecht erklärt wurde. Das war ein durchaus brauchbares Denkmodell, aber es fehlte etwas, das ich nicht genau benennen konnte.

Einige Wochen, nachdem ich Christus angenommen hatte, machte ich eine Erfahrung mit dem Heiligen Geist, die mein Leben auf dramatische Weise veränderte; doch als ich die Seiten des Neuen Testaments immer wieder durchlas, begriff ich, dass der Heilige Geist für die Verfasser zu ihrem *wahren Leben* geworden war. Durch eben diesen Geist definierten und verstanden sie ihre Errettung. Sie kannten ihn nicht nur als ekstatische Erfahrung, sondern als Gesamtkontext ihres Lebens.

Es war offensichtlich, dass sie kein zweites oder drittes Erlebnis hatten, das sie in diese Dimension des Lebens hineinkatapultierte. Es gab »etwas«, von dem sie wussten und anhand dessen sie das Kreuz, Jesu Blutvergießen, seine Auferstehung, seine Himmelfahrt und die Gabe des Heiligen Geistes interpretierten – etwas, das mir unbekannt war. Dasselbe »Etwas« bestimmte das Wirken des Geistes sowohl in ihrem persönlichen Leben als auch in der Gemeinschaft der Gläubigen in einer Tiefe, die Lichtjahre über meine Erfahrung mit dem Heiligen Geist hinausging.

Der Kern des Bundes

Ich entdeckte, dass dieses »Etwas«, von dem ich nichts wusste, der Bund war, den Gott mit seinem Volk geschlossen hatte. Es fällt mir heute schwer, mich daran zu erinnern, wie ich die Bibel betrachtete, bevor ich den Bund erkannte und verstand. Ganz sicher habe ich nicht gewusst, dass alles von dem verborgenen Kern des Bundes ausging. Ich hatte ein Glaubenssystem, das zusammenhanglos war; jeder Teil stand für sich allein wie eine Insel in einem Meer namens Christentum, und kein Teil hatte eine wirkliche Verbindung zu den anderen Teilen. Ich glaubte, dass Gott das Universum erschaffen hatte, aber ich sah nicht, wie das mit unserer Errettung zusammenhing. Die Errettung war für mich ein Akt der Liebe Gottes, aber sie geschah einfach, ohne jede Verbindung zu bestimmten Verpflichtungen, die er damit eingegangen war. Meine Erfahrung mit dem Heiligen Geist war eine wunderbare Beigabe zur Errettung von der Sünde; ich sah sie aber nicht als notwendigen Bestandteil von allem anderen.

Es fehlte dieses »Etwas«, das alles miteinander verband. Die Verheißungen Gottes waren das Wort Gottes und absolut verlässlich, aber sie schwebten wiederum in einem eigenen Raum ohne jegliche Verbindung zu einer mit Blut besiegelten Verpflichtung, die Gott eingegangen war.

Der Glaube war für mich ein Rätsel. Ich dachte über die Autorität nach, mit der die Helden der Bibel sprachen, und fragte mich, woher sie die Vollmacht hatten, solche Wunder in Existenz zu sprechen, und warum Gott ihre Worte würdigte. Mir war nicht klar, dass sie aus einer früheren Verpflichtung heraus sprachen, die Gott ihnen gegenüber eingegangen war.

Gebet fiel in dieselbe Kategorie: Was bedeutete es, im Namen Jesu zu beten? Es erschien mir einschränkend und befreiend zugleich. Ich wusste nicht, dass sein Name das Herzstück des Bundes ist. Selbst mit dem Lob, der Danksagung und der Anbetung in den Psalmen wurde ihm für »etwas« gedankt, von dem ich damals nicht wusste, dass es sein Bund und seine bundestreue Liebe waren.

Die Entdeckung des neuen Bundes, geschlossen im Blut Gottes, vergossen aus den Wunden des Herrn Jesus, ließ mir die Bibel in einem völlig neuen Licht erscheinen. Das einem ungewissen Meer gleichende Christsein wich festem Land, und die Inseln der Wahrheit und des erlebten Glaubens fügten sich zu einem Ganzen zusammen. Ich lernte die Ruhe in Christus kennen und verstand den Platz des Heiligen Geistes in meinem persönlichen Leben und in der Gemeinde als Ganzes, wie es vor meiner Entdeckung des Bundes nie der Fall gewesen war.

Ein kraftloses Evangelium

Tragischerweise ist die große Mehrheit der Gläubigen des 21. Jahrhunderts blind für die Tatsache, dass das Evangelium ihnen die Aufnahme in eine solche Beziehung zu Gott ankündigt und sie dazu befähigt. Da sie diese überwältigende Berufung nicht erkennen, begnügen sie sich mit dem wöchentlichen Besuch von Gottesdiensten, mit Gebetsübungen sowie Bibelstudium und mit der Einhaltung von Regeln, die sich größtenteils auf das physische Leben beziehen.

Ich bin kein technisch begabter Mensch. Tatsächlich könnte man mich als Analphabeten in Sachen Technik bezeichnen. In meinen späten Teenagerjahren war ich Pastor einer kleinen Gemeinde in einem Bauerndorf in Nordirland. Ich besuchte die Gemeindeglieder auf ihren Bauernhöfen mit dem Fahrrad. Um mir meine Aufgabe als Hirte zu erleichtern, schenkte mir einer der Bauern ein kleines Motorrad, das einem seiner Söhne gehört hatte. Ich hatte noch nie eine solche Maschine besessen oder auch nur davon geträumt, weshalb ich dieses Geschenk sowohl mit Furcht als auch Ehrfurcht entgegennahm. Niemand hatte mir erklärt, wie so ein Gefährt funktionierte oder was ich tun musste, damit es lief, und da es alt war, lag auch keine Betriebsanleitung bei.

Ich rüstete mich mit Helm und Motorradkleidung aus und machte mich auf den Weg, um die neue Erfahrung zu genießen, ohne Anstrengung an mein Ziel gebracht zu werden. Vorbei waren die Zeiten, in denen ich gegen den Wind bis zur Erschöpfung in die Pedale treten musste.

Am zweiten Tag jedoch stotterte der Motor und gab den Geist auf. Ich saß traurig und verwirrt da, ohne eine Ahnung zu haben, was los sein könnte. Ich begann, die Maschine über die Straße zu schieben. Ich schwitzte unter meiner schweren Montur und sehnte mich nach den alten Tagen eines verlässlichen Fahrrads. Ich stapfte Kilometer um Kilometer in der prallen Sonne. Ich war versucht, dieses elende Gefährt im Straßengraben zu entsorgen, aber ich wollte den Bauern, der es mir geschenkt hatte, nicht beleidigen.

Der Verdruss über mein Geschenk und meine Betrübnis darüber, dass es so bald irreparabel kaputt gegangen war, wurden durch die Stimme eines freundlichen Bauern unterbrochen. Er hatte gesehen, wie ich meine Last über die Straße zerrte und rief mir zu: »Du kannst etwas von meinem Benzin haben, mein Sohn!« Freudig erstaunt blieb ich stehen, denn mir wurde klar: Mein Motorrad war gar nicht defekt, sondern der Sprit war einfach aufgebraucht!

Ich bin schon vielen Christen begegnet, die ihr Leben auf der Landstraße entlangschieben und kurz davor sind, es in den Straßengraben zu kippen, weil sie zwar das äußere Erscheinungsbild eines Christen haben, aber nicht die kraftvolle Energie kennen, die das Herzstück des Glaubenslebens ist. Sie treiben sich selbst bis zur Erschöpfung an, wo sie doch eigentlich von der Energie eines anderen vorangetragen werden sollten.

Worin besteht das Evangelium? Wenn das, was wir für das Evangelium halten, nicht die Kraft Gottes zur Errettung ist, dann müssen wir uns fragen, ob wir es überhaupt verstehen.

Was ist biblischer Glaube? Für viele ist er die religiöse Version der Bekenntnisse, von denen die Autoren von Selbsthilfebüchern sprechen.

Wie können wir aufhören, uns vor Gott zu fürchten, und anfangen, ihn wirklich zu lieben? Ist es möglich, sowohl sein Freund als auch sein Diener zu sein?

Was ist wahre Heiligkeit? Sicherlich muss sie mehr bedeuten als das Einhalten einer Liste von Verhaltensregeln.

Was meinte Jesus mit der Aussage »Ich in euch und ihr in mir«? Das klingt nach viel mehr als zweimal die Woche in die Kirche zu gehen!

Wie überwinden wir Versuchung? Ist es eine Frage starker Willenskraft und Entschlossenheit?

Wie ist es möglich, Menschen zu lieben, die nicht liebenswert erscheinen? Wie können wir einander so lieben, wie Jesus uns geliebt hat? Wie können wir das Unverzeihliche verzeihen?

Tragischerweise gibt es Millionen von Gläubigen, die über die Antworten auf diese Fragen genauso gut Bescheid wissen wie ich über die Funktionsweise jenes Motorrads damals.

Ich möchte dir den Inhalt eines Briefes zeigen, den ich neulich erhalten habe:

Lieber Malcolm,
wir kennen uns nicht, und ich bin dir auch nie begegnet, aber ein Freund von mir hat mir erzählt, dass ihm deine Lehre sehr geholfen hat. Er nannte mir deine Adresse und drängte mich, dir zu schreiben. Ich vertraue darauf, dass du diesen Brief lesen und mir einige Antworten geben wirst.

Ich schreibe dir, weil mein Leben als Christ eine einzige Katastrophe ist und ich mich an niemanden sonst wenden kann. Ich gehöre zur Leiterschaft meiner Gemeinde, und wenn ich dem Pastor oder einem der Diakone von meinem Leben erzählen würde, wüsste ich nicht, was dann geschähe. Ich weiß jedenfalls, dass ich in dieser Gemeinde nicht mehr willkommen wäre. Ich bete, dass du dies lesen wirst und in der Lage bist, mir zu helfen.

Um es gleich vorauszuschicken: Wenn du mich in der Gemeinde, bei den wöchentlichen Zusammenkünften, beim geselligen Beisammensein mit anderen Gemeindegliedern oder beim Unterrichten meiner Sonntagsschulklasse für junge Erwachsene sehen würdest, kämst du nie auf die Idee, ich könnte anders sein als die Person, die du vor dir hast.

Es war nicht meine Absicht, ein Heuchler zu werden. Von Anfang an habe ich mein Bestes gegeben, um für Jesus zu leben. Ich habe mich dazu diszipliniert, jeden Tag zu beten, die Bibel zu lesen und sogar Bibelverse auswendig zu lernen. Ich beginne wirklich jede Woche mit dem Vorsatz, für Jesus zu leben. Aber ich scheitere jedes Mal. Das Leben, das meine Familie und die Menschen, mit denen ich zusammenarbeite, zu sehen bekommen, unterscheidet sich deutlich von dem, welches der Gemeinde vorgeführt wird. Ich bin schrecklich jähzornig und kann mich nicht beherrschen, so sehr ich mich auch bemühe. Ich kämpfe auch jeden Tag mit lüsternen Gedanken, und wenn ich geschäftlich unterwegs bin, sehe ich mir im Hotelzimmer pornografische Filme an. Ich habe einen Bruder, mit dem ich seit zwanzig Jahren nicht mehr gesprochen habe, und ich kann mich nicht dazu durchringen, ihm zu vergeben, denn er hat mein Vertrauen missbraucht und mich damit zutiefst verletzt. Wenn Christsein bedeutet, so zu lieben, wie Jesus geliebt hat, dann scheide ich wohl komplett aus.

Vor allem aber liebe ich Gott nicht; ich finde keine Freude an meinem Gebet oder Bibellesen – ich tue es, weil man mir gesagt hat, dass es für mein Christenleben förderlich sei. Aber ich bin nicht mit dem Herzen dabei, wenn es darum geht, Gottes Anordnungen zu folgen und Gemeinschaft mit ihm zu pflegen; tatsächlich muss ich zugeben, dass ich die Menschen in der Welt manchmal beneide – sie sehen sehr viel zufriedener aus, als ich mich jemals fühle.

Vielleicht habe ich in den letzten zehn Jahren einfach immer so weitergelebt, weil ich in der Gemeinde eine Fassade aufrechterhalten kann, die meine Leiter und die anderen Leute dort zufriedenstellt. Sicher weißt du, was ich mit »Fassade« meine – die Regeln der Subkultur, der wir Evangelikalen angehören. Ich habe sie mir erst neulich wieder durch den Kopf gehen lassen. Wir sind die Leute, die bestimmte Dinge nicht tun; wir gehen nicht an gewisse Orte; wir rauchen nicht, trinken keinen Alkohol und kleiden uns nicht wie die Welt, vor allem nicht unsere bemitleidenswerten Frauen! Solange ich diese Regeln einhalte, halten mich alle für einen guten Christen.

Aber in den letzten Wochen habe ich mich mit mir selbst auseinandergesetzt und erkannt, dass sich die Bibel in erster Linie mit meinen Gedanken, Motiven und Beziehungen befasst und nicht so sehr mit Verhaltenslisten, wie ich sie mein Leben lang einzuhalten versuche und wie sie von der Gemeinde vorgegeben wurden. Die Bibel fordert mich vor allem dazu auf, Gott zu lieben, mich an ihm zu erfreuen und seinen Anordnungen aus Liebe zu ihm zu folgen.

Ich versage kläglich. Malcolm, die Wahrheit ist, dass ich Gott nicht liebe. Genauer gesagt habe ich Angst vor ihm. Ich gehe zum Gottesdienst und ich bete, aber nur, weil ich fürchte, in die Hölle zu kommen, wenn ich es nicht tue. Ich schaue mir die anderen in meiner Gemeinde an, sogar meine Freunde, und frage mich, ob sie in der gleichen Verdrehtheit leben wie ich – warum sollte es anders sein? Sie haben keine Ahnung, wie ich wirklich bin. Schreien auch sie ihre Kinder an und schauen vielleicht auch sie sich heimlich Pornos an, wenn sie unbeobachtet sind? Spulen sie sonntags das übliche Programm ab, während ihre Herzen unberührt bleiben und Gott gegenüber ohne Liebe sind? Ist ihr religiöses Leben wie meines – nur eine hauchdünne Maske, die die wahre Person dahinter verdeckt?

Es gab Zeiten, in denen ich dachte, ich hätte eine Gotteserfahrung gemacht. Bei besonderen Veranstaltungen, bei denen mir die Hände aufgelegt wurden, spürte ich ein warmes Glühen in mir, das Aufflackern einer Freude, die ein paar Wochen anhielt, und ich frage mich, ob echte Christen diese Dinge dauerhaft spüren. Manchmal hörte ich eine Botschaft, die eine Anleitung für ein Leben als siegreicher Christ lieferte, und diese habe ich dann auch ausprobiert. Aber wenn ich bestimmte Dinge gemeinsam mit den Leuten aus dem Büro umzusetzen versuchte, fühlte es sich immer irgendwie gekünstelt an. Alle meine Hoffnungsschübe, dass ich ein solches Leben führen könnte, erweisen sich als Sackgassen und hinterlassen eine noch größere Verzweiflung in mir als zuvor.

Während der letzten Wochen habe ich mich selbst betrachtet und Bilanz darüber gezogen, wie mein Leben wirklich aussieht. Das hat mich vollends verzweifeln lassen. Dieser Brief ist mein letzter Versuch, jemanden zu fragen, dem ich vertrauen kann, ob ein Leben als Christ von normalen Menschen wie meinen Freunden und mir überhaupt gelebt werden kann. Sag mir ehrlich, Malcolm, ist es nur etwas für einige wenige außergewöhnliche Menschen, die nicht die gleichen Sehnsüchte haben wie wir und die wirklich die Welt hassen und Gott lieben? Und falls es doch für alle ist, gibt es dann etwas, das ich übersehen habe? Gibt es ein gewisses Maß an Hingabe oder gibt es eine Erfahrung, die ich machen muss, damit ich endlich als Christ leben kann? Oder ist mein Leben, wie ich es dir zu beschreiben versucht habe, das Äußerste, was ich erwarten kann?

Wenn ich vom Christsein nichts Besseres erwarten kann als das, was ich bisher erfahren habe, werde ich mich in aller Stille von alldem verabschieden. Ich kann nicht länger ein Leben führen, das so unfassbar oberflächlich und bedeutungslos ist. Bitte sei ehrlich zu mir, Malcolm – wenn du mir sagst, dass das Leben als Christ in der Praxis tatsächlich so funktioniert, werde ich niemandem erzählen, dass du das gesagt hast; ich werde deinen Brief verbrennen und aus allem aussteigen. Heute Abend findet in der Gemeinde ein Bibel- und Gebetstreffen statt und ich möchte daran nicht teilnehmen; eigentlich habe ich überhaupt kein Interesse, dort zu sein. Hingehen würde ich nur, um mir nicht den Stress anzutun, vom Pastor gefragt zu werden, warum ich nicht da war, und um vor meinen Freunden nicht als jemand dazustehen, der abtrünnig wird. Aber ich denke, ich werde trotzdem zu Hause bleiben, weil ich diese Spielchen einfach satthabe. Bitte antworte mir und sei ehrlich zu mir, ganz egal, wie die Antwort lautet.

Ich danke dir,
Bob

Ich erhalte viele Briefe, in denen sich die gleiche Verzweiflung widerspiegelt, die Bob beschreibt. Traurigerweise hat er mit seiner Annahme recht, dass viele seiner Freunde, die neben ihm im Gottesdienst Loblieder singen, in der gleichen hoffnungslosen Konfusion leben, in der er sich befindet. Sie verstecken sich hinter einer Maske christlicher Aktivität, passen sich an und befolgen die vorgegebenen Verhaltensregeln, um den Anschein zu erwecken, sie würden Gott lieben. Ein Leben, das erfüllt ist von echter Gottesliebe und dem ehrlichen Wunsch, freudig und von ganzem Herzen seinen Willen zu tun, ist nur eine Fata Morgana in der geistlichen Wüste ihrer Existenz.

Viele haben in ihrer Verzweiflung die Hoffnung aufgegeben, die Art von Christenleben zu führen, wie es im Neuen Testament beschrieben steht. Warum ist das so? Die meisten dieser Menschen geben genauso aufrichtig wie Bob ihr Bestes und versuchen alles zu tun, was Gott ihrer Überzeugung nach von ihnen verlangt. So gut sie es eben vermögen, glauben sie an das Evangelium. Warum also ist ihr Leben so oberflächlich und leer?

Ist es möglich, dass diese Menschen nicht begriffen haben, worum es beim Evangelium wirklich geht? Kann es sein, dass sie nur Teile des Evangeliums gehört haben, während ihnen das Wesentliche entgangen ist?

Als ich in einer Gemeinde in Hongkong sprach, bat mich der Pastor um Rat. Er erzählte mir, dass viele der Gemeindeglieder, die regelmäßig die Sonntagsgottesdienste und die Bibelstunde am Mittwoch besuchten, unter der Woche auch in den buddhistischen Tempel gingen. Was auch immer er sage und lehre, ändere daran nichts. Er war frustriert und fragte mich, ob ich eine Antwort hätte.

Im Laufe der Woche besuchte ich also den Tempel, um herauszufinden, warum diese Gläubigen dorthin gingen. Die Antwort fand ich in dem großen Innenhof, der mit kleinen Tischen gefüllt war, an denen Wahrsager saßen. An jedem Tisch standen Männer und Frauen Schlange, die eine Antwort auf ein Problem suchten. Sie wollten Ratschläge für ihr Geschäft oder ihre Ehe, Empfehlungen für den besten Zeitpunkt einer Reise und anderes mehr.

Ich befragte den Pastor zu den Themen seiner Predigten. Die Schwerpunkte lagen auf dem Himmel, der Wiederkunft Christi, der Hölle und dem Gericht sowie auf der Lehre über die Dreieinigkeit Gottes und das Werk Jesu am Kreuz.

Seine Leute kamen in die Kirche, um sich über den transzendenten Gott belehren zu lassen, der in historischen Ereignissen gewirkt hatte, der hoch über ihnen weilte, fernab von ihrem Alltagsleben. Die Erlösung, wie sie der Gemeinde beigebracht wurde, konzentrierte sich auf einen Jesus, der sie vor der Hölle retten und in den Himmel bringen würde, und auf die genauen Details der Ereignisse, die das Ende der Welt ankündigen würden. Doch Rat, wie sie ihr Leben im Hier und Jetzt meistern könnten, suchten sie bei Wahrsagern! Sie mussten unbedingt den Gott kennenlernen, der in ihnen und mit ihnen durch ihr Leben ging – die Quelle der Weisheit und der Kraft zum Leben.

Als ich in die Vereinigten Staaten zurückkehrte, stellte ich fest, dass die Situation hier ganz ähnlich ist. Die wöchentliche Kost vieler Christen besteht aus der Aufforderung, der Hölle zu entfliehen, um nach dem Tod in den Himmel zu gelangen, und viele der christlichen Bestseller beschäftigen sich mit Endzeitprophetie in all ihren komplizierten Einzelheiten. Aber wie man in der Kraft des Geistes lebt, wie man liebt und lebt wie Jesus, das sind Fragen, über die kaum gesprochen wird.

Dieses Buch ist meine Antwort an die vielen Gläubigen, die sich die gleichen Fragen stellen wie Bob. Ich möchte möglichst viele Gläubige mit einem Christentum bekannt machen, das im Hier und Jetzt funktioniert und das uns befähigt, auf dem Weg zum Himmel im Himmel zu leben.

Die Antwort liegt darin, zu verstehen, dass das Evangelium die Offenbarmachung von Gottes Bund ist und es uns wissen lässt, wie wir inmitten der Finsternis des Weltsystems in seiner Autorität und Kraft leben und handeln können. Lass mich eine Warnung aussprechen: Es ist möglich, dass das, was ich dir im Folgenden mitteilen werde, dein gegenwärtiges Verständnis über das Evangelium und über die Art und Weise, wie das Leben als Christ gelebt werden sollte, auf den Kopf stellt. Wenn dein bisheriges Verständnis des Evangeliums keine Frucht in deinem Leben hervorbringt, dann solltest du jetzt sagen: »Vielleicht ist mir etwas entgangen und es wird Zeit, meinen Glauben gründlich zu überdenken.«

KAPITEL 2

Willkommen in der Welt der Bünde

Dieses Buch enthüllt die erstaunliche Geschichte des Evangeliums, indem es sie mit den Augen und Ohren derer betrachtet, die sie zuerst vernommen haben. Worte, die uns durch die Lektüre der Bibel vertraut sind, hatten für die ursprüngliche Zuhörerschaft eine Bedeutung, die wir als Menschen des 21. Jahrhunderts nicht mehr kennen. Sie verstanden das Evangelium als Ausführung und Erfüllung eines Bundes.

Über jahrelanges Bibelstudium hinweg war mir das entgangen, was vor allem daran lag, dass das Bundeskonzept in der heutigen westlichen Welt fast unbekannt ist. In den Gesellschaften der Antike dagegen war dieses Konzept der Bünde nachweislich bekannt und ist es bei Völkern der Dritten Welt bis heute.

Die Menschen, die die Seiten und Geschichten unserer Bibel bevölkern, lebten in einer Atmosphäre, in der Bünde genauso allgegenwärtig waren wie die Luft zum Atmen. Alle Beziehungen waren in irgendeiner Weise mit einem Bund verknüpft, ob es sich nun um den Zusammenschluss von Nationen, Stämmen oder Einzelpersonen handelte. Die Familie wurde als ein Bund verstanden, und jedes Familienmitglied war eng mit den anderen verbunden und fühlte sich für den Bund verantwortlich.

Die Bibel enthält zwei Schriften, die unglücklicherweise die Bezeichnung »Altes Testament« und »Neues Testament« tragen. Das Wort »Testament« beschreibt jedoch nicht angemessen, was diese beiden Schriften sind. Ihre korrekte Benennung lautet »alter Bund« und »neuer Bund«.

Der alte Bund ist der Bund, der am Berg Sinai durch Mose, den Vertreter des Volkes, mit Israel geschlossen wurde. Es war der Bund des Gesetzes, der die Zehn Gebote und das Opfersystems beinhaltete, bei dem Lämmer, Stiere und Böcke geopfert wurden, um die Sünden des Volkes zu bedecken; Zeichen und Siegel der Zugehörigkeit zu diesem Bund war die Beschneidung aller männlichen Personen.

Der neue Bund heißt deshalb neu, weil er alles, was vorher war, alt und als Mittel zur Errettung unbrauchbar gemacht hat. Er war nicht einfach ein weiterer Bund, der den vorherigen verbesserte, so wie das diesjährige Automodell eine Verbesserung gegenüber dem letztjährigen ist. Das Wort »neu« bedeutet etwas völlig Neuartiges, etwas, das nie zuvor erdacht oder erträumt worden ist.[1] Dieser Bund ist durch den Herrn Jesus vermittelt und in seinem Blut gegründet. Die Zugehörigkeit zu diesem Bund wird durch den Geist Gottes besiegelt, der das Gesetz in das Herz und das Verlangen der Menschen schreibt (siehe Jes 31,33). Er ist die Kraft des Bundes, die diejenigen, die ihm angehören, befähigt, dessen Verheißungen auszuleben.

Eine bindende Verpflichtung

Das englische Wort für »Bund«, nämlich *covenant*, kommt vom lateinischen *convenire*, was wörtlich »zusammenkommen oder zustimmen« bedeutet.[2] Das hebräische Wort ist *berit*, was wörtlich »binden oder in Fesseln schließen; eine bindende Verpflichtung« bedeutet. In der Heiligen Schrift ist es der höchste Ausdruck einer verbindlichen Liebe und des Vertrauens und diente in der Regel dazu, eine Beziehung, die bereits seit einiger Zeit in der Entstehung war, zu definieren, zu bestätigen, festzulegen oder verbindlich zu machen.

Wir brauchen eine funktionierende Definition des Begriffs »Bund«, die wir im weiteren Verlauf unserer Studie noch ausführlich erörtern können. Hier ist also unsere Definition eines Bundes, wie wir sie in diesem Buch verwenden werden: *Ein Bund ist eine verbindliche, unumstößliche Verpflichtung zwischen zwei Parteien, die auf bedingungsloser Liebe gründet, die durch Blut und heiligen Eid besiegelt wird und die eine Beziehung schafft, in der jede Partei an bestimmte Verpflichtungen gegenüber der jeweils anderen Partei gebunden ist. Die Bündnisparteien unterstellen sich selbst der Strafe göttlicher Vergeltung, sollten sie später versuchen, sich diesen Verpflichtungen zu entziehen. Es handelt sich um eine Beziehung, die nur durch den Tod gebrochen werden kann.*

In der Bibel sehen wir Bünde, die in den meisten Fällen ungleiche Bündnisse sind. Das heißt, sie werden einseitig geschlossen, von einer Person initiiert, die an Macht und Autorität weit überlegen ist, und einer Person von geringerer Macht und Position zum größeren Wohl gnädig auferlegt.

Wenn Bündnisse zwischen Sippen, Stämmen und Völkern eingegangen wurden, gab es immer bestimmte Elemente. Wir werden sehen, dass Gott beim Schließen seines Bundes mit uns nach dem Muster des menschlichen Bundesschlusses vorgegangen ist. Wenn wir die Bestandteile menschlicher Bündnisse kennen, können wir den Bund, den Gott mit uns in Jesus Christus geschlossen hat, besser verstehen.

Der Stellvertreter

Wenn eine Gruppe von Menschen bereit war, einen Bund mit einer anderen Partei zu schließen, wählte sie aus ihrer Mitte eine Person aus, die sie beim Zustandekommen des Bundes vertreten sollte. Das Wort »vertreten« bedeutet, den Willen eines anderen zu repräsentieren, mit Autorität für einen anderen zu sprechen und zu handeln; ein Stellvertreter oder Mittler zu sein.[3] Der Stellvertreter kennt die Bedürfnisse und Wünsche derer, die er vertritt, und trägt deren Anliegen vor, indem er in ihrem Namen und für sie gegenüber der anderen Bündnispartei spricht.

Der Stellvertreter musste vom selben Blut und aus derselben Familie sein wie die, die er vertrat. Als Repräsentant versammelte er den Stamm, die Sippe oder die Familie in seiner Person und schloss den Bund in ihrem Namen und stellvertretend für sie. Der Stellvertreter wird auch als Garant des Bundes bezeichnet. Er als derjenige, in dem und durch den der Bund geschlossen wird, ist der Sicherheitsgeber dafür, dass die Bedingungen und Zusagen des Bundes eingehalten werden.

Für uns in der westlichen Welt ist das oft schwer zu verstehen, denn wir denken, dass das Leben mit dem Einzelnen beginnt und endet. Die Bibel führt uns in eine andere Denkweise ein, in der die Menschen »in« einer stellvertretenden Person sind, deren Handlungen und Leistungen zu den Handlungen und Leistungen der ganzen Familie, Sippe oder des Stammes werden.

Die wohlbekannte Geschichte von David und Goliat aus 1. Samuel 17 veranschaulicht diese Denkweise perfekt. Die Heere der Philister hatten Israel den Angriffskrieg erklärt und König Saul versammelte seine Truppen, um sie aufzuhalten. Die Philister waren ein großes Volk, ausgebildete Krieger, die ihre Feinde in Angst und Schrecken versetzten. Sie trugen Rüstungen aus Messing und einen Kopfschmuck aus langen Federn auf ihren Helmen, der sie größer erscheinen ließ, als sie tatsächlich waren. Es gab einige in ihren Reihen, die tatsächlich riesig waren – gigantische Männer, die über 2,70 Meter groß waren. Goliat von Gath war ein solcher Riese und der Held der Philisterarmee.

Bevor die Schlacht begann, trat Goliat hervor und brüllte eine Kampfansage über das Tal. Das klingt in unseren Ohren seltsam, und ganz sicher nicht so, wie wir heute unsere Kriege führen!

> *Und er stellte sich hin und rief den Schlachtreihen Israels zu und sprach zu ihnen: Weshalb seid ihr ausgezogen, um euch für den Kampf zu rüsten? Bin ich nicht ein Philister, und ihr seid Sauls Knechte? Erwählt euch einen Mann, der zu mir herabkommen soll! Wenn er mit mir kämpfen kann und mich erschlägt, so wollen wir eure Knechte sein; wenn ich aber im Kampf mit ihm siege und ihn erschlage, so sollt ihr unsere Knechte sein und uns dienen! Und weiter sprach der Philister: Ich habe am heutigen Tag die Schlachtreihen Israels verhöhnt; gebt mir einen Mann, und lasst uns miteinander kämpfen! — 1. Samuel 17,8–10*

Er sagte damit, dass er die Philister vertrete, in gewissem Sinne zu ihnen geworden sei, sodass er ihre Geschichte in sich trug. Wenn er gegen einen entsprechenden Vertreter Israels kämpfen würde, wäre dies das Ende des Krieges. Die ganze Angelegenheit würde von zwei Menschen entschieden werden, die ihr Volk verkörperten.

Saul war der höchstgewachsene Mann Israels, aber er zog sich in sein Zelt zurück und bot demjenigen eine Belohnung an, der die Herausforderung annähme, die Goliat jeden Morgen und Abend neu aussprach. Aber niemand nahm die Herausforderung des Riesen an, woran auch die Aussicht auf eine Heirat mit der Prinzessin oder lebenslange Steuerfreiheit nichts änderte.

Als die Wochen vergingen, wurde der monströse Kerl immer dreister und stapfte durch das Tal, um den sich wegduckenden Israeliten seine Provokationen ins Gesicht zu schleudern. Die Israeliten hatten den Krieg im Grunde kampflos verloren; sie mussten sich jetzt nur noch formell ergeben und aus ihrer beschämenden Stellung herauskommen.

Nachdem das israelitische Heer sechs Wochen lang gedemütigt worden war, ließ der alte Isai, von dessen Söhnen einige als Soldaten an der Front waren, nach seinem Teenagersohn David rufen. Dieser war für eine Einberufung ins Heer zu jung, weshalb man ihn zu Hause zurückgelassen hatte, um die Schafe zu hüten. Isai beauftragte David, herauszufinden, was auf dem Schlachtfeld vor sich ging, und gab ihm einige Geschenke mit, die er seinen Brüdern geben sollte.

David kam gerade rechtzeitig, um die morgendliche Kampfansage zu hören, die von Flüchen und Verwünschungen gegen die Männer begleitet wurde, die Goliat als die feigen Memmen Sauls bezeichnete. David wusste nicht, dass dies bereits seit sechs Wochen so lief, und sah seine Brüder deshalb erwartungsvoll an, um zu sehen, wer als Erster auf die Herausforderung eingehen würde. Da erzählten sie ihm widerstrebend die beschämende Geschichte ihres Heeres, das keinen heldenhaften Vorkämpfer hatte.

David meldete sich sofort freiwillig. König Saul konnte nicht wirklich ablehnen. David war ein Israelit und daher qualifiziert, den Platz Israels stellvertretend einzunehmen. Er erhielt die Erlaubnis, gegen diesen monströsen Kerl zu kämpfen.

Bestimmt kannst du dir denken, wie das israelische Heer reagierte, als die Nachricht durch die Schützengräben schallte, dass ein Stellvertreter gefunden worden war und Israel somit einen mutigen Kämpfer hatte. David sah nicht wie eine große Bedrohung für Goliat aus: ein unscheinbarer Hirtenjunge ohne Rüstung und lediglich mit einer Steinschleuder in der Hand. Aber er strahlte ein bemerkenswertes Vertrauen in Gott aus.

Als er aus den Reihen des Heeres heraustrat, um der riesigen, gepanzerten Gestalt aufs Schlachtfeld zu folgen, hörte er auf, ein einfacher Bürger Israels zu sein. Er war sich der Bedürfnisse Israels voll bewusst und vertrat sie, da sie aus Feigheit nicht in der Lage waren, sich selbst zu präsentieren. Er verkörperte Israel in sich selbst, er verkörperte sein Volk; was ihm an diesem Tag widerfuhr, widerfuhr dem ganzen Volk. Sein Sieg oder seine Niederlage würde nicht nur im Heer zu spüren sein, sondern auch in jedem Dorf und jeder Stadt Israels im Leben der Menschen, die nicht an der Kampffront dabei waren. In diesem Augenblick entschied sich die Geschichte eines noch ungeborenen Israeliten. Mit David trat nicht nur das gegenwärtige, sondern auch das zukünftige Israel gegen Goliat an.

Goliat hatte seine eigene Frontlinie noch nicht erreicht, als David schon hinter ihm tänzelte und seine eigene Kampfansage machte:

David aber sprach zu dem Philister: Du kommst zu mir mit Schwert und mit Speer und mit Wurfspieß; ich aber komme zu dir im Namen des HERRN der Heerscharen, des Gottes der Schlachtreihen Israels, die du verhöhnt hast! An diesem heutigen Tag wird dich der HERR in meine Hand ausliefern, und ich werde dich erschlagen und deinen Kopf von dir nehmen, und ich werde die Leichname des Heeres der Philister an diesem Tag den Vögeln unter dem Himmel und den wilden Tieren der Erde geben, damit die

ganze Erde erkenne, dass Israel einen Gott hat! Und diese ganze Gemeinde soll erkennen, dass der HERR nicht durch Schwert oder Spieß errettet; denn der Kampf ist die Sache des HERRN, und Er wird euch in unsere Hand geben!
— 1. Samuel 17,45–47

Er tanzte um den riesigen Mann herum, die Steinschleuder wirbelte in seiner Hand. In Goliats Helm befand sich ein winziges Loch, auf das David zielte, und mit seinem Können und der Gnade Gottes ging der Stein hindurch und bohrte sich in die Schläfe des Philisters. Der Mann taumelte und fiel, und David nahm das riesige Schwert des Riesen und hieb ihm den Kopf ab.

Hinter ihm ertönte das Triumphgeschrei der zuschauenden Israeliten. Sie riefen den Sieg aus und stürmten die Talflanken hinunter, um die fassungslosen Philister zu verfolgen. Sie jubelten über einen Sieg, zu dem sie nichts beigetragen hatten außer sechs Wochen Feigheit. Und doch hatten sie recht damit. Es war ihr Sieg, denn sie waren »in« ihrem Stellvertreter gewesen und hatten seinen Sieg geteilt, als handle es sich um ihren eigenen. Aber ohne ihn hätte es keinen Sieg gegeben, denn er war der Garant für diesen Sieg.

Der Bundeseid

Wir mögen mit dem Wort »Bund« und den damit verknüpften Begriffen etwas fremdeln, weil das Wort in unserer heutigen Gesellschaft selten verwendet wird; und selbst wenn es verwendet wird, so wird es mit einem Vertrag gleichgesetzt.

Befreien wir unser Denken in diesem Zusammenhang gleich einmal von dem Begriff »Vertrag«. Ein Vertrag ist ein Mittel, mit dem Eigentum und Güter von einer Person auf eine andere übertragen werden.[4] Verträge sind für beide Parteien verhandelbar und können geändert oder sogar gekündigt werden. In einem Vertrag werden Zusagen gemacht, die so viel wert sind wie der Charakter der beteiligten Vertragspartner, deren Unterschriften das Dokument besiegeln; daher können Verträge leicht gebrochen werden.

Ein Bund ist etwas völlig anderes. Ein Bund geht weit über den Austausch von Besitz und Dingen hinaus. Es ist die Hingabe der eigenen Person und des eigenen Lebens an einen anderen und die vorbehaltlose Annahme dieser anderen Person und ihres Lebens.

Ein Bund wird mit einem Eid besiegelt. Ein Eid ist eine feierliche Bekräftigung, eine Selbstverpflichtung zur Erfüllung der gesprochenen Worte unter Berufung auf Gott. Die Bündnispartner der alttestamentlichen Zeit beriefen sich auf Gott als Zeugen für die Wahrheit ihrer Worte. Außerdem riefen sie Gott an, ihre Kraft zu sein, durch die sie die Bedingungen des Bundes würden einhalten können. Schließlich riefen sie Gott noch an, er möge stets über beide Parteien wachen, um sicherzustellen, dass der Bund tatsächlich eingehalten würde. Indem sie Gott anriefen, während sie einen Eid ablegten, machten die beiden Parteien Gott zur dritten Partei des Bundes. Ein mit dem Eid geschlossener Bund war nicht weiter verhandelbar und konnte nicht mehr geändert werden.

Wir verlangen einen Eid von Personen, die vor Gericht aussagen, oder von Leuten, in die wir vorschussweise großes Vertrauen setzen, wie beispielsweise Repräsentanten, die ein öffentliches Amt übernehmen. Wenn solche Eide abgelegt werden, wird der Ausdruck »So wahr mir Gott helfe« verwendet. Dieser Zusatz bedeutet, dass Gott der Richter sein wird, wenn die Worte, die bei der Aussage gemacht bzw. in einer Erklärung abgegeben werden, falsch sind oder wenn die Person ihnen untreu wird.

Der Segen oder die Verheißungen des Bundes

Jeder Bund aus der Zeit des Alten Testaments enthielt die Zusagen, die jede beteiligte Partei der jeweils anderen gegenüber machte, ebenso die Verpflichtungen, die jede Partei im Hinblick auf das Wohl der anderen Partei übernahm. In 1. Samuel 20, in einem Bund zwischen David und Jonatan, schwor David, Jonatan zu segnen.

> *Und erzeige die Gnade des HERRN nicht nur, solange ich noch lebe, und nicht nur an mir, damit ich nicht sterbe, sondern entziehe auch meinem Haus niemals deine Gnade, auch dann nicht, wenn der HERR die Feinde Davids allesamt vom Erdboden ausrotten wird! — 1. Samuel 20,14–15*

Jahre später segnete David Mefi-Boschet mit dem Segen, den er Mefi-Boschets Vater Jonatan im Bund geschworen hatte.

> *Und David sprach zu ihm: Fürchte dich nicht; denn ich will gewiss Gnade an dir erweisen um deines Vaters Jonathan willen und will dir alle Felder deines Vaters Saul wiedergeben; du aber sollst täglich an meinem Tisch das Brot essen! — 2. Samuel 9,7*

Solche Zusagen, Bedingungen und Verpflichtungen wurden oft aufgeschrieben und zu bestimmten Zeiten verlesen, um an den miteinander eingegangenen Bund zu erinnern.

Das Bündnisopfer

Beim Zustandekommen eines Bundes wurde immer Blut vergossen. Ein Tier wurde geschlachtet und sein Kadaver mittig in zwei Hälften geteilt. Die Parteien, die den Bund schlossen, schritten den blutgetränkten Weg zwischen den Teilen des zertrennten Tieres ab. In anschaulicher Symbolik verkündeten sie, dass sie in einen Tod eintraten und sich auf den Weg in ein neues Leben machten. Sie starben einem Leben, das nur ihren eigenen Interessen galt, und gingen durch diesen Tod hindurch zu einer neuen Beziehung der Einheit mit der anderen Bündnispartei.

Sie vergossen auch ihr eigenes Blut, meist aus dem rechten Arm oder der rechten Hand. Sie hoben ihre blutenden rechten Arme und riefen Gott an, ihr Zeuge zu sein. Die Kombination aus blutigem Opfer und eigenem Blutvergießen ergab die kraftvolle Aussage, die jeder damit indirekt machte: »Ich werde diesen Bund halten, auch wenn dafür mein Blut vergossen werden muss. Wenn ich diesen Bund breche, soll mein Blut vergossen und mein zerstückelter Körper den Aasfressern vorgeworfen werden.«

In 1. Mose 31,43–54 wird von einem Bund zwischen Jakob und Laban berichtet. Keiner der beiden vertraute dem anderen, und es war bestenfalls eine wackelige Vereinbarung. Doch in den Versen 48–49 fügen sie dem Ganzen einen Eid hinzu:

> *Und Laban sprach: Dieser Steinhaufen sei heute Zeuge zwischen mir und dir! Darum wird er Gal-Ed genannt und Mizpa, weil er sprach: Der HERR wache zwischen mir und dir, wenn wir einander nicht mehr sehen! — 1. Mose 31,48–49*

Nachdem sie Gott als Zeugen und Wächter des Bundes angerufen hatten, wussten beide, dass sie die Zusagen des Bundes niemals brechen und damit davonkommen konnten.

Das Bündnissiegel

Die Narben von den Wunden an ihren Armen waren die Siegel an ihren Körpern, mit denen die Beteiligten erklärten, dass sie Parteien des Bündnisses waren. Sie wurden von ihnen mit Stolz getragen und wiesen sie als Bündnispartner aus. Oft wurden die Namen der Bündnispartner zu einem neuen Namen zusammengefügt, um zu verkünden, dass sie durch das beim Bundesschluss vergossene Blut zu einer Einheit zusammengefügt worden waren.

Bündnisfreunde

Nach dem Zustandekommen des Bundes wurden beide Parteien als Freunde bezeichnet. Das Wort »Freund« ist im Sprachgebrauch unserer westlichen Gesellschaft stark abgewertet worden; doch in Kulturen, in denen das Schließen von Bündnissen praktiziert und verstanden wird, gibt es keine höhere Ehre, als der Freund einer Person genannt zu werden, denn dies verweist auf eine Bündnisbeziehung.

Dies erklärt, warum Abraham in der Bibel »Freund Gottes« genannt wird; dieser Titel ist eine bleibende Erinnerung daran, dass Gott einen Bund mit Abraham geschlossen hat.

Hast du nicht, unser Gott, die Einwohner dieses Landes
vor deinem Volk Israel vertrieben und hast es dem Samen

Abrahams, deines Freundes, gegeben auf ewige Zeiten?
— 2. Chronik 20,7

Das Bündnismahl

Jeder Bundesschluss endete mit einem Mahl, bei dem der Bund für gültig erklärt wurde und im Leben der beteiligten Parteien in Kraft trat. Dies war ein sehr wichtiger Teil des Bundesschlusses. Mit jemandem zu essen war immer eine Art von Bündnis, und es hatte eine noch weitaus größere Bedeutung, wenn es am Ende eines Bundesschlusses stand. Das Mahl war Ausdruck des Bundes, denn die beiden Vertreter aßen von demselben Brot und tranken von demselben Wein, um der Welt zu zeigen, dass sie eins waren und aneinander teilhatten. Wir haben Beispiele für solche Bündnismahle, die in Zusammenhang mit einem Bundesschluss zwischen verschiedenen Parteien eingenommen wurden:

Sie sprachen: Wir haben deutlich gesehen, dass der HERR mit dir ist, darum haben wir uns gesagt: Es soll ein Eid zwischen uns sein, zwischen uns und dir, und wir wollen einen Bund mit dir machen, dass du uns keinen Schaden zufügst, wie wir auch dich nicht angetastet haben und dir nur Gutes taten und dich im Frieden haben ziehen lassen. Du bist nun einmal der Gesegnete des HERRN! Da bereitete er ihnen ein Mahl, und sie aßen und tranken. Und am Morgen früh standen sie auf und schworen einander den Eid. Da ließ Isaak sie gehen, und sie zogen in Frieden von ihm weg.
— 1. Mose 26,28–31

Wir haben uns bereits den Bund angesehen, der zwischen Jakob und Laban geschlossen wurde. Man beachte, dass er mit einem Mahl am Ort des Bundesschlusses besiegelt wurde.

> *Komm, wir wollen nun einen Bund machen, ich und du; der soll ein Zeuge sein zwischen mir und dir! Da nahm Jakob einen Stein und stellte ihn als Denkmal auf. Und Jakob sprach zu seinen Brüdern: Sammelt Steine! Da nahmen sie Steine und errichteten einen Steinhaufen und aßen dort auf dem Steinhaufen. — 1. Mose 31,44–46*

Die Gedenkstätte oder der Ort des Bundesschlusses

Der Ort, an dem der Bund geschlossen worden war, wurde zur Gedenkstätte für die Vereinigung der beiden Parteien geweiht. Manchmal wurde eine dauerhafte Gedenkstätte errichtet, um die nachfolgenden Generationen an das Geschehene zu erinnern. Manchmal wurde auch der Name des Ortes geändert, um den dort geschlossenen Bund widerzuspiegeln.

Liebende Güte

Teil eines Bundes zu werden bedeutete, in eine neue Stellung zu treten und Teil einer Beziehung zu werden, die am besten als Familie verstanden werden kann – nicht auf Grundlage von Geburtsbanden, sondern basierend auf dem an einen heiligen Schwur gebundenen Versprechen der uneingeschränkten Liebe. Der Eid schuf eine neue Art von Familie, die durch eine unzerstörbare Beziehung auf Leben und Tod miteinander verbunden war.

In der arabischen Welt gibt es bis heute das Sprichwort »Blut ist dicker als Milch«, was bedeutet, dass diejenigen, die durch das Blut des Bündnisses verbunden sind, ein stärkeres Band haben als diejenigen, die von derselben Muttermilch getrunken haben.

Der geschlossene Bund war für die Dauer des Lebens der beiden Parteien unter allen Umständen einzuhalten. *Chäsäd* ist das hebräische Wort, das die fortdauernde Beziehung zwischen den Bündnispartnern beschreibt, die ihre im Bund eingegangene Verpflichtung verwirklichen, alle gemachten Zusagen und übernommenen Verantwortlichkeiten einzuhalten.[5] *Chäsäd* ist ein Wort, das sich nur schwer in die Sprachen der westlichen Welt übersetzen lässt, denn wir sind eine Gesellschaft, die nur sehr wenig über die Verpflichtung weiß, die mit der Zugehörigkeit zu einem Bund verknüpft ist. In verschiedenen Bibelübersetzungen werden unterschiedliche Wörter verwendet, um einzelne Aspekte der Bedeutung dieses Begriffs zu erfassen oder um bestenfalls zu versuchen, seine volle Bedeutung zu erschließen. So wird dieses Wort mit Barmherzigkeit, Freundlichkeit, unerschütterliche Liebe, treue Liebe, Bündnisliebe, liebende Güte oder einfach Güte übersetzt. Die Vielschichtigkeit des hebräischen Wortes *chäsäd* umfasst auch noch Begriffe wie Treue, Barmherzigkeit und Loyalität, in diesem Buch werden wir jedoch vorwiegend »liebende Güte« verwenden.

Die erstaunlichste Nachricht, die der Menschheit verkündet werden kann, besteht darin, dass Gott uns in seiner bedingungslosen Liebe zu uns dazu aufgerufen hat, Teil der innigsten Beziehung und stärksten, unzerstörbaren Verbindung zu werden, die den Menschen bekannt ist und die sich in keiner Sprache der Welt voll und ganz ausdrücken lässt. Er hat uns zu einer Bündnisbeziehung mit sich selbst berufen, um in den Kreis der Freundschaft einzutreten, in dem Gott und die Menschheit in einer innigen Liebesbeziehung miteinander verbunden sind.

Dieser Bund ist Inhalt und Gegenstand des Evangeliums. Er wird der neue Bund genannt. Er besteht aus dem ewigen Schwur Gottes, dem Vergießen von Gottes Blut durch den Tod Jesu Christi und dessen Auferstehung und Auffahrt zum Vater in den Himmel. Der Heilige Geist wurde gesandt, um diesen Bund im Leben der Männer und Frauen, die ihr Leben Jesus Christus anvertrauen, zur Verwirklichung zu bringen.

KAPITEL 3

Die Welt der lebenden Toten

Wir wurden für die Bündnisgemeinschaft mit Gott geschaffen, um in den Kreis seiner Freunde aufgenommen zu werden. Wir sind nach seinem Bild geschaffen. Wir sind sein Ebenbild, und wie kein anderes Geschöpf sind wir ganz darauf ausgelegt, mit ihm in Liebe zu interagieren. Das ist der Sinn unserer Existenz: durch das Leben Gottes zu leben und das Privileg zu genießen, seine Freunde zu sein.

Wir sind die Einzigartigen in der Schöpfung: Geister, die fähig sind, mit Gott zu kommunizieren und seine Vertrauten zu sein und die sich in fleischlichen Körpern befinden, welche aus dem Staub der Erde gemacht sind. Dass der fleischliche Körper nicht nur den Geist beherbergt, sondern den Geist auch zum Ausdruck bringt, ist das Werk eines genialen Gottes. Männer und Frauen sind Kreaturen, die geschaffen wurden, um im Himmel in der Gemeinschaft mit Gott beheimatet zu sein, während sie gleichzeitig in der Welt der geschaffenen Materie zu Hause sind. Wir wurden geschaffen, um aus unserem Geist heraus zu leben, im Bewusstsein der himmlischen Welt, und von diesem Kern ausgehend unsere fleischliche und physische Welt zu ordnen und zu beherrschen.

Aber eine Wechselbeziehung der Liebe, wie sie Gott zwischen sich und der Menschheit beabsichtigt, muss aus freien Stücken zustande kommen. Liebe kann nicht verordnet werden. Roboter sind keine Bündnispartner! Bevor Adam mitsamt dem Menschengeschlecht, das in ihm war, den Weg einschlagen konnte, für den er geschaffen worden war, und bevor er den Grund seines Daseins finden konnte, musste er sich entscheiden, Gott zu vertrauen, ihm freiwillig zu gehorchen und so die ersten Schritte zu tun, ihn zu lieben.

Wir können nur staunen, dass Gott, die einzige Existenz mit freiem Willen, sich ohne innere Notwendigkeit und ohne Druck von außen, eine willensfreie Kreatur zu schaffen, bewusst dafür entschieden hat, ein solches Wesen ins Dasein zu bringen, das in der Lage war, Nein zu ihm zu sagen. Gut möglich, dass wir das Chaos in der Welt und vor allem den Tod und das Leiden des Gottessohnes betrachten und uns fragen, warum Gott ein Wesen mit freiem Willen erschaffen sollte.

Die einzig mögliche Antwort ist beinahe zu unvorstellbar, um sie in Gedanken zu fassen. Er entschied sich, uns zu erschaffen, weil sich seine Liebe nach dem Austausch mit freien Wesen sehnte, die an seinem Leben teilhaben und sich seiner unaussprechlichen Freude anschließen könnten. Das Unfassbare daran ist, dass er dies nicht aus einem inneren Bedürfnis nach Gesellschaft heraus tat. Er ist der unendlich erfüllte Eine. Er hat Männer und Frauen geschaffen, weil seine Liebe geteilt und weitergegeben werden muss. Er liebt dich nicht nur, weil du hier bist, sondern du bist auch hier, weil er dich ins Dasein geliebt hat.

All das würde aufgrund dessen geschehen, was Männer und Frauen tun würden, wenn ihr freier Wille im Licht des herrlichen Ziels, das sie vor Augen hätten, in die Bedeutungslosigkeit versinken würde. Das Ziel, das alles lohnend machte, bestand darin, dass diese Männer und Frauen dem Bild des Sohnes Gottes gleichgestaltet werden und sein Leben in Ewigkeit mit ihm teilen würden. Um dieses Ziel zu erreichen, würde der Sohn Gottes Fleisch annehmen, leiden, sterben und auferstehen, und Gott, der Geist, würde kommen und die Männer und Frauen zum Ziel führen.

Die Entscheidung

Aber das ist eine Vorwegnahme des Endes! Damit der Mann und die Frau die bewusste Entscheidung treffen konnten, ihm zu glauben und sich auf den Weg zu machen, ihn zu lieben und in seiner Liebe zu wandeln, musste es etwas geben, über das eine freie Entscheidung getroffen werden konnte. Gott setzte den Menschen in den Garten Eden (wörtlich: Wonne), einen Park, den Gott für seine unendlich geliebten Geschöpfe, Mann und Frau, entworfen und angelegt hatte. In der Mitte des Gartens platzierte er den Baum der Erkenntnis von Gut und Böse. Dies sollte der Ort der Entscheidung sein.

> *Und Gott der HERR gebot dem Menschen und sprach: Von jedem Baum des Gartens darfst du nach Belieben essen; aber von dem Baum der Erkenntnis des Guten und des Bösen sollst du nicht essen; denn an dem Tag, da du davon isst, musst du gewisslich sterben! — 1. Mose 2,16–17*

Die Reaktion des Mannes und der Frau auf den Baum würde entweder in Gehorsam oder Ungehorsam bestehen. Gehorsam würde sich zu Vertrauen und Liebe gegenüber Gott entwickeln. Ungehorsam, der Gott nicht glaubte und seine Liebe zurückwies, würde als Folge einer solchen Unabhängigkeitserklärung von Gott den Tod bedeuten.

Der Baum war nicht giftig, aber er war der göttlich bestimmte Ort, an dem Mann und Frau sich entscheiden konnten, Gott zu gehorchen. Sie wurden gewarnt, dass sie an dem Tag, an dem sie von dem Baum äßen, mit Sicherheit sterben würden.

Man darf dies nicht als Prüfung betrachten, nach deren Bestehen sie in die nächsthöhere Klasse hätten wechseln können. Es war vielmehr eine Gelegenheit, die absolut notwendig war und die sie haben mussten, um zu den frei entscheidenden Menschen zu werden, als die sie geschaffen worden waren.

Aber warum sollten sie überhaupt in Betracht ziehen, von einem Baum zu essen, der ihnen den Tod garantierte? Welches Lockmittel würde sie dazu verleiten, dies auch nur ansatzweise zu erwägen?

Adam hatte alles und brauchte nichts. Ihm fehlte nur eines, und weil er ein Geschöpf war, würde es ihm immer fehlen. Er war Besitzer der ganzen Erde, hatte alles, was er benötigte, und kannte keinen Mangel. Aber alles, was er hatte, vom Atem in seiner Lunge bis zur Herrschaft über die gesamte Schöpfung, war ein Geschenk Gottes. Mit jedem Atemzug wurde er daran erinnert, dass er nicht Gott war, sondern ein abhängiges Geschöpf, und dass der Sinn seines Lebens darin bestand, sich seinem Schöpfer unterzuordnen.

Genau an diesem Punkt kam der Teufel, um ihn zu verführen. Er stellte ihm als möglichen Besitz das vor Augen, was ein Geschöpf niemals haben kann – das Gottsein.

Im Kern bestand Adams Sünde darin, dass er Gott beneidete. Er konnte nicht in Versuchung gebracht werden, Gott um das zu beneiden, was dieser hatte, denn daran hatte er im Überfluss teil. Er konnte jedoch dazu verleitet werden, Gott darum zu beneiden, wer er war, und das konnte zu dem Wunsch entfacht werden, ihn zu entthronen und seinen Platz einzunehmen. Das ultimative Verlangen der Sünde ist es, Gott zu beseitigen, ihn wenn möglich zu töten und die menschliche Kreatur an seiner Stelle zu krönen.

Satan begann damit, Gott als einen Lügner hinzustellen, dem man nicht trauen könne. Dann sagte er der Frau, wenn sie von dem Baum äßen und damit vor Gott und der Schöpfung ihre Eigenständigkeit kundtaten und ihre Unabhängigkeit von Gott erklärten, würden sie das eine besitzen, was sie jetzt nicht hatten: Sie würden wie Gott werden. Er versicherte ihnen, dass Gott gelogen hatte: Von diesem Baum zu essen bringe nicht den Tod, sondern sei das Tor zu völliger, selbstbestimmter Freiheit.

> *Da sprach die Schlange zu der Frau: Keineswegs werdet ihr sterben! Sondern Gott weiß: An dem Tag, da ihr davon esst, werden euch die Augen geöffnet, und ihr werdet sein wie Gott und werdet erkennen, was Gut und Böse ist! — 1. Mose 3,4–5*

Dies ist die *Lüge* und wird in den folgenden Kapiteln als solche bezeichnet. Aus dieser ursprünglichen Lüge ist die gesamte Sünde der Menschheit hervorgegangen.

> *Sie, welche die Wahrheit Gottes mit der Lüge vertauschten und dem Geschöpf Ehre und Gottesdienst erwiesen anstatt dem Schöpfer, der gelobt ist in Ewigkeit. Amen! — Römer 1,25*

> *Und er (der Teufel) steht nicht in der Wahrheit; denn es ist keine Wahrheit in ihm. Wenn er lügt, sagt er das, was aus ihm selbst kommt; denn er ist ein Lügner und ist der Vater der Lüge. — Johannes 8,44* EÜ

Sie glaubten Satan und trafen die Entscheidung, ungehorsam zu sein und ihre Unabhängigkeit von Gott zu erklären, sich von dem Einen zu trennen, der die Quelle ihres Lebens und der Sinn ihrer Existenz war. In diesem Moment stürzte ihr Universum um sie herum ein.

Tot in der Sünde

Wir können die Notwendigkeit des Todes und des Blutvergießens unseres Herrn Jesus nur verstehen, wenn wir verstanden haben, was in jenem Augenblick des Ungehorsams geschah. Es war der Akt des Ungehorsams, aus dem alle anderen Ungehorsamkeiten und Sünden entsprangen. Es war der »Große Ungehorsam« als Reaktion auf die Ur-Lüge.

Es war nicht einfach ein Streit unter Freunden. In diesem Fall geht jeder seiner Wege und leckt sich die Wunden, um entweder ohne den Freund weiterzuleben oder eine Versöhnung anzustreben.

Es gibt ein Leben nach einem Streit unter menschlichen Freunden. Aber in diesem Fall war eine der Parteien der Schöpfer, der Spender und Erhalter des Lebens. Sich in einem Akt des Ungehorsams aufzulehnen, durch den die Unabhängigkeit von ihm erklärt wurde, bedeutete, sich von der Quelle des Lebens zu trennen und in den Tod zu stürzen. Dies muss in seiner vollen Tragweite verstanden werden. Es handelte sich nicht um das Übertreten einer sinnlosen Regel. Sie wurden nicht beim Schwatzen in der Klasse erwischt, sodass sie hätten nachsitzen und eine Strafarbeit schreiben müssen. Dies war ein bewusster Akt des Unglaubens gegenüber dem fundamentalen Gesetz des Universums.

Das ist nicht mit Quatschen im Unterricht zu vergleichen, sondern eher mit einem Hinwegsetzen über die Schwerkraft, jedoch mit unendlich schlimmeren Folgen! Abgesehen von einem Auslöschen der Schöpfung konnte Gott nichts tun, um die Folgen ihrer Sünde aufzuhalten. »An dem Tag, an dem ihr davon esst, werdet ihr sterben« war keine Strafe, sondern die Bekanntgabe einer Tatsache: Ihr seid in eurem Leben von Gott abhängig; ihr seid geschaffen, um in seiner Liebe zu leben, und wenn ihr euch von ihm abwendet, wird ein Gesetz in Kraft treten, das nicht mehr rückgängig gemacht werden kann – ihr werdet gewiss und unweigerlich sterben.

Sie waren dazu geschaffen worden, Ja zu Gott zu sagen und sich für das Vertrauen in seine Liebe zu entscheiden. Stattdessen sagten sie Nein zu Gott und Ja zu der Lüge Satans und wurden so zu Feinden Gottes. Sie verleugneten den Sinn ihrer Existenz als Geschöpfe und lehnten ihre gottgegebene Herrlichkeit der Unterordnung und des Gehorsams gegenüber dem Schöpfer ab. Sie lehnten die Bündnisgemeinschaft mit ihm, für den sie geschaffen worden waren, ab und tauschten sie gegen die Sackgasse der Unabhängigkeit ein, die zum Tod führt.

Der Mann und die Frau starben in dem Moment, als sie von der Frucht des Baumes aßen. Aber was verstehen wir unter diesem Tod? Immerhin lebten sie noch viele Jahre weiter, und das Menschengeschlecht ist immer noch da. Freilich stirbt am Ende jeder, aber die Warnung war, dass sie am selben Tag, an dem sie davon äßen, sterben würden.

Bei der Definition von Tod gibt es ein Problem: Diejenigen, die sich im Zustand des Todes befinden, nehmen die Definition vor und sind überzeugt, dass sie am Leben sind! Aus ihrer Sicht sind sie jetzt lebendig und der Tod ist das, was am Ende des physischen Lebens eintritt; aber die Bibel sagt ganz klar, dass sie außerhalb von Christus jetzt nicht lebendig sind! Dies ist die Welt der wandelnden Toten – sie existieren, aber sie leben nicht.

Das, was wir unter Leben verstehen, hat viele Dimensionen.

Zuallererst ist Gott Leben und die Quelle und der Erhalter allen Lebens. Kein Leben existiert außerhalb oder unabhängig von ihm.

Und dann ist da das Leben des Menschen, das komplexeste aller Lebewesen, aber vor allem geschaffen, um am göttlichen Leben mitzuwirken und daran teilzuhaben. Dieses erstaunliche menschliche Wesen ist dazu geschaffen, gleichzeitig in Gottes Welt und in der physischen Schöpfung zu leben.

Als Nächstes folgt das tierische Leben mit einer graduell abgestuften Komplexitätsskala von den Primaten bis hinunter zu den Amöben.

Die Amöbe ist lebendig, mein Hund ist lebendig, ich bin lebendig, und Gott ist Leben. Das Leben und zu leben bedeutet auf jeder Ebene etwas anderes.

Der Mensch ist das einzige Geschöpf, dessen Leben dazu bestimmt ist, weit über das natürliche Leben hinauszugehen und am göttlichen Leben teilzuhaben. Das hebräische Wort für »Leben« oder »leben« ist *chajah*, was einfach nur »am Leben sein« bedeutet,[6] aber immer voraussetzt, dass ein Mensch, um am Leben zu sein, mehr braucht als nur ein schlagendes Herz und mit Luft gefüllte Lungen.

Mose erklärte, dass die Schwierigkeiten in der Wüste die Menschen des Volkes darauf hinweisen sollten, dass ihr Leben aus mehr als körperlichen Merkmalen besteht.

> *Und er demütigte dich und ließ dich hungern und speiste dich mit dem Manna, das weder du noch deine Väter gekannt hatten, um dich erkennen zu lassen, dass der Mensch nicht vom Brot allein lebt, sondern dass er von all dem lebt, was aus dem Mund des HERRN hervorgeht. — 5. Mose 8,3*

Das Wort, das er für »lebt« verwendet, ist *chajah*, was darauf schließen lässt, dass *chajah* eine Lebensqualität für Männer und Frauen bedeutet, die mehr ist als das Zusammenhalten von Leib und Seele; es geht darum, aus dem Leben Gottes zu leben, wie es in seinem Wort zu finden ist.

Was ich dir heute gebiete, ist, dass du den HERRN, deinen Gott, liebst und in seinen Wegen wandelst und seine Gebote, seine Satzungen und seine Rechtsbestimmungen hältst, damit du lebst und dich mehrst; und der HERR, dein Gott, wird dich segnen in dem Land, in das du ziehst, um es in Besitz zu nehmen. — 5. Mose 30,16

Im Griechischen wird das Wort *zoe* verwendet,[7] um das Leben so zu beschreiben, wie Gott Leben kennt. *Zoe* wird somit zur Grundlage allen Lebens; aber es beschreibt speziell die Qualität des Lebens, die nur Gott zu eigen ist und im Neuen Testament mit ewigem Leben übersetzt wird.

Das Neue Testament ist voll von Hinweisen auf *zoe* und versichert uns, dass es Gottes Absicht ist, dass wir das *Zoe*-Leben als Ergänzung zu unserem natürlichen Leben erhalten und damit wirklich so leben, wie es uns von jeher zugedacht war.

Der Dieb kommt nur, um zu stehlen, zu töten und zu verderben; ich bin gekommen, damit sie das Leben (zoe) haben und es im Überfluss haben. — Johannes 10,10

Denn so [sehr] hat Gott die Welt geliebt, dass er seinen eingeborenen Sohn gab, damit jeder, der an ihn glaubt, nicht verlorengeht, sondern ewiges Leben (zoe) hat. — Johannes 3,16

In jedem dieser Verse wird das Wort *zoe* für »Leben« und »ewiges Leben« verwendet. Wir wurden geschaffen, um am Leben Gottes teilzuhaben. Die Sünde hat es gestohlen, und Jesus kam, um es uns zurückzugeben.

Deshalb müssen wir den Tod so definieren, dass er das umfasst, was mit dem Körper am Ende des physischen Lebens geschieht, aber viel mehr als das ist. Der Tod muss als Trennung von der Dimension verstanden werden, der gegenüber man tot ist, der man sich nicht bewusst ist und auf die man nicht reagiert. Der physisch tote Mensch ist in einer anderen Dimension bei Bewusstsein, aber von der physischen Welt getrennt und daher ihr gegenüber unwissend und unempfänglich.

Anhand dieser Definition können wir sagen, dass die Tierwelt gegenüber der menschlichen Welt tot ist. Sei mir bitte nicht böse, aber nach dieser Definition des Todes ist deine Katze gegenüber der Fülle des menschlichen Lebens tot. Sie lebt in einer menschlichen Welt, ist sich aber all dessen, was im Wesentlichen menschlich ist, nicht bewusst und reagiert nicht darauf. Sie reagiert darauf, dass wir ihr Futter, Wasser und ein Dach über dem Kopf geben, und sie ist sich unserer Anwesenheit bewusst. Aber sie reagiert weder auf eine Beethoven-Sinfonie noch auf das Vorlesen einer Passage aus einem Buch, genauso wenig hat ein erzählter Witz irgendeine Wirkung auf sie. Sie denkt nicht über den Sinn ihrer Existenz nach und diskutiert nicht mit anderen Katzen über das Leben. Sie sieht vielleicht, wie sich zwei Menschen küssen, aber sie hat keinen Bezugspunkt für die Liebe, die der Kuss ausdrückt, oder dafür, was ein Kuss überhaupt bedeutet. Sie kennt nur das Katzenleben, das keinen Bezug zum menschlichen Leben hat.

In diesem Sinne stürzten der Mann und die Frau durch den großen Ungehorsam in den Zustand, Gott gegenüber tot zu sein und nur in der menschlichen Wahrnehmung ihrer physischen Welt zu leben, die zwar Lichtjahre über dem tierischen Leben lag, aber Lichtjahre unter dem, wozu sie um der Freude willen geschaffen worden waren.

Sowohl der geistliche als auch der körperliche Tod haben eine schreckliche Endgültigkeit. Einmal tot, kann nur Gott einen Menschen wieder zum Leben erwecken. Im Bereich des Physischen tut er dies durch die Auferstehung, im Bereich des Geistlichen vollbringt er es durch das Wunder der Wiedergeburt.

Der Mensch lebt am Rande des Gottesbewusstseins, genießt seine Fürsorge, ist sich aber kaum bewusst, dass Gott derjenige ist, der sich um ihn kümmert. Der Mensch ist sich der Liebe Gottes nicht bewusst und reagiert nicht auf seine Annäherung. Männer und Frauen leben in der physischen Welt, der Welt der Schöpfung, des Fleisches; sie sind von Gott getrennt und nehmen ihn nicht wahr, sie sind taub für seine Worte und daher unempfänglich.

Der menschliche Geist ist wie ein Radio, das nicht mehr in der Lage ist, ein klares Signal zu empfangen oder zu senden. Aber wichtig ist, dass Männer und Frauen wissen, dass sie ein Radio haben, auch wenn es nicht funktioniert. Sie sind verloren, aber nicht so verloren, dass sie nicht wissen, dass ihnen etwas fehlt. Sie leben am Rande eines Gottesbewusstseins, verfolgt von dem unbehaglichen Gefühl, dass Gott da ist und eine gewisse moralische Verantwortung ihm gegenüber gefordert ist. Die Menschheit hat eine Erinnerung, die nicht abgerufen werden kann, einen Traum, der nicht mehr an die Herrlichkeit zu erinnern vermag, für die sie geschaffen wurde und die sie einst hatte.

Da ist diese Sehnsucht, bedingungslos geliebt zu werden, die von einem anderen Menschen nicht gestillt werden kann. Die Menschen werden von unerwarteten Wogen der Sehnsucht in ihrem Inneren überrollt, nach etwas, das über die Gefängnismauern der Sünde, der Selbstsucht und der satanischen Herrschaft hinausgeht.

Männer und Frauen sind sich einer großen inneren Leere bewusst, die sie nach etwas Höherem als ihrer menschlichen Existenz suchen lässt. In jedem von uns klafft ein Loch, das größer ist als das Universum, aber uns selbst überlassen haben wir keine geeigneten Mittel, um herauszufinden, wer dieses Loch füllen kann.

Es kann keinen Kontakt mit Gott von menschlicher Seite aus geben; Gott wird nicht durch die Logik des menschlichen Intellekts erkannt, sondern durch Offenbarung im Geist vonseiten Gottes. Das Suchen nach Gott innerhalb der Kategorien, die der menschliche Intellekt und die menschliche Vorstellungskraft kennen, schafft einen Gott, der nach dem Bild des Menschen geschaffen wurde. Das reduziert Gott auf einen Übermenschen und lässt den Suchenden in einer noch größeren Dunkelheit zurück. Ein solches blindes Hineintasten ins Unbekannte führt unweigerlich in die spirituelle Welt der Finsternis, der Täuschung und des Dämonischen.

Jesus definiert für uns die biblische Bedeutung des Wortes »tot« im Gleichnis vom verlorenen Sohn (Lk 15,11–32). Der Vater verkündet: »Denn dieser mein Sohn war tot und ist wieder lebendig geworden« (Vers 24); das heißt, er war von der Liebe des Vaters getrennt, er war sich ihrer nicht bewusst, wurde von ihr nicht berührt und reagierte nicht auf sie; er empfand sein Dasein in weiter Ferne von ihr. »Lebendig« zu werden bedeutete für ihn, sich dieser Liebe bewusst zu werden, von ihr berührt und umarmt zu werden und darauf zu reagieren, indem er sich ihr öffnete.

Unsere ersten Eltern, Adam und Eva, wurden – anders, als Satan es ihnen versprochen hatte –, nicht »wie Gott«. Stattdessen wurden sie zu Sklaven desjenigen, der sie belogen und ihnen die ultimative Freiheit und Unabhängigkeit versprochen hatte. Sie lebten nun in dieser bedeutungslosen Tretmühle, in der sie versuchten, die Lüge Satans in ihrem Leben zum Funktionieren zu bringen. Sie waren dazu verdammt, ihr Ziel, wie Gott zu sein, nicht zu erreichen, doch ein blinder, wahnsinniger Glaube trieb sie dazu an, in jeder nachfolgenden Generation der Menschheit dieses Ziel zu verfolgen.

Tot, aber körperlich, geistig und emotional lebendig, bewegt sich die traurige Parade der Menschheit durch ihr Dasein auf den physischen Tod zu, die Auflösung des Körpers, das Getrenntsein von der physischen Existenz. Der Mensch, der geschaffen wurde, um das Universum zu beherrschen, ist am Ende wieder in dem Staub aufgegangen, aus dem er gekommen ist. Und der erste Mann und die erste Frau glaubten, dass sie Götter werden würden!

Im Gegensatz zu niederen Lebewesen wissen Menschen, dass der physische Tod unausweichlich auf sie zukommt, was ihre Existenz sinnlos macht. Was auch immer sie tun, was auch immer sie erreichen oder anstreben, was auch immer ihre Hoffnungen und Ambitionen sind, Männer und Frauen sind sich dessen bewusst, dass alles auf den unvermeidlichen Tod zustrebt. Das Leben selbst wird sinnlos und bedeutungslos.

Der kosmische Akt

Adams Akt des großen Ungehorsams war zugleich der kosmische Ungehorsam, denn Adam war Herr der Schöpfung und Haupt des Menschengeschlechts. Seine Tat brachte der gesamten Schöpfung den Tod und versetzte das Geschlecht, das in ihm war, in einen Zustand des Lebendtodes. Das gesamte Menschengeschlecht war in Adam, als er sündigte; daher war seine Sünde keine private Sünde, sondern ein kosmischer Akt, der den ganzen Kosmos und die gesamte zukünftige Geschichte und Menschheit betraf.

Die Menschheit außerhalb von Christus wird als »in Adam« oder als »der alte Mensch/die alte Menschenart« bezeichnet. Wir sind keine isolierten Individuen, sondern sind miteinander verflochten.

Einige meiner weit entfernten Vorfahren waren zum Beispiel Wikinger. Als mein Vorfahre in seinem Langboot die Küsten Ostenglands erreichte, war ich in ihm; ich war potentiell in seinem Leben. Wäre er bei dem Raubzug ums Leben gekommen, wäre ich in ihm gestorben – ob einem das gefällt oder nicht, so ist es nun einmal.

Wäre Adam gestorben, bevor sein erstes Kind gezeugt wurde, gäbe es heute keinen von uns. Als er ungehorsam war, hat er uns, das gesamte Menschengeschlecht, in die Finsternis geführt. Das entschuldigt uns nicht, denn wir alle haben vorsätzlich denselben Weg gewählt wie er. Jede Generation glaubt der Lüge und stimmt durch ihr Handeln dafür, dass Adam im Recht gewesen sein muss. Wir sind persönlich für unsere Sünde verantwortlich.

Die Vergeblichkeit des Lebens im Fleisch

Die Menschheit ist etwas anderes geworden als das, wofür sie geschaffen wurde. Männer und Frauen wurden als Geistwesen geschaffen, die aus ihrem geistigen Inneren heraus leben, wo sie Gott untergeordnet sein und an seinem Leben teilhaben sollten. Von diesem inneren Kern aus sollten sie in und durch ihre physischen Körper leben und das Universum beherrschen.

Doch tot gegenüber Gott wurden sie zu Menschen aus Fleisch, die aus dem geschaffenen Fleisch heraus lebten, das nun Quelle und Zentrum ihres Lebens war. Das war unvermeidlich, denn es war alles, was noch übrig war! Der Geist funktionierte nicht, und die Lüge sagte jedem Mann und jeder Frau, dass sie in sich selbst, unabhängig von Gott, den Sinn des Lebens und ihr Glück finden könnten.

Ich möchte ganz klar sagen, dass der Körper mit all seinen Zellen und Organen gut ist. Gott hat den menschlichen Körper erschaffen und ihn für gut befunden, und Jesus nahm einen menschlichen Körper an, der in jeder Hinsicht dem unseren glich.

Als in Eden die ersten beiden Menschen Gott gegenüber starben, war es so, dass sie nun im Reich ihrer geschaffenen physischen Existenz nach dem Sinn des Lebens suchten. Auf diesem physischen Schauplatz lebten sie ihre Rebellion gegen Gott aus. Es ist nichts Verwerfliches am Fleisch; das Böse liegt darin, dass gefallene Menschen das Fleisch zur Quelle und zum Sinn ihrer Existenz machen.

Offenbar lebte dieses Paar, bevor Sünde und Tod Einzug hielten, in einem ausgeprägten Bewusstsein der geistigen Dimension – so sehr, dass die beiden ihren Körper kaum wahrnahmen, außer als Träger ihres Geistes. Es scheint, dass die Herrlichkeit des göttlichen Lebens ihre Körper durchstrahlte und sie in glanzvolles Licht kleidete, so wie es bei Jesus während seiner Verklärung der Fall war.

Der Eintritt von Sünde und Tod stellte alles auf den Kopf. Nachdem sie gesündigt hatten, waren sie sich plötzlich ihres Körpers, welcher der Herrlichkeit Gottes beraubt war, deutlich bewusst, während sie in Bezug auf die himmlische Dimension völlig gelähmt und verwirrt waren.

Der Schock über das neue Bewusstsein, dass ihr Fleisch zum Mittelpunkt ihrer Existenz geworden war, wird durch ihre Reaktion anschaulich dargestellt. Es ist bezeichnend, dass die erste Handlung nach ihrer Sünde eine totale Konzentration auf ihren Körper war, verbunden mit dem verzweifelten Bemühen, ihn zu bedecken. Sie entsetzten sich nicht über ihre Sünde, sondern waren beherrscht von der Scham über ihren der Herrlichkeit beraubten und nun splitternackten Körper.

Von nun an würden sie hier ihr Leben und den Sinn ihrer Existenz finden – im Reich der fleischlichen Kreatur. Männer und Frauen würden nun ihr Leben damit verbringen, in ihren großartigen Gehirnen, ihrem Intellekt, ihren Emotionen, Gefühlen und Leidenschaften, die alle in den Organen ihres Körpers existieren, nach einem Sinn zu suchen.

Aber die Fragen nach dem Sinn des Daseins werden für keinen Menschen verschwinden. Männer und Frauen können den Traum nicht vergessen, an den sie sich nicht mehr zu erinnern vermögen! Der Mensch wird von der Frage »Warum bin ich hier?« geplagt. »Was ist der Zweck meiner Existenz?« »Was ist der Sinn meines Lebens?« Die Midlife-Krise ist darauf zurückzuführen, dass man das Leben betrachtet und feststellt, dass der schwer fassbare Sinn noch nicht gefunden wurde und die Zeit abläuft. Der Mensch erforscht alle möglichen Gründe für seine Existenz innerhalb des physischen, materiellen Universums, in dem er seine gesamte Existenz findet.

Männer und Frauen außerhalb von Christus sind fleischliche Menschen, die mit ihrem fleischlichen Körper als ihrem Mittelpunkt leben und nur ein schwaches Bewusstsein vom Geist und seiner Funktion haben. Für den Menschen, der geschaffen wurde, um den Schöpfer zu kennen und in Liebe mit ihm verbunden zu sein, hat das Leben im Fleisch keinen endgültigen Sinn.

Ich besaß einmal ein wunderschönes Gemälde, das in einem mit Blättern verzierten und mit Blattgold überzogenen Rahmen an der Wand meines Büros hing. Eines Tages beschloss ich, das Bild zu verkaufen. Der leere Rahmen lehnte an der Wand, und ich erinnere mich, dass ich dachte, ich müsste ihn auf den Dachboden stellen, bis ich ein anderes Bild finden würde, das in den Rahmen passte. Es kam mir nie in den Sinn, den Rahmen an die Wand zu hängen, so schön er auch geschnitzt und gestaltet war. Rahmen sind für Bilder da, und unabhängig von den Bildern haben sie wenig Bedeutung.

Unsere fleischliche Existenz ist der Rahmen für das Bild, das aus unserem Geist besteht, der mit dem Leben Gottes verbunden ist und daran teilhat. Unser Daseinszweck ist das Leben in der Liebe Gottes im Rahmen unserer Existenz als Geschöpf. Ohne das Bild hat der Rahmen keinen Nutzen, außer auf seine Erfüllung zu warten, indem ein Bild in sein Inneres eingefügt wird.

Die Bibel verwendet das Wort »Nichtigkeit«, um das Leben im Fleisch zu beschreiben. Mit diesem Wort wird ausgedrückt, dass ein solches Leben zu nichts führt, dass es eine Sackgasse ist, dass es ziellos ist und weder Früchte trägt noch eine Ernte einbringt.

> *Denn ihr wisst ja, dass ihr nicht mit vergänglichen Dingen, mit Silber oder Gold, losgekauft worden seid aus eurem nichtigen, von den Vätern überlieferten Wandel. — 1. Petrus 1,18*

> *Das sage und bezeuge ich nun im Herrn, dass ihr nicht mehr so wandeln sollt, wie die übrigen Heiden wandeln in der Nichtigkeit ihres Sinnes. — Epheser 4,17*

Unser Streben nach falscher Sinnhaftigkeit ist Sünde, denn wir wurden geschaffen, um unseren Sinn in einem Leben in der Liebe Gottes zu finden. Wenn wir diesen Sinn anderswo suchen, ist das ein Schlag in Gottes Gesicht.

Ich sah einmal eine Gruppe von Jungen, die auf der Straße Baseball spielten. Ich war schockiert, als ich sah, dass sie eine Geige als Schläger benutzten. Die Saiten waren gerissen, und das ganze

Instrument war stark verschmutzt. Ein Teil des Furniers war abgeplatzt und einer der Jungen hielt sie am Hals und schwang sie wie einen Schläger. Ich bin sicher, dass die Jungen die Geige irgendwo im Müll gefunden hatten und sie kreativ einsetzten, aber irgendetwas stimmte mit dem, was ich sah, nicht. Ich weiß nicht viel über Geigen, aber diese hier war offensichtlich nicht im Ramschladen gekauft worden; selbst in ihrem maroden Zustand war sie wunderschön. Sie war von einem Geigenbauer liebevoll angefertigt, gestaltet und lackiert worden, um ein Musikzimmer oder einen Konzertsaal mit Musik zu füllen, die die Ohren der Zuhörer erfreuen sollte. Jetzt war sie kaputt, schmutzig, ihre Saiten flogen im Wind und sie wurde als Baseballschläger benutzt. Ich empfand das, was ich sah, als eine Beleidigung für ihren Erbauer und als einen Affront gegen Musik und Schönheit.

Wir wurden geschaffen, um uns daran zu erfreuen, das Objekt der Liebe Gottes zu sein und die Schöpfung mit der Melodie seiner Liebe zu erfüllen, indem wir unser Leben in Einheit mit ihm leben. Der große Ungehorsam besteht darin, den Zweck unserer Erschaffung zu verwerfen und in endlosem, vergeblichem Streben nach einem anderen Sinn des Lebens zu suchen. Auf diese Weise beleidigen wir unseren Schöpfer und bringen Schande über unsere Existenz.

Alle haben gesündigt

Das bedeutendste griechische Wort, das den Zustand der Menschheit zusammenfasst, ist *hamartia* und wird im Neuen Testament mit Sünde übersetzt.[8] Seine Grundbedeutung ist »das Ziel verfehlen« und beschreibt das Verhalten der Menschen, die den Zweck, für den sie geschaffen wurden, völlig verfehlen. Man darf sich das nicht wie den kleinen Jungen im Ferienlager vorstellen, der mit seinem Pfeil nicht ins Schwarze trifft, es aber auf Erfolg hoffend weiter versucht. Der Mensch verfehlt das Ziel vorsätzlich, weil er sich ein anderes Ziel gesetzt hat, das in Wirklichkeit die immer gleiche Lüge und eine Illusion ist.

Doch im Neuen Testament hat das Wort, obwohl es seine ursprüngliche Bedeutung beibehält, die viel umfassendere Bedeutung der Trennung von Gott, die im Prinzip der Unabhängigkeit von ihm verwurzelt ist. Dieses wiederum ist Bestandteil der Lüge, die zur Quelle allen Handelns und Verhaltens geworden ist.

> *Darum, gleichwie durch einen Menschen die Sünde in die Welt gekommen ist und durch die Sünde der Tod, und so der Tod zu allen Menschen hingelangt ist, weil sie alle gesündigt haben. — Römer 5,12*

Hamartia wird als eine herrschende Macht beschrieben. Im Römerbrief wird sie (in den meisten Übersetzungen) als der Leib der Sünde bezeichnet, der die Glieder des Leibes versklavt.

> *Wir wissen doch: Unser alter Mensch wurde mitgekreuzigt, damit der von der Sünde beherrschte Leib vernichtet werde, sodass wir nicht mehr Sklaven der Sünde sind. — Römer 6,6* EÜ

Auch in Römer 6 spricht Paulus zu den Gläubigen, die von der Sünde befreit wurden, und beschreibt diese als einen Herrn, der sie wie ein Tyrann durch die Glieder des physischen Körpers beherrscht hatte. Obwohl Sünde ein willentlicher Akt ist, so ist doch der Körper das Instrument, durch das die Sünde in konkretem Verhalten zum Ausdruck kommt.

So soll nun die Sünde nicht herrschen in eurem sterblichen Leib, damit ihr [der Sünde] nicht durch die Begierden [des Leibes] gehorcht. ... Denn die Sünde wird nicht herrschen über euch, weil ihr nicht unter dem Gesetz seid, sondern unter der Gnade. ... Wisst ihr nicht: Wem ihr euch als Sklaven hingebt, um ihm zu gehorchen, dessen Sklaven seid ihr und müsst ihm gehorchen, es sei der Sünde zum Tode, oder dem Gehorsam zur Gerechtigkeit? Gott aber sei Dank, dass ihr Sklaven der Sünde gewesen, nun aber von Herzen gehorsam geworden seid dem Vorbild der Lehre, das euch überliefert worden ist. — Römer 6,12.14.16–17

Paulus spricht oft von der Sünde, indem er sie als tyrannischen Herrscher beschreibt. In Römer 7,8.11 schreibt er:

Da nahm aber die Sünde einen Anlass durch das Gebot und bewirkte in mir jede Begierde; denn ohne das Gesetz ist die Sünde tot. ... Denn die Sünde nahm einen Anlass durch das Gebot und verführte mich und tötete mich durch dasselbe.

Versöhnung und Wiederauferstehung

Obwohl die Menschheit tot ist, können die Menschen noch hören, wenn Gott spricht, so wie Lazarus die Stimme Jesu hörte und aus dem Grab herauskam. In jedem von uns liegt unsere wahre Identität begraben und wartet auf den Ruf des Evangeliums vom Sohn Gottes, das uns zur Wiederauferstehung in unser wahres Menschsein ruft.

Ihr wart tot infolge eurer Verfehlungen und Sünden. Ihr wart einst darin gefangen, wie es der Art dieser Welt entspricht, unter der Herrschaft jenes Geistes, der im Bereich der Lüfte regiert und jetzt noch in den Ungehorsamen wirksam ist. Unter ihnen haben auch wir alle einmal unser Leben geführt, als wir noch von den Begierden unseres Fleisches beherrscht wurden. Wir folgten dem, was das Fleisch und der böse Sinn uns eingaben, und waren von Natur aus Kinder des Zorns wie auch die anderen. Gott aber, der reich ist an Erbarmen, hat uns, die wir infolge unserer Sünden tot waren, in seiner großen Liebe, mit der er uns geliebt hat, zusammen mit Christus lebendig gemacht. Aus Gnade seid ihr gerettet.
— Epheser 2,1–5 EÜ

Die Menschen sind Gott feindlich gesinnt und stehen weder in einem Bund mit ihm noch sind sie in der Lage, einen solchen zu schließen. Sie sind nicht nur gottfeindlich, sondern auch Bundesbrüchige, denn die erste Sünde war der Bruch des Bundes, der ihre Bestimmung war; und als Bundesbrüchige stehen sie unter Todesstrafe. Die Bibel ist die faszinierende Geschichte darüber, wie Gott die Menschen – Männer wie Frauen – mit sich selbst versöhnt hat, indem er sie in einen Bund mit sich selbst gebracht hat.

Ja, Gott war es, der in Christus die Welt mit sich versöhnt hat, indem er ihnen ihre Verfehlungen nicht anrechnete …
— 2. Korinther 5,19a

KAPITEL 4

Die liebende Güte Gottes

Einer der Gründe, weshalb ich den Bund in der Bibel zunächst nicht entdeckte, war der, dass das Wort »Bund« nicht sehr oft vorkommt. Es war die Entdeckung eines anderen Wortes, das mich direkt zum Kern des Bundes führte. Dieses Wort lautet in der hebräischen Sprache *chäsäd* und steht in der Bibel für das, was den Bund ausmacht.[9]

Das Wort wird in unseren verschiedenen Bibelversionen auf unterschiedliche Weise übersetzt. In älteren Ausgaben der Bibel wird es mit »Barmherzigkeit« übersetzt und im Folgenden erfahren wir auch, warum. Die modernen Versionen versuchen, seine Bedeutung als Wort des Bundes auf den Punkt zu bringen, und übersetzen es mit »unerschütterliche Liebe«, »Bündnisliebe«, »unfehlbare Liebe« oder einfach »Treue«.

Das Wort findet sich etwa 250-mal im hebräischen Alten Testament und gehört wahrscheinlich zu den wichtigsten Wörtern des Bundes. Es ist ein bedeutungsschweres Wort, aber im Kern beschreibt es die gegenseitigen Verpflichtungen, die jede Partei eines Bundes gegenüber der anderen hat, und die Rechte, die jeder in der Bündnisbeziehung genießt. Dies wird tagtäglich in ganz banalen Aufgaben ausgelebt, aber auch in aufopferungsvollen Entscheidungen, die manchmal getroffen werden müssen, um die Segnungen und Verheißungen des Bundes zu erfüllen, die man sich gegenseitig beim Eingehen des Bündnisses gegeben hat.

Chäsäd ist das Wort, das die praktische Umsetzung der Liebe in sämtlichen Ausdrucksformen beschreibt, die in der ursprünglichen Bündnisverpflichtung vorgesehen waren. *Chäsäd* beschreibt die Beziehung zwischen den Bündnispartnern, aber mehr noch steht dieser Begriff für die Verwirklichung dieser Beziehung; es geht um den gelebten Bund. Wenn die Bibel also von Gottes Güte spricht, dann oft im Kontext seines *Handelns*, seiner *Erweise* und seiner *Einhaltung* des Bundes, wenn jedes einzelne seiner von ihm beeideten Worte auf die Probe gestellt wird. »Liebende Güte« ist die Charakteristik des Bundes, wenn er praktisch ausgelebt wird und sich einfach jeden Tag aufs Neue bewährt. Es bedeutet, dass Gott jedes Wort hält und jeden Segen gibt, den er versprochen hat.

Das Wort beinhaltet drei Aspekte, die vorhanden sein müssen, um seine Bedeutung vollständig zu erfassen. Die drei Begriffe sind *Stärke*, *Unerschütterlichkeit* und *Liebe*, die jeweils im Zusammenhang mit einem geschlossenen Bund zu verstehen sind. Wenn wir nur einen dieser Aspekte im Auge haben, verliert das Wort seine Bedeutung. Wenn wir die Liebe betonen und die Stärke und die Unerschütterlichkeit ausklammern, wird der Begriff ins Romantische und Sentimentale abgleiten und das entscheidende Element der Verpflichtung vermissen lassen. Wenn wir die Liebe weglassen und dafür Stärke und Unerschütterlichkeit betonen, bleibt eine kalte, gesetzliche Treue zum Bund und die Fähigkeit, ihn zu erfüllen, allerdings ohne es leidenschaftlich zu tun oder zu wollen. Aber im Zentrum von *chäsäd* stehen Liebe, warmherzige Großzügigkeit und Güte, nicht nur Loyalität und eine rechtmäßige Verpflichtung.

Chäsäd ist ein Wort, das oft mit der Ehe zwischen Mann und Frau in Zusammenhang steht. Diese ist zweifellos eine rechtliche Angelegenheit, die mit feierlichen Gelübden und der Übernahme von Pflichten und Verantwortung verbunden ist. Doch im Mittelpunkt der Beziehung steht die hingebungsvolle Liebe, die über die rechtlichen Bestimmungen hinausgeht, auch wenn sie diese erfüllt. Vor diesem Hintergrund lässt sich *chäsäd* besser mit dem Wort »Hingabe« übersetzen.

Das Wort *chäsäd* wurde von den Hebräern verwendet, um die ideale familiäre Liebe zu beschreiben, die Liebe, die Menschen in einer Beziehung miteinander verbindet. Wenn wir versuchen, seine Bedeutung zu verstehen, müssen wir alle Elemente der Zugehörigkeit zu einem Kreis der Liebe, der gegenseitigen Fürsorge, der versorgenden und beschützenden Liebe einbeziehen. Diese Liebe trägt die Gewissheit in sich, dass die andere Bündnispartei am Tag der Not oder Bedrängnis da sein wird.

Um den Gedanken der Unerschütterlichkeit dieser Beziehung zu unterstreichen, wird *chäsäd* in der Bibel oft mit Treue verknüpft. Hinter Gottes *chäsäd* steht seine Treue. Dieses Wort bedeutet, dass Gott grenzenlos verlässlich ist und man jederzeit auf ihn zählen kann; er ist beständig und unwandelbar. Es leitet sich direkt aus dem Bundeseid Gottes ab, der die Grundlage für unseren Glauben ist.

HERR, deine Gnade (chäsäd) ist so weit wie der Himmel
und deine Treue reicht so weit, wie die Wolken ziehen.
— Psalm 36,6 NLB

Gut ist's, dem HERRN zu danken, und deinem Namen zu lobsingen, du Höchster; am Morgen deine Gnade (chäsäd) zu verkünden und in den Nächten deine Treue. — Psalm 92,2–3

Deine Gerechtigkeit verbarg ich nicht in meinem Herzen,
ich redete von deiner Wahrheit und von deinem Heil;
deine Gnade und Wahrheit verschwieg ich nicht vor der großen Gemeinde. Du, HERR, wollest dein Herz nicht vor

mir verschließen; lass deine Gnade (oder Treue) und deine Wahrheit mich allezeit behüten! — Psalm 40,11–12

Gott ist Chäsäd

Wenn Menschen einen Bund schließen, dann geschieht dies, um ein Band der Liebe und Zuneigung zu knüpfen und zu erhalten. Aber wir müssen verstehen, dass Gott nicht deshalb einen Bund mit den Menschen schließt, um sich selbst zu verpflichten, uns gegenüber in Liebe zu handeln, weil er sonst etwa in Versuchung geraten könnte, es nicht zu tun! Er schließt den Bund nicht, um Liebe und Güte entstehen zu lassen, sondern damit wir sehen, dass sein Herz von Ewigkeit her aus liebender Güte besteht.

Und der HERR ging vor seinem Angesicht vorüber und rief: Der HERR, der HERR, der starke Gott, der barmherzig und gnädig ist, langsam zum Zorn und von großer Gnade (chäsäd) und Treue. — 2. Mose 34,6

Aber du bist ein Gott der Vergebung, gnädig und barmherzig, langmütig und von großer Güte (chäsäd), und du hast sie nicht verlassen. — Nehemia 9,17

Barmherzig und gnädig ist der HERR, geduldig und von großer Güte (chäsäd). — Psalm 103,8

Und [Jona] betete zum HERRN und sprach: Ach, HERR, ist's nicht das, was ich mir sagte, als ich noch in meinem Land war, dem ich auch durch die Flucht nach Tarsis zuvorkommen wollte? Denn ich wusste, dass du ein gnädiger und barmherziger Gott bist, langmütig und von großer Gnade (chäsäd), und das Unheil reut dich! — Jona 4,2

So erkenne nun, dass der HERR, dein Gott, der wahre Gott ist, der treue Gott, der den Bund und die Gnade (chäsäd) denen bewahrt, die ihn lieben und seine Gebote bewahren, auf tausend Generationen. — 5. Mose 7,9

Unsere Existenz als solche entspringt seiner *chäsäd.* In Psalm 136 heißt es, dass die Schöpfung und die Gesetze, die den Fortbestand des Universums gewährleisten, aus seiner liebenden Güte hervorgehen, die hier mit Gnade übersetzt wird:

Der die Himmel in Weisheit erschuf; denn seine Gnade (chäsäd) währt ewiglich! der die Erde über den Wassern ausbreitete; denn seine Gnade (chäsäd) währt ewiglich! der große Lichter machte; denn seine Gnade (chäsäd) währt ewiglich! die Sonne zur Beherrschung des Tages; denn seine Gnade (chäsäd) währt ewiglich! den Mond und die Sterne zur Beherrschung der Nacht; denn seine Gnade (chäsäd) währt ewiglich! — Psalm 136,5–9

Die gesamte Geschichte Israels, Gottes Volk des Alten Testaments, ist in diesem einen Wort zusammengefasst, was die Beziehung zu Gott angeht. Was auch immer sie durchmachen, ob sie auf dem Höhepunkt ihres Wandels mit ihm sind oder in die Tiefen der Sünde stürzen, weil sie sich von ihm abwenden, immer ist da die Gegenwart seiner liebenden Güte, die sich über das Bundesvolk freut und sich nach den Menschen dieses Volkes sehnt. Seine ständige, unermüdliche Gegenwart bei seinem Volk, um seine Absichten zu verwirklichen, ist das Herzstück des Wortes *chäsäd.*

Wer dieses Wort richtig versteht, wird die Psalmen als freudige Reaktion auf die Bündnisliebe sehen. Die Prophetenbücher werden dann lebendig und als Belegstücke für den Bund erkannt, den Gott mit seinem Volk geschlossen hat. Die Geschichte des alttestamentlichen Israels ist die Geschichte seiner liebenden Güte, die dem Bedürfnis seines Volkes nach Erlösung von der Sünde, von seinen Feinden und von unruhigen Zeiten begegnet.

Weil er *chäsäd* ist und nicht bloß aufgrund eines geschlossenen Bundes daran gebunden ist, ist seine Bündnisliebe mächtiger als der Bund selbst. Das erklärt, warum, wenn der Mensch den Bund bricht, Gottes Herz der liebenden Güte immer noch nach ihm greift und ihn nicht loslässt.

> *In einem Moment des Zorns habe ich kurz mein Antlitz vor dir verborgen, doch mit ewiger Gnade (chäsäd) habe ich Erbarmen mit dir«, spricht der HERR, dein Erlöser. … Auch wenn Berge weichen und Hügel beben, soll meine Gnade (chäsäd) nicht von dir gehen; und der Bund meines Friedens soll niemals wanken«, spricht der HERR, der Erbarmen mit dir hat. — Jesaja 54,8.10*

Selbst nachdem Jerusalem gefallen war und das Volk wegen seiner vielen Sünden nach Babylon weggeführt worden war, konnte Jeremia Frieden in der Bündnistreue Gottes gegenüber seinem eigensinnigen Volk finden.

> *Gnadenbeweise (chäsäd) des HERRN sind's, dass wir nicht gänzlich aufgerieben wurden, denn seine Barmherzigkeit ist nicht zu Ende; sie ist jeden Morgen neu, und deine Treue ist groß! — Klagelieder 3,22–23*

Als David mit Bathseba Ehebruch beging und dann dafür sorgte, dass ihr Ehemann im Kampf getötet wurde, wusste er, dass es unter dem mosaischen Gesetz, das in diesem Fall den Tod durch Steinigung vorschrieb, keine Vergebung für ihn gab. Er wandte sich über das Gesetz hinaus an das Bündnisherz Gottes:

O Gott, sei mir gnädig nach deiner Güte (chäsäd); tilge meine Übertretungen nach deiner großen Barmherzigkeit!
— Psalm 51,3

Wir können die Bündnisliebe Gottes im Alten Testament mit der Aussage zusammenfassen, dass es sich dabei um die ewige Bündnisliebe Gottes handelt, der sich verpflichtet, jedes Wort seiner Bündnisverheißungen zu halten. Sie zeigt sich in seiner Verpflichtung, für uns, sein Bundesvolk, da zu sein, jeden Tag und jede Stunde, um uns zu retten, zu bewahren, zu beschützen und für uns zu sorgen. *Chäsäd* sagt uns, dass Gott uns leidenschaftlich liebt, sich nach uns sehnt und uns nachgeht, auch wenn wir uns von ihm entfernen.

Die Geschichte Gibeons

Die Geschichte von Gibeon ist vielleicht eine der erstaunlichsten Geschichten in der Bibel und veranschaulicht die Stärke und Unerschütterlichkeit der Bündnisliebe, oder *chäsäd.* Die Geschichte ist in den Kapiteln 9 und 10 des Buches Josua zu finden.

Josua hatte Israel nach Kanaan, dem Land der Verheißung, geführt, damit das Volk es erobern und als sein Heimatland einnehmen könnte. Die Menschen, die damals dort lebten, waren Götzendiener, die als Teil ihrer Verehrung für ihre falschen Götter abscheuliche unmoralische Praktiken ausübten, und der Befehl Gottes war eindeutig: Sein Volk sollte keine Abkommen oder Bündnisse mit den Bewohnern Kanaans schließen.

Die Gibeoniter, einer der kanaanitischen Stämme, beschlossen, die Anführer Israels auszutricksen, damit diese einen verpflichtenden Bund mit ihnen eingingen. Sie waren nur wenige Stunden vom Lager Josuas entfernt, aber sie zogen abgetragene und zerlumpte Kleidung an, streiften Sandalen über, die schon auseinanderfielen, und packten krümeliges, verschimmeltes Brot in ihre Beutel. Sie kamen bei Josuas Zelt an und sahen aus, als wären sie weite Strecken über Wochen hinweg unterwegs gewesen.

Sie setzten sich und erzählten den Ältesten Israels, dass sie aus einem fernen Land gekommen seien und den weiten Weg zurückgelegt hätten, weil sie von den Wundern gehört hätten, die Gott an den Israeliten in Ägypten und auf ihrem Weg durch die Wüste nach Kanaan getan habe. Sie stellten sich als Vertreter ihres Volkes vor, die einen Bund mit einem solchen von Gott gesegneten Volk schließen wollten.

Törichterweise überprüften die Ältesten Israels, obwohl sie misstrauisch waren, die von den Gibeonitern erzählte Geschichte nicht, und noch törichter war, dass sie Gott nicht befragten. Sie waren leichtgläubig und vertrauten jedem Wort, das ihnen die Männer von Gibeon erzählten, und so schlossen sie einen Bund mit ihnen, indem sie den Herrn mit einem feierlichen Schwur anriefen.

Und Josua machte Frieden mit ihnen und schloss einen Bund mit ihnen, dass sie am Leben bleiben sollten; und die Obersten der Gemeinde schworen ihnen. — Josua 9,15

Die Tatsache, dass Israel einen Bund mit Gott geschlossen hatte, machte die Gibeoniter nicht nur zu Partnern Israels, sondern auch zu Partnern deren Gottes. Mit breitem Lächeln und großer Zufriedenheit machten sich die Männer von Gibeon am nächsten Tag auf den kurzen Weg über die Berge zu ihrem Volk und überbrachten die frohe Botschaft. Sie hatten es geschafft! Sie hatten einen Bund geschlossen auf Grundlage einer Lügengeschichte, deren Wahrheitsgehalt die Anführer Israels nie überprüft hatten.

Drei Tage später entdeckte Israel dann, dass die Gibeoniter in Wahrheit direkte Nachbarn waren. Was sollte Israel nun tun? Die Anführer erkannten, dass sie getäuscht worden waren und, schlimmer noch, sich selbst und Gott in einen Bund mit einem Volk verstrickt hatten, das sie nach Gottes Erwartung eigentlich hätten bezwingen sollen.

Sie stellten die Gibeoniter zur Rede. Hier werden wir nun mit dem unveränderlichen Wesen von *chäsäd* konfrontiert. Wie würden sie mit diesen Lügnern umgehen, die ihre geschworenen Feinde waren, aber nun mithilfe falscher Behauptungen in einem Bund mit ihnen standen? Die Anführer Israels wussten, dass sie ihren Bundeseid nicht brechen konnten, obwohl das Volk sich über die Führerschaft beschwerte. *Chäsäd* hatte Bestand, und so verschonten sie das Volk von Gibeon.

Und die Kinder Israels schlugen sie nicht, weil die Obersten der Gemeinde ihnen geschworen hatten bei dem HERRN, dem Gott Israels. Aber die ganze Gemeinde murrte gegen die Obersten. Da sprachen alle Obersten zu der ganzen Gemeinde: Wir haben ihnen geschworen bei dem HERRN, dem Gott Israels, darum können wir sie nicht angreifen.
— Josua 9,18–19

Sie bestraften zwar ihre Hinterlist, indem sie sie zu Dienern Israels machten, insbesondere zu Dienern der Priester und Leviten, aber der Bundeseid wurde dennoch eingehalten.

Es dauerte nicht lange, bis die umliegenden Stämme von dem betrügerischen Bündnis mit dem mächtigen Israel erfuhren, das der Stamm Gibeon zustande gebracht hatte. Sie waren zornig auf die Gibeoniter, nicht weil sie Israel getäuscht hatten, sondern weil sie ihre kanaanitischen Brüder verraten hatten. Fünf kanaanitische Stämme schlossen sich daher zusammen, um die zahlenmäßig hoffnungslos unterlegenen Gibeoniter anzugreifen.

Die Ältesten von Gibeon sandten eine dringliche Botschaft an ihren Bündnispartner Israel und durch sie an den Gott Israels. Tatsächlich nahmen sie *chäsäd* in Anspruch, indem sie an Israel appellierten: »Hilfe! Eure Bündnispartner werden angegriffen, und ihr seid durch euren Bund verpflichtet, *chäsäd* zu erfüllen und uns zu helfen.«

Die unerschütterliche Bündnisliebe Gottes, selbst solchen hinterhältigen Lügnern gegenüber, zeigt sich nie deutlicher als in dieser kleinen Geschichte. Gott gab Josua seinen vollen Segen, loszuziehen und diejenigen zu verteidigen, die nun seine Bündnispartner waren. Er versprach Josua, dass die fünf kanaanitischen Stämme ihm unterliegen würden.

> *Und der HERR sprach zu Josua: Fürchte dich nicht vor ihnen, denn ich habe sie in deine Hand gegeben; niemand von ihnen wird vor dir bestehen können! — Josua 10,8*

Und nicht nur das, Gott vollbrachte auch das größte Wunder, das – abgesehen von der Auferstehung – in der Bibel überliefert ist: Die Sonne stand still, wodurch Josua die nötige Zeit gegeben wurde, die Gibeoniter zu verteidigen!

Da redete Josua zu dem HERRN an dem Tag, als der HERR die Amoriter vor den Söhnen Israels dahingab, und sprach in Gegenwart Israels: Sonne, stehe still in Gibeon, und du, Mond, im Tal Ajalon! Da stand die Sonne still, und der Mond blieb stehen, bis sich das Volk an seinen Feinden gerächt hatte. Ist dies nicht geschrieben im Buch des Aufrichtigen? So blieb die Sonne mitten am Himmel stehen und eilte nicht unterzugehen, beinahe einen ganzen Tag. Und kein Tag war diesem gleich, weder zuvor noch danach, dass der HERR [so] auf die Stimme eines Mannes hörte; denn der HERR kämpfte für Israel. — Josua 10,12–14

Es gibt keine Situation, in der Gott seinen *chäsäd*-Bund nicht ehren würde, selbst wenn die Grundlage dafür unter Vortäuschung falscher Tatsachen zustande kam! Wie viel mehr wird Gott jenen Bund ehren, der nach dem ewigen Willen Gottes geschlossen, von seinem Sohn vollzogen und durch den Heiligen Geist zu uns gebracht wurde.

Dies verleiht Hebräer 13,5 eine neue Bedeutung: »Denn er selbst hat gesagt: ›Ich will dich nicht aufgeben und dich niemals verlassen!‹« So wunderbar diese Worte auch sind, die Ausgangssprache beschreibt die mit dem Bund einhergehende Verbindlichkeit und Selbstverpflichtung in einer Weise, die sich nur schwer in andere Sprachen übertragen lässt. Die *Amplified Bible* fängt den Sinn dieser Worte ein:

Denn er [Gott] selbst hat gesagt: »Ich werde euch in keiner Weise im Stich lassen noch euch aufgeben noch euch ohne Unterstützung lassen. [Ich werde euch niemals, niemals, niemals] in irgendeiner Weise hilflos zurücklassen, noch euch verlassen, noch euch im Stich lassen (meine Hand, die euch festhält, lösen)! [Ganz gewiss nicht!]«

Es braucht in unserer Sprache fünf Verneinungen, um das Maß an Zusicherung zu geben, die mit diesem Vers vermittelt wird und besagt, dass er uns unter keinen Umständen verlassen wird! Das ist die liebende Güte Gottes, die den Bund trägt.

Chäsäd als Barmherzigkeit

Doch warum wird in älteren Bibelübersetzungen das Wort *chäsäd* immer wieder mit »Barmherzigkeit« oder auch »Erbarmen« wiedergegeben?

Im letzten Kapitel haben wir festgestellt, dass die Bünde, die Gott mit uns schließt und die im endgültigen neuen Bund aufgehen, ungleiche Bündnisse sind.

Wir kennen viele Beispiele für ungleiche Bündnisse aus der Weltgeschichte. Der erobernde König bot für gewöhnlich dem besiegten König und dessen Volk an, einen Bund mit ihm zu schließen, sowohl als Akt der Großzügigkeit als auch als Mittel zur Verwaltung seiner neuen Provinz. Ein Beispiel in der Bibel ist Nebukadnezar, der Erobererkönig von Babylon, der einen Bund mit dem besiegten König von Juda, Zedekia, schloss. In anderen Fällen suchte die schwächere Person oder der schwächere Stamm den Schutz und die Protektion einer mächtigeren Person bzw. eines stärkeren Stammes, indem um einen Bund gebeten wurde.

Das Ungleichgewicht in den von Gott geschlossenen Bünden bringt den menschlichen Geist zur Stille und Anbetung. Denn hier bietet nicht ein mächtiger, großzügiger menschlicher König eine Bundesbeziehung an; in dem Fall wären die Bündnispartner zwar ungleich in ihrer Stellung im Leben, dennoch stünden sie als menschliche Wesen beide auf einer Stufe. Nein – Gott, der Schöpfer, schließt einen Bund mit seinen Geschöpfen, Männern und Frauen! Es handelt sich nicht um eine gleichberechtigte Partnerschaft, die dadurch zustande kommt, dass beide Parteien ihren Beitrag leisten. Vielmehr gibt Gott Menschen, die es weder verdienen noch selbst etwas zu bieten haben, sein Ein und Alles.

Das Evangelium des Bundes wird der Menschheit von Gott nicht als Ausgangspunkt für Verhandlungen präsentiert, sondern als etwas, das die Menschen entweder ablehnen oder annehmen können. Die Liebe hat das Unfassbare vollbracht, und der Mensch kann nichts weiter tun, als es entweder mit Dank anzunehmen oder durch Ablehnung für immer in seiner Rebellion zu verharren.

Gottes Vorgehen, einen Bund zu schließen und dann jede Zusage in diesem Bund zu erfüllen, ist ein Akt der Gnade und Barmherzigkeit, die jeden Tag von neuem gewährt werden. In diesem Sinne wählten die Übersetzer das Wort »Barmherzigkeit« für das hebräische *chäsäd*. Der eigentliche Gedanke hinter der Bündnisliebe Gottes konnte nur mit den Begriffen Barmherzigkeit (wir bekommen von Gott nicht, was wir verdienen) und Gnade (wir bekommen von ihm, was wir nicht verdienen) ausgedrückt werden!

Auf Gott lastete kein Druck, sich um die Menschen zu bemühen, nachdem sie sich aus freien Stücken von ihm getrennt hatten. Wir dürfen nie vergessen, dass Gott freiwillig beschlossen hat, uns zu retten. Es gab keine Forderung von außen an ihn, dies zu tun, noch war in ihm eine Unvollständigkeit vorhanden, die er mit Menschen ausgleichen musste. Er war in sich selbst vollkommen und entschied sich aus reiner Liebe, uns zu retten. Sein Bund ist ein einseitiger Bund, der bereits vor der Zeit in Gottes Gedanken entstanden ist und von Gott allein initiiert und vollzogen wurde. Der einzige Grund für seinen Wunsch, einen solchen Bund zu schließen und sündige Menschen in eine Beziehung zu bringen, die ihn selbst unendlich viel kosten würde, ist seine bedingungslose Liebe zu uns.

Das ist das Evangelium oder, wie es im siebzehnten Jahrhundert formuliert wurde, »die gute, frohe freudige Nachricht, die einen Menschen vor lauter Begeisterung hüpfen lässt«. Es ist die Nachricht über Gott, darüber, wer er ist und was er für uns getan hat. Das Wort *Halleluja* bedeutet wörtlich, dass man vor anderen mit Gott prahlt und von ihm schwärmt![10] Wenn wir erkennen, dass er *chäsäd* ist, werden wir wissen, warum er es wert ist, dass man von ihm schwärmt.

In der Offenbarung seiner selbst, die Gott uns gegeben hat, unterscheiden wir uns von allen anderen Religionen der Welt. Bis zu einem gewissen Punkt können wir mit anderen Weltreligionen übereinstimmen, wenn wir von einer obersten Gottheit sprechen. Eine solche Gottheit, da sind wir uns alle einig, muss souverän, allmächtig und allwissend sein; aber keine andere Religion hat auch nur ansatzweise das Konzept, dass Gott Liebe ist und jeden Menschen mit leidenschaftlicher und bedingungsloser Liebe liebt.

Der menschliche Verstand könnte niemals zu einer solchen Schlussfolgerung gelangen. Wir wissen nur deshalb, dass Gott Liebe ist, weil er sich uns durch die hebräischen Patriarchen und Propheten und schließlich in seinem Sohn, dem Herrn Jesus, offenbart hat.

Vor diesem Hintergrund sollte *chäsäd* im Sinne von Barmherzigkeit nie weit aus unserem Bewusstsein rücken. Wir sind die schwächere Partei in diesem Bund, die den Schutz und Segen des Gottes der unendlichen Liebe sucht. Wir diktieren weder die Bedingungen noch sagen wir ihm, wie und wann er seine Zusagen zu erfüllen hat. Es gibt heute viele Gläubige, die unbedingt verstehen sollten, dass der Bund und die sich daraus ergebenden Taten der liebenden Güte auf reiner Barmherzigkeit beruhen, und sie sollten ihre widersinnigen Forderungen an Gott aufgeben, nach ihrem Diktat zu handeln.

Allerdings gibt es auch Millionen von Gläubigen, die ihr Leben um den Ruf »Herr, erbarme dich« herum aufgebaut haben. Sie müssen erst noch die enorme Tragweite von *chäsäd* in Bezug auf die starke Liebe Gottes erkennen, mit der er sich verpflichtet, jederzeit und unter allen Bedingungen für uns da zu sein. Wenn wir nicht verstehen, dass die Barmherzigkeit dem Schmelzkern der unendlichen, brennenden heiligen Liebe zu uns entspringt, nehmen wir sehr schnell die Haltung eines Bettlers ein, der an den Tempeltoren winselt und dann geschockt ist, wenn er erfährt, dass der Herr geantwortet hat! Wenn du die Barmherzigkeit des Bundes in Anspruch nimmst, dann tue es mit einem Herzen voller Lob. Die Barmherzigkeit ist in Jesus Christus, und wir kommen nicht als Bettler, sondern als Söhne und Töchter, Erben Gottes und Miterben Jesu.

Das Ziel von Chäsäd

Chäsäd ist das Ziel der Heilsgeschichte des Bundes, denn Jesus ist die ultimative liebende Güte und er ist die Erfüllung, Ausführung und Offenbarung von Gottes Bundeseid. Die Jungfrau Maria besingt die Geburt ihres Kindes als Erinnerung an den *chäsäd* Gottes: »Er nimmt sich seines Knechtes Israel an, um an [seine] Barmherzigkeit (*chäsäd*) zu gedenken, wie er es unseren Vätern verheißen hat, Abraham und seinem Samen, auf ewig!« (Lk 1,54–55).

Auch Zacharias, der Vater von Johannes dem Täufer, sah in der Geburt seines Sohnes den Beginn der Erfüllung aller Verheißungen der Bündnisliebe über die Jahrhunderte hinweg:

Um Barmherzigkeit (chäsäd) zu erweisen an unseren Vätern und zu gedenken an seinen heiligen Bund, an den Eid, den er unserem Vater Abraham geschworen hat, uns zu geben, dass wir, erlöst aus der Hand unserer Feinde, ihm dienten ohne Furcht in Heiligkeit und Gerechtigkeit vor ihm alle Tage unseres Lebens. — Lukas 1,72–75

Um der herzlichen Barmherzigkeit (chäsäd) unseres Gottes willen, durch die uns besucht hat der Aufgang aus der Höhe, um denen zu scheinen, die in Finsternis und Todesschatten sitzen, um unsere Füße auf den Weg des Friedens zu richten! — Lukas 1,78–79

Jesus ist die *chäsäd* Gottes, die unerschütterliche, unveränderliche und starke Liebe Gottes in fleischlicher Gestalt. Durch sein Blutvergießen bringt er uns jede Verheißung Gottes und ist der persönliche Garant für ihre Erfüllung.

Denn so viele Verheißungen Gottes es gibt – in ihm ist das Ja, und in ihm auch das Amen, Gott zum Lob durch uns! — 2. Korinther 1,20

Während wir uns weiter mit dem Bund beschäftigen, sei versichert, dass Gott dich nicht im Stich lässt. Er ist der Gott, der nicht lügen kann.

KAPITEL 5

Das Herzstück des Bundes

Wie im vorigen Kapitel dargelegt, wird unter Menschen ein Bund geschlossen, um den Zustand eines Lebens in Liebe und Güte herbeizuführen; der mit Blutvergießen einhergehende Schwur dient dazu, diesem hohen Ideal Gewicht zu verleihen und es zu bekräftigen. Aber Gott schließt seinen Bund nicht, um Güte entstehen zu lassen, sondern um zu offenbaren, dass er selbst alles ist, was diesen Bund ausmacht.

Hinter dem Bund, den er schließt, steht der Wesenskern seines Herzens, die unendliche Liebe, die unter den Menschen am besten als *chäsäd* verstanden wird. So wie wir keine Sonnenstrahlen hätten, wenn es keine Sonne gäbe, so gäbe es keinen Bund, wenn Gott nicht der Schmelzkern unendlicher und bedingungsloser Liebe wäre! Dies ist das Herzstück der Offenbarung Gottes, die uns in Christus und durch das Evangelium zuteilwird.

Ohne diese Offenbarung darüber, wer er ist, löst der Gedanke an Gott große Unruhe aus. Und das ist kein Wunder! Können wir uns ein Leben mit einem Gott vorstellen, der uns nicht liebt? Was wäre, wenn Gott, der allmächtig ist, der jeden Gedanken und jedes Motiv unseres Herzens kennt, der immer bei uns ist, der die Oberherrschaft über unsere Welt hat, uns nicht lieb hätte und deshalb unsere Zerstörung plante? Einen solchen Gott könnte man sich nur als einen furchterregenden, ewigen Richter vorstellen, der seinen Zorn auf uns lenkt und uns für unsere vielen Sünden verurteilt und verdammt.

Ich habe schon mit Tausenden von Menschen gesprochen, die einer Gemeinde angehören, und ich bin immer wieder erstaunt, dass deren Vorstellungen von Gott weitgehend einem solchen Bild von ihm entsprechen. Mit einer derartigen Auffassung von Gott leben Männer und Frauen bei dem Gedanken an ihn in einer Heidenangst; sie haben eine unbehagliche Furcht vor ihm und schauen verstohlen über die Schulter, um zu sehen, ob er kommt, um ihnen wehzutun und ihr Leben zu verwüsten.

Die gute Nachricht von der Liebe

Die ersten Jahre meines Christenlebens und meines Dienstes tendierten in diese Richtung. Meine ersten Predigten rochen nach Schwefel und knisterten vor Verdammnis. Ich rief die Menschen zu einer Erlösung, die im Wesentlichen darin bestand, vor dem Zorn von Gott dem Vater in den halbwegs sicheren Schutz von Jesus zu fliehen.

Mein gesamtes Leben änderte sich an einem Frühlingsmorgen in Portland, Oregon, im Jahr 1965. Ich war Gastredner in einer örtlichen Gemeinde, und am Abend zuvor hatte ich das Evangelium dort so dargelegt, wie ich es verstand, indem ich Gott als zutiefst genervt und verärgert über träge, laue Gläubige darstellte. Ich nahm meine Botschaft zum Anlass, die Gemeindeglieder aufzufordern, ihm ihr Leben neu zu widmen.

Am nächsten Morgen lud mich der Pastor zu einem Frühstück ein. Als wir bei Eiern und Speck am Tisch saßen, begann er mir zu erzählen, wie er einem Ungläubigen, der im Sterben lag, ein Zeugnis gegeben hatte. Er sprach lange über die Einzelheiten des

Evangeliums und wie er es dem Sterbenden vermittelt hatte. Während er dies tat, sah ich das Evangelium, wie ich es noch nie zuvor gesehen hatte. Dieser Pastor sprach von der Liebe Gottes, die den Heilsplan in Gang gesetzt und durchgeführt hat, von der Liebe des Herrn Jesus, des Gottessohnes, in seinem Tod und seiner Auferstehung, und von der Barmherzigkeit des Heiligen Geistes, der uns in diese Liebe hineinzieht.

Ich hatte den dreieinigen Gott nie im Zusammenhang mit leidenschaftlicher, suchender Liebe gesehen, die uns unablässig nachgeht, geschweige denn darüber nachgedacht. Für mich war er immer ein Richter gewesen, der durch den Tod Jesu besänftigt wurde, zu dem wir vor seinem Zorn flohen. Ich begann zu weinen und schob schließlich das Frühstück beiseite, legte meinen Kopf auf den Tisch und schluchzte. Dann ging ich zurück ins Hotel und vernichtete alle meine Predigten.

Zum ersten Mal in meinem Leben verstand ich, warum die von den Christen verkündete Wahrheit *Evangelium* genannt wird, was so viel wie »gute Nachricht« bedeutet.

Indem wir das Evangelium predigen, verkünden wir die gute Nachricht von der Offenbarung darüber, wer Gott ist und wie er zu uns steht. Wir stellen uns an die Straßenecken der Welt und verkünden die Nachricht, dass Gott nicht so ist, wie wir dachten – sondern dass er uns liebt! Die Liebe Gottes, die in eine Welt voller verlorener und hoffnungsloser Menschen hineinbricht, ist die großartigste Nachricht, die je verkündet wurde.

Geliebte, lasst uns einander lieben! Denn die Liebe ist aus Gott, und jeder, der liebt, ist aus Gott geboren und erkennt Gott. Wer nicht liebt, der hat Gott nicht erkannt; denn Gott ist Liebe. Darin ist die Liebe Gottes zu uns geoffenbart worden, dass Gott seinen eingeborenen Sohn in die Welt gesandt hat, damit wir durch ihn leben sollen. Darin besteht die Liebe – nicht dass wir Gott geliebt haben, sondern dass er uns geliebt hat und seinen Sohn gesandt hat als Sühnopfer für unsere Sünden. — 1. Johannes 4,7–10

»Gott ist Liebe.« In seiner unendlichen und bedingungslosen Liebe zu uns hat der Vater seinen Sohn, den Herrn Jesus, gesandt, damit dieser uns verkündet, wer Gott ist, und stellvertretend für uns den neuen Bund schließt. Der Heilige Geist ist Gott, der uns in leidenschaftlicher Liebe nachgeht und uns aufruft, auf seinen Bund einzugehen und uns mit seiner Liebe vereinen zu lassen. Das ist die beste Nachricht der Welt, und sie bringt denen, die darauf reagieren, Frieden und Freude.

Beachte bitte, was uns dieser Bibelabschnitt über Gott und seine Liebe sagt: »… die Liebe ist aus Gott.« Das bedeutet, dass er die Ursprungsquelle der Liebe ist; er hat die Liebe nicht von irgendwoher bekommen, sondern er ist die natürliche Quelle, aus der die Liebe frei von äußeren Einflüssen fließt.

»Gott ist Liebe.« Seine Liebe ist kein hinzugefügtes Attribut, das vorhanden sein kann oder auch nicht, das veränderlich ist und zunehmen oder abnehmen kann. Er *ist* Liebe; sie ist der essentielle Kern seines Wesens.

Ich kann vielleicht sagen, dass ich ein Glas Wasser habe oder über ein ganzes Wasserreservoir verfüge, aber zu sagen, dass ich Wasser bin, ist ein ganz anderes Kaliber! Wasser zu haben bedeutet, dass mein Besitz Veränderungen unterworfen ist, sei es durch Zunahme oder Abnahme, aber Wasser zu sein bedeutet, dass ich niemals irgendwelchen Veränderungen unterworfen bin, weil es das ist, was ich bin! Gott ist die Definition von Liebe; Liebe ist seine Natur.

Agape oder Eros

Das Wort für Liebe, das in der Ursprungssprache verwendet wird, ist für unser Verständnis von Gott entscheidend. Im Griechischen des Neuen Testaments lautet das Wort *agape*.[11] Es war ein Wort, das Liebe bedeutete, aber es war ein sehr allgemeines Wort und es fehlte eine klare Definition. Es wurde kaum verwendet und ist in der griechischen Literatur des ersten Jahrhunderts nicht zu finden.

Das Wort, das zur Zeit Jesu und zur Zeit der Niederschrift des Neuen Testaments für Liebe verwendet wurde, war *eros*,[12] ein Wort, das auch der Vorstellung unserer heutigen Gesellschaft von Liebe entspricht. Gemeint ist die Liebe zum Begehrenswerten und Schönen; sie ist hochstrebend und will das Größtmögliche und Beste besitzen und ist daher unfähig, das Abstoßende oder Unharmonische zu lieben. Die *Eros*-Liebe ist von allem angewidert, was sie als hässlich empfindet; im Grunde ist sie allem abgeneigt, was unterhalb ihres Anspruchs liegt.

Die Quelle der *Eros*-Liebe liegt in der Schönheit der Person, die geliebt wird. Die *Eros*-Liebe wird durch die Anmut des Objekts der Liebe geweckt und hervorgerufen. Dies ist ein sehr wackeliges Fundament. Diese Art der Liebe hat eine unvermeidliche Schwachstelle, denn sie neigt dazu, mit verblassender Schönheit des oder der Geliebten zu schwinden. Sie kann auch durch das Auftauchen eines attraktiveren Objekts abgelenkt werden, das dann an die Stelle des nunmehr langweilig gewordenen Objekts der Liebe rückt.

Die menschliche Liebe beruht auf dem Prinzip, dass die Person, die geliebt wird, die Liebe des anderen durch ihre Schönheit hervorgerufen und verdient hat, und dass die Person diese Liebe weiterhin verdienen muss, indem sie sich ihre Schönheit bewahrt.

Eros ist davon getrieben, die eigenen Bedürfnisse und Gelüste zu befriedigen. Diese Art von Liebe zeichnet sich durch das triebhafte und dringende Bedürfnis aus, das Objekt der Begierde zu erobern und allein zu besitzen, wodurch der oder die Geliebte zu einem Ding oder Objekt degradiert wird, das benutzt werden kann.

Wenn wir als Menschen der westlichen Welt am Anfang des 21. Jahrhunderts an Liebe denken, neigen wir dazu, sie durch die Linse des *Eros* zu betrachten. Es ist zweifellos die Definition von Liebe, mit der unsere Kultur tagtäglich durch Werbung, Kino, Fernsehen und Schundliteratur gefüttert wird.

Teenager verkünden aufgeregt, dass sie sich verliebt hätten. Sie meinen damit, dass sie die Person getroffen haben, die zumindest im Moment die wichtigste, beste und attraktivste Person im Universum ist, und dass sie diese Person unbedingt erobern und zu ihrem Eigentum machen müssen.

Es ist bedeutsam, dass das Wort *eros* im Neuen Testament nicht vorkommt. Bei der Verkündigung und inhaltlichen Ausrichtung des Evangeliums verbot der Heilige Geist offensichtlich den Gebrauch von *eros*, dem Wort für menschliche Liebe. Stattdessen gab er uns ein im Grunde neues Wort für Liebe, nämlich *agape*, und nutzte das Neue Testament, um dieses Wort zu definieren und es mit dem von ihm vorgegebenen Bedeutungsgehalt zu füllen.

Agape-Liebe wird nicht durch die Schönheit des Objekts geweckt oder erzeugt, sondern entspringt aus eigenem Antrieb dem Herzen Gottes. Es ist also eine Liebe, die weder erarbeitet noch verdient werden kann, denn sie entströmt dem Herzen Gottes und gilt allen Menschen. Sie streckt sich nach den geistlich Hässlichen und denjenigen aus, die nicht im Einklang mit ihm sind; sie wendet sich sogar dem Feind zu, der Gott gerne vernichten würde. Es ist nicht unsere geistliche Schönheit, die Gott dazu veranlasst, uns zu lieben; es sind nicht unsere guten Taten oder unsere Erfolgsbilanz in Sachen Gerechtigkeit, die seine liebevolle Aufmerksamkeit uns gegenüber wecken. Seine Liebe zu uns hat ihren Ursprung in dem, was er ist, und nicht darin, dass wir liebenswert wären. Er selbst ist die Quelle seiner Liebe, ihr Beweggrund und ihre Antriebskraft. Er liebt uns, weil es seine Natur ist, zu lieben.

Es ist eine Tatsache, dass Millionen von Gläubigen, die von ganzem Herzen zustimmen würden, dass Gott Liebe ist, seine Liebe als menschliche Liebe auf einer höheren Ebene verstehen – eine Art vollkommener *Eros*-Liebe. Sie glauben, dass Gott sie so liebt, wie ein Mensch einen Menschen liebt. Das führt zu einer Beziehung zu Gott, die auf sehr wackligen Beinen steht. Wenn wir glauben, dass Gott uns in dem Maße liebt, wie wir ihm Freude bereiten, bleiben wir immer im Zweifel über seine Liebe zu uns. Und da ist noch ein anderer Aspekt: Wenn wir glauben, dass wir seine Liebe durch unser Verhalten gewonnen haben, erfüllt uns das mit Stolz und wir beglückwünschen uns selbst, dass wir (im Gegensatz zu anderen) die Art von Leben erreicht haben, die uns zu den von Gott Geliebten macht.

Wir betrachten unsere Beziehung zu Gott als eine Beziehung, die auf unserem Verhalten fußt; wenn wir dies und das tun, wird Gott uns gutheißen und segnen. Er liebt uns, wenn wir heilig sind (oder ihm versprechen, uns darum zu bemühen), wenn wir eine Stunde mit Gebet und Bibellesen verbringen, wenn wir uns mit Begeisterung für ihn einsetzen und so weiter. Wenn wir in einem dieser Bereiche versagen oder in Sünde verfallen, dann, so glauben wir, schwindet seine Liebe; er wird unserer überdrüssig und wendet seine Aufmerksamkeit anderen zu, die seiner Liebe würdig sind.

Das Evangelium verkündet die unfassbar großartige Nachricht, dass unsere Beziehung zu Gott nicht auf »wenn« und »dann« beruht, sondern auf »weil« und »deshalb«. Das Evangelium gibt bekannt, dass Gott, weil er uns liebt, die Quelle unseres Heils und unseres Segens im Leben ist, derjenige, auf dem unser Glaube und unsere Hoffnung ruhen. Dieses Verständnis bestimmt, wie wir zu Christus kommen und jeden Schritt unseres Christenlebens gehen.

Dies wird in dem Gleichnis vom Zöllner und dem Pharisäer dargelegt:

> *Einigen, die von ihrer eigenen Gerechtigkeit überzeugt waren und die anderen verachteten, erzählte Jesus dieses Gleichnis: Zwei Männer gingen zum Tempel hinauf, um zu beten; der eine war ein Pharisäer, der andere ein Zöllner. Der Pharisäer stellte sich hin und sprach bei sich dieses Gebet: Gott, ich danke dir, dass ich nicht wie die anderen Menschen bin, die Räuber, Betrüger, Ehebrecher oder auch wie dieser Zöllner dort. Ich faste zweimal in der Woche und gebe den zehnten Teil meines ganzen Einkommens. Der Zöllner aber blieb ganz hinten stehen und wollte nicht einmal seine Augen zum Himmel erheben, sondern schlug sich an die Brust und betete: Gott, sei mir Sünder gnädig! — Lukas 18,9–13* EÜ

Der religiöse Pharisäer verstand Gott als *Eros*-Liebender – es muss geistige Schönheit in der Person vorhanden sein, der er seine Anerkennung und seinen Segen schenkt. Da war dieses Gefühl, dass Gott wohlwollend reagieren werde, wenn bestimmte religiöse Pflichten erfüllt würden. Der Pharisäer betrachtete die Liebe Gottes durch das Raster der menschlichen Liebe, *eros*. Er konnte sich nicht vorstellen, dass Gott einen Menschen wollte, der weniger als vollkommen war, geschweige denn ihn lieben würde. Er verglich sich mit anderen, vor allem mit den Nicht-Religiösen, während er sich in der Bestätigung seiner Pharisäer-Kollegen sonnte und glaubte, dass er eine Stellung erreicht hatte, die ihn für Gott gut genug machte.

Der Zöllner nahm die von Gott gegebene Offenbarung an, dass er geliebt wurde, obwohl er ein zwielichtiger Steuereintreiber und Verräter an seinem Volk war. Er hatte den Schlüssel zum Leben in der Überzeugung gefunden, dass Gott Liebe und Barmherzigkeit ist und er ihn deshalb anrufen und auch erhört werden könnte. Das Wort, das er benutzte, als er Gott anrief und das hier mit »gnädig« übersetzt wird, ist das Bündniswort *chäsäd*, das auch mit »liebender Güte« übersetzt wird, wie wir bereits gesehen haben. Der Mann berief sich auf einen Bund, der zu seinen Gunsten von dem Gott geschlossen worden war, der die personifizierte Liebe ist.

In einer Welt des *Eros* ist das Evangelium ein Skandal! Es gibt allen Menschen bekannt, dass sie von Gott nicht aufgrund dessen geliebt werden, wer sie sind oder was sie getan oder nicht getan haben, sondern aufgrund dessen, wer *er* ist!

Während du dies liest, sollst du wissen, dass du geliebt bist, einfach weil du lebst und atmest. Halte kurz inne und lass das auf dich wirken. Jetzt, in diesem Moment, bist du das Ziel der leidenschaftlichen und bedingungslosen Liebe Gottes. Er liebt dich mit seinem ganzen Wesen. Du hast seine ungeteilte Liebe, als wärst du der einzige existierende Mensch. Und er liebt dich, einfach weil du da bist, ohne Berücksichtigung deines Verhaltens. Sobald du das verstehst und in dieser Realität lebst, wird sich dein Verhalten als Reaktion auf diese unendliche Liebe, die uns in ehrfürchtiges Staunen versetzt, ändern. Wie Johannes sagt: »Wir lieben, weil er uns zuerst geliebt hat« (1Joh 4,19).

Diese Offenbarung des Herzens Gottes ist das Fundament des Bundes und die Wahrheit, auf der wir unser ganzes Christenleben aufbauen. Die Liebe Gottes initiierte den Bund und gab ihr damit höchsten Ausdruck. Sie ist der Norden auf dem Kompass der Wahrheit, an dessen magnetischer Position wir uns orientieren, wenn wir verloren in der Wüste der Welt umherirren. Von diesem

Nordstern aus können wir alle weiteren Orientierungspunkte finden. Zu wissen, dass seine Liebe uns gegenüber von ihm und nicht von uns abhängt, ist der Anfang des Weges, der uns aus unserem fruchtlosen, sinnleeren Leben und unserer religiösen Verzweiflung herausführt.

Ewige Liebe

Seine Liebe wird als unvergänglich beschrieben:

> *Von ferne her ist mir der HERR erschienen: Mit ewiger Liebe habe ich dich geliebt; darum habe ich dich zu mir gezogen aus lauter Gnade. — Jeremia 31,3*

Das bedeutet, dass seine Liebe selbstinitiiert aus seinem Herzen geflossen ist, ohne Anfang, vor Beginn und außerhalb der Entstehung von Zeit und Raum. Er hat uns schon vor unserer Geburt zum Ziel seiner Liebe gemacht, also ohne Bezug auf unser Verhalten oder unsere Taten, seien sie nun gut oder böse. Wenn wir von einer solchen Liebe sprechen, können wir nicht in Begriffen wie »verdienen« oder »erarbeiten« denken, denn sie entspringt seinem Herzen und basiert nicht auf unseren Handlungen; eine ewige Liebe ist eine bedingungslose Liebe.

»Ich will ihre Abtrünnigkeit heilen, gerne will ich sie lieben …« (Hos 14,4). Er liebt uns uneingeschränkt und aus freien Stücken, auch wenn wir untreu und rebellisch sind. Seine Liebe ist unilateral, sie wird nicht durch irgendwelche Taten unsererseits hervorgerufen. Seine Liebe ist nicht wie eine wärmegesteuerte Rakete, die von der Glut unserer Heiligkeit angezogen wird. Seine Liebe entspringt ganz von allein dem, was er ist – er selbst ist der

Beweggrund für seine Liebe; er ergreift die Initiative und sucht nach uns.

Die ewige Liebe ist eine Liebe, die schon immer da war – bevor wir geboren wurden. Keiner von uns ist ein Unfall oder zufällig am Leben. Jeder Mann und jede Frau steht im Mittelpunkt der Liebe Gottes, seit er oder sie ein Gedanke in seinem Kopf war. Jeder von uns wurde durch die Liebe Gottes ins Leben gerufen.

> *HERR, du erforschst mich und kennst mich! ... Denn du hast meine Nieren gebildet; du hast mich gewoben im Schoß meiner Mutter. Ich danke dir dafür, dass ich erstaunlich und wunderbar gemacht bin; wunderbar sind deine Werke, und meine Seele erkennt das wohl! Mein Gebein war nicht verhüllt vor dir, als ich im Verborgenen gemacht wurde, kunstvoll gewirkt tief unten auf Erden. Deine Augen sahen mich schon als ungeformten Keim, und in dein Buch waren geschrieben alle Tage, die noch werden sollten, als noch keiner von ihnen war. — Psalm 139,1.13–16*

Der Psalmist steht staunend vor der Tatsache, dass er schon gekannt wurde, bevor er überhaupt geboren war. Das Wort »kennen« in Vers 1 dieses Psalms ist die Übersetzung des hebräischen Wortes *jada*. Es bedeutet, jemanden durch ständiges Betrachten aufs Innigste zu kennen.[13] Es wird verwendet, um das Erkennen zwischen Liebenden zu beschreiben und steht als Begriff für die intimste Verbindung von Ehemann und Ehefrau.

Der Psalmist denkt darüber nach, wie Gott ihn und uns im Leib unserer Mütter liebevoll gestaltet und geformt hat. Er freut sich an dem mikroskopisch kleinen Baby, das von Gottes Liebe ins Leben gerufen wurde: »... als ich im Verborgenen gemacht wurde, kunstvoll gewirkt tief unten auf Erden.«

Die *Amplified Bible* gibt diese Worte so wieder:

> *Meine Gestalt war dir nicht unbekannt, als ich im Verborgenen geformt [und] in den Tiefen der Erde [einer Region der Finsternis und des Geheimnisses] kunstvoll und wundersam gewirkt [wie mit verschiedenen Farben gestickt] wurde. — Psalm 139,15*

Gott war bei der Geburt dabei, um jeden einzelnen von uns in der Welt willkommen zu heißen. Es ist seine Liebe zu uns, die uns zu ihm zieht, selbst in den Zeiten, in denen wir seine Stimme nicht erkennen. Er legt uns die Fragen nach der Unerfülltheit unserer Existenz ins Herz; er schafft die Sehnsucht nach einer Liebe, die wir auf der Erde nicht finden könnten. Er legt uns die Unzufriedenheit mit unserer Suche nach Glück ins Herz und weckt in uns die Sehnsucht nach grenzenloser Freude. Er hat all unsere Sehnsüchte nach ihm entfacht.

Du wurdest im Mutterleib in die Liebe Gottes hinein empfangen. Du wurdest in die Arme seiner Liebe hineingeboren. Du bist hier und jetzt das Objekt seiner Liebe, einfach weil du existierst.

Grenzenlose Liebe

Wenn wir an seine Liebe denken, müssen wir uns daran erinnern, dass er in allem, was er ist, grenzenlos ist – oder wie es theologisch heißt: unendlich. Das bedeutet, es gibt für ihn keine Beschränkungen oder Grenzen. Wir Menschen sind in allem, was wir sind, begrenzt, und was die Liebe angeht, können wir uns nur einer einzigen Person in völliger Liebe hingeben. Aber Gott, der unbegrenzt ist, ist für jeden von uns in der ganzen Fülle seiner Liebe da. Jeder von uns steht im Mittelpunkt seiner Liebe, als wäre er oder sie der einzige Mensch in der Schöpfung.

In den Gleichnissen von Lukas 15 erzählt Jesus die Geschichte von einem verlorenen Schaf, das sich verirrt, obwohl jeder Schäfer dir sagen wird, dass Schafe den anderen Schafen folgen und sich dann in ganzen Gruppen verirren! Jesus erzählt von einer Münze, die in den Schmutz rollt und zum Suchgegenstand der Frau wird, der sie gehört. Das letzte Gleichnis des Kapitels ist die Geschichte eines Vaters, der zwei Söhne hat, aber mit jedem von ihnen individuell umgeht. Er läuft dem einen Sohn entgegen, der aus seinem vergeudeten Leben im fernen Land zurückkehrt, und überfällt ihn förmlich mit seiner Liebe. Jesus schildert dann, wie der Vater das Willkommensfest für seinen verlorenen Sohn verlässt und zu dem selbstgerechten anderen Sohn hinausgeht, um ihn liebevoll zur Feier zu rufen.

Jesus schildert, dass mit dem Schaf umgegangen wird, als sei es das einzige Schaf, und dass es alles habe, was es vom Hirten zu haben gibt. Eine einzelne Münze wird als alleiniges Zielobjekt der sehnsüchtigen Suche einer Frau behandelt. Die beiden Söhne werden jeweils so behandelt, als sei jeder der einzige und das alleinige Objekt der väterlichen Liebe.

Paulus konnte die Liebe Gottes in Jesus Christus, in dessen Tod und Auferstehung betrachten und sie in ganz persönlicher Weise auf sich selbst beziehen: »… der mich geliebt und sich selbst für mich hingegeben hat« (Gal 2,20).

Wir können kein Beispiel für diese Liebe unter den Menschen finden; am ehesten können wir sie mit der Liebe einer Mutter zu ihrem neugeborenen Kind vergleichen. Sie überhäuft das Baby mit ihrer Liebe, sorgt für alles, was es braucht, füttert und beschützt es, aber nicht, weil das Kind etwas getan hätte, das ihre Aufmerksamkeit und Liebe verdient, sondern einfach, weil es da ist. Das Baby verdient nicht all das, was es bekommt; es wäre absurd, im Zusammenhang mit der mütterlichen Liebe von Erwerben und Verdienen zu sprechen. Wenn wir von Verdienst sprechen wollten, müssten wir uns auch eingestehen, dass Babys egoistisch, anspruchsvoll und oft übelriechend sind! Auch wenn die Mutter noch andere Kinder hat, widmet sie dem Baby ihre ganze Aufmerksamkeit. Die Liebe, die von ihr ausgeht und mit der sie ihr Kind überschüttet, wird aus freien Stücken gegeben, weil die Mutter ist, was sie ist – das Baby trägt nichts dazu bei, außer seiner Existenz.

Werde dir bewusst, dass du das Kindlein in den Armen von Gottes Liebe bist, geliebt, weil es seine Natur ist, geliebt als die Person, die seine alleinige Aufmerksamkeit hat und seine ganze Freude ist.

Die Liebe Gottes offenbart sich letztlich darin, dass er den Gottessohn, Jesus Christus, in die Welt gesandt hat. In Christus hat Gott sich mit uns verbunden, und zwar dort, wo wir uns in unserer sündigen Welt und unserer sinnlosen Existenz befinden, indem er unser Menschsein annahm und unter uns das wahre Leben eines Menschen lebte. Eine endgültige Demonstration dieser Liebe fand statt, als er sich mit uns in unserem Tod verband, indem er für uns und an unserer statt am Kreuz starb und in der Auferstehung seine Liebe siegreich zum Ausdruck brachte. So erreichte seine Liebe ihr letztendliches Ziel und schloss den Bund zwischen Gott und der Menschheit.

Der Gläubige wird als jemand beschrieben, der die Liebe Gottes kennengelernt und geglaubt hat und eine Verbindung mit ihm eingegangen ist. Gott wird zum Lebensraum des Gläubigen, so wie der Gläubige zur Wohnstätte Gottes wird.

Und wir haben die Liebe erkannt und geglaubt, die Gott zu uns hat. Gott ist Liebe, und wer in der Liebe bleibt, der bleibt in Gott und Gott in ihm. — 1. Johannes 4,16

Die Entdeckung der bedingungslosen Liebe

Die Liebe Gottes zu uns kennenzulernen und an sie zu glauben, darf nicht als eine interessante, aber eher unübliche religiöse Erfahrung betrachtet werden. Gottes Liebe zu uns zu erkennen, bedeutet eine große Umwälzung in unserem Leben, wie die Geschichte zeigt, die mir kürzlich eine junge Frau erzählt hat. Ihr Name ist Pam, und es wäre schwierig, den Zustand ihres Lebens als Christin zu beschreiben, bevor sie Gottes Liebe kennenlernte und an sie glaubte. Als sie zehn Jahre alt war, hatte sie sich in einem Sommercamp zu Christus bekannt. Sie zweifelte nie daran, dass sie es ernst gemeint hatte, als sie zum Zeichen ihres Bekenntnisses zu Christus vor allen ihren Freunden ganz bewusst einen Stock ins Feuer warf. Der Jugendbetreuer betete mit ihr, als sie Jesus ganz einfach in ihr Herz einlud. Sie empfand keine großen Emotionen, aber sie wusste, dass Gott sie angenommen hatte, und damit war sie zufrieden.

Als sie aus dem Sommercamp heimkehrte und ihren Eltern davon erzählte, waren sie sehr glücklich, und der Pastor sagte, es sei die beste Entscheidung, die sie je treffen würde. Und das war's. Während ihrer Teenagerjahre war sie Teil der Jugendgruppe ihrer Gemeinde, deren Mitglieder alle die gleiche Entscheidung getroffen hatten, Jesus zu folgen. Sie bildeten eine Art Subkultur in ihrem Heimatort im Mittleren Westen der USA. Sie rauchten, tranken und kifften nicht und nahmen auch keine harten Drogen. Sie gingen jeden Sonntag morgens und abends in den Gottesdienst, und mittwochs trafen sie sich in der Jugendgruppe.

Während ihrer Jugend- und frühen Erwachsenenjahre versuchte sie, eine gute Christin zu sein, ihre Bibel zu lesen, jeden Tag zu beten und ihren Nachbarn von Jesus zu erzählen, was im Wesentlichen bedeutete, dass sie sie in ihre Gemeinde einlud. Ihr Christenleben verlief in Schüben, die gewöhnlich ihren Anfang nahmen, wenn sie einer Aufforderung gefolgt war, Christus ihr Leben neu hinzugeben. Manchmal fragte sie sich, ob sie Christin bleiben würde, wenn sie in eine andere Stadt zöge. Wie sehr war ihr Glaube mit ihrer Familientradition und ihrer respektablen kleinen Stadt verknüpft? Zu anderen Zeiten stieg in ihr die Sehnsucht auf, Gott so zu kennen, wie einige Gastredner ihrer Gemeinde ihn zu kennen schienen. In solchen Momenten sagte sie sich, dass sie jetzt nicht mehr von Gott wusste als mit zehn Jahren. Wenn es beim Christsein noch um etwas anderes ginge, würde sie es gerne erfahren.

Sie heiratete mit Anfang zwanzig, und ihr Mann, Jeff, hatte einen ähnlichen Glauben wie sie. Sie saßen jeden Sonntag als Vorzeigeehepaar in der Gemeinde, und so wäre es auch für den Rest ihres Lebens geblieben, wenn nicht ein besonderes Wochenende ihr Leben verändert hätte. Ein Freund lud Pam zu einer Einkehrzeit in Oklahoma ein, die ich leitete. Ich lasse Pam nun mit ihren eigenen Worten fortfahren:

»Ich ging mit, weil Dorothy für mich bezahlt hatte, und ich wollte sie nicht beleidigen. Ich erwartete die übliche Camp-Meeting-Predigt, in der uns gesagt würde, wie lau wir alle seien, und in der wir aufgefordert würden, unser Leben Gott neu zu weihen. Es war ungefähr die Zeit, in der die Wirkung des letzten Males nachgelassen hatte und ich eine frische verbale Tracht Prügel und eine Erneuerung meiner Hingabe an Gott brauchte, und so dachte ich mir, dass das Wochenende

nicht vergeudet sein würde. Ich habe immer geglaubt, dass ich es eines Tages schaffen würde, mein Leben in einer solchen Weise Gott hinzugeben, dass ich ihn wirklich kennenlernen würde. Wer weiß? Diese Einkehrtage würden vielleicht genau das bewirken.

Die Zeit dort hat mein ganzes Leben auf den Kopf gestellt. Gleich in der ersten Stunde erfuhr ich, dass Gott mich bedingungslos liebt. Dass er mich liebt, weil er Liebe ist, und nicht, weil ich gut wäre. Ich war mein ganzes Leben lang in die Kirche gegangen, aber das hatte ich noch nie gehört. Mir war nicht klar, wie dringend ich das hören musste, bis ich es hörte, und dann wusste ich, dass ich wie eine Frau war, die in der Wüste am Verdursten war und der gerade jemand einen kräftigen Schluck kühles Wasser gegeben hatte.

Was auch immer unser Pastor glaubte, so hatte ich stets zu hören bekommen, dass ich ein bestimmtes Verhaltensniveau erreichen musste, ein gewisses Maß an entschlossener Hingabe, bevor Gott mich lieben würde. Tatsächlich hatte ich den starken Eindruck, dass Gott unserer Halbherzigkeit und Untreue überdrüssig war und laufend kurz davorstand, uns eine ordentliche Abreibung zu verpassen. Dass er uns ohne Rücksicht auf unser Verhalten liebte, war für mich ein völlig neuer Gedanke.

In jener Freitagnacht konnte ich nicht schlafen. Mein Verstand raste, oder vielleicht sollte ich besser sagen, er tanzte vor Freude über dieses neue Konzept. Heute weiß ich, dass der Heilige Geist Überstunden machte, weil er endlich zu mir durchgedrungen war! Ich lag im Bett und lauschte dem Zirpen der Grillen draußen, während ich mein Leben unter die Lupe nahm. Weshalb ging ich in die Kirche, las meine Bibel und betete? Warum enthielt ich mich der Dinge, die andere in meinem Alter taten? Wieso versuchte ich, meinen Nachbarn gegenüber Zeugnis zu geben? Ich erkannte, dass mein wahres Motiv der Wunsch war, Gott nicht komplett wütend auf mich zu machen! Mein ganzes Christenleben bestand in dem halbherzigen Versuch, mir seine Liebe zu verdienen.

Dieses neue Konzept änderte nun alles. Wenn er mich liebte, weil er Liebe ist und nicht wegen meines guten Verhaltens, dann brauchte ich mir seine Liebe nicht zu verdienen, denn ich war bereits geliebt! Als ich dort lag, weinte ich vor Erleichterung und Freude, während ich dieses Wasser trank, von dem ich nicht gewusst hatte, dass ich es suchte. Ich sagte immer wieder: ›Danke, Jesus!‹, und die Worte fühlten sich auf meiner Zunge seltsam an. So etwas hatte ich noch nie gesagt oder empfunden. Ich ertappte mich dabei, dass ich sagte: ›Ich liebe dich, Jesus!‹ Etwas Derartiges hatte ich ganz sicher noch nie gesagt!

Ich wusste, dass mein Leben nie wieder so sein würde wie zuvor. Das war keine erneute Hingabe, sondern eine grundlegende Änderung meines Verständnisses vom Leben. Es ging nicht darum, dass ich versuchte, eine bessere Christin zu sein, sondern es war meine Reaktion aus Liebe auf seine Liebe zu mir. In dieser Nacht war das Leben, in dem ich versucht hatte, mir seine Liebe zu verdienen und ihm zu gefallen (oder vielleicht sollte ich sagen, ihn bei Laune zu halten), vorbei. Es starb und wurde in jener Nacht in Oklahoma begraben. Das ganze Wochenende über ertappte ich mich dabei, wie ich Gott im Stillen lobte, wie ich lachte und meine Augen vor Freudentränen überquollen. Ich wiederholte immer wieder die Worte: ›Ich bin geliebt; ich könnte von Gott nicht mehr geliebt werden, denn er ist Liebe!‹

Wenn er mich doch schon liebte, warum sollte ich dann mein ganzes Leben damit verbringen, ihn davon zu überzeugen, dass er mich lieben sollte? In diesen wenigen Stunden wuchs in mir das brennende Verlangen, meine Bibel zu lesen und diesen Gott zu entdecken, den ich nie gekannt hatte. Ich wollte beten und mit ihm reden. Ich hatte keine Angst mehr vor ihm. Ich hatte meinen Nachbarn die beste Nachricht der Welt zu erzählen und konnte die erste sich ergebende Gelegenheit kaum abwarten.

Als ich nach Hause kam und versuchte, Jeff alles zu erklären, dachte er, ich sei verrückt. Seitdem hat er Gottes Liebe zu ihm erkannt, aber es brauchte Zeit und es gab schwierige Tage. Ich war erstaunt, dass viele meiner Freunde aus der Gemeinde nicht hören wollten, was ich erkannt hatte; sie zogen es vor, sich die Gunst Gottes mühsam zu verdienen, und ich verlor sogar einige Freunde. Es war nicht einfach. Seit jenem Tag vor zehn Jahren hatte ich viele persönliche Herausforderungen zu bestehen, und ich war nicht immer so, wie ich es mir gewünscht hätte; aber ich hatte einen Kompass, der mich durch all das führte – er war immer auf Norden, auf seine Liebe zu mir ausgerichtet, die mich magnetisch anzog.«

Es gibt unzählige Gläubige wie Pam, die durch ihr Leben gehen und keine Vorstellung von der bedingungslosen Liebe haben, die Gott uns entgegenbringt. Unsere Verlorenheit in Bezug auf Gott hängt unter anderem damit zusammen, dass wir in eine Welt hineingeboren werden, die sich von seiner Liebe abgewandt hat. Wir sind in einer Gesellschaft aufgewachsen, die von Sünde, von egoistischer, unzulänglicher menschlicher Liebe, von Missbrauch und Dysfunktionalität geprägt ist. Als Kinder wurden wir beschämt und es wurde uns auf Hunderte von Arten beigebracht, dass wir es nicht wert seien, geliebt zu werden. Wir wurden dazu erzogen, für unsere armseligen Bemühungen, uns so zu verhalten, dass wir der Liebe würdig sind, Verachtung zu empfinden. In unserem Verhältnis zur Kirche haben wir die Scham, die wir aus unserer Familie kannten, oft auf unser Verständnis von Gott projiziert. Er wurde uns so dargestellt, als würde er uns beschämen und die Einhaltung unmöglicher Standards verlangen, bevor er uns lieben würde.

Seien wir doch ehrlich: Viele Gläubige, die dieses Kapitel lesen, werden als Reaktion darauf denken, dass diese Liebe für jemand anderen bestimmt ist; Gott könnte sie als die Menschen, die sie sind, unmöglich lieben. Wenn sie mit seiner bedingungslosen Liebe konfrontiert werden, empfinden sie Empörung und Scham und bezeichnen sich selbst als die Ausnahme von der Regel im Hinblick auf seine grenzenlose Liebe.

Zu den Sätzen, die ich am häufigsten von Gläubigen höre, wenn ich lehre und sie mit der bedingungslosen Liebe Gottes in Berührung bringe, gehört dieser: »Ich kann nicht glauben, dass Gott mich so liebt.« Dann gibt es andere, die sich selbst verachten und verbittert sagen, dass es für Gott unmöglich sei, jemanden zu lieben, der so sündig und wertlos ist, wie sie sich selbst einschätzen. Und es gibt immer wieder die frommen »Demütigen«, die mir mit niedergeschlagenem Blick sagen, dass sie seiner Liebe nicht würdig seien. Sie sind dann schockiert, wenn ich ihnen sage, dass das, was sie für ihre extreme Demut halten, in Wirklichkeit ihr extrem aufgeblähter Stolz ist!

Wer mit solchen Aussagen seinen Unglauben an die Absolutheit von Gottes Liebe ausdrückt und es ernst meint, verleugnet damit einige der grundlegendsten Glaubenssätze des Evangeliums. Alle diese Aussagen haben eines gemeinsam: Ihnen liegt ein völlig falsches Verständnis des Evangeliums zugrunde. Alle diese Menschen aus den vorgenannten Beispielen, die nicht glauben können, dass Gott sie über alle Maßen liebt, tun sich deshalb schwer, weil sie überzeugt sind, nicht gut genug für ihn zu sein.

Ich habe für solche Personen einige sehr ernste Fragen, die Aufschluss darüber geben, ob sie im Herzen wirklich dieses Evangelium gehört haben:

- Wenn Gottes Natur unendliche, bedingungslose Liebe ist, verleumden wir dann nicht seinen Charakter, wenn wir sagen, dass er uns nicht liebt oder uns nicht lieben könnte? Indem wir uns selbst zur Ausnahme machen, leugnen wir sowohl die Unendlichkeit seiner Liebe als auch ihre Bedingungslosigkeit.
- Was hat Würdigsein mit der guten Nachricht zu tun, die im neuen Bund enthalten ist?
- Glauben wir, dass Gott uns liebt, weil wir etwas Gutes getan haben?
- Glauben wir, dass Gottes Liebe jenes warme Gefühl ist, das uns überkommt, nachdem wir unser Leben bewertet und entschieden haben, dass wir gut genug sind, um von ihm geliebt zu werden, zumindest für den Moment?
- Versuchen wir nicht, Gott zu kontrollieren, indem wir ihm sagen, dass wir noch nicht bereit sind, von ihm geliebt zu werden, und dass wir, sobald wir es sind, ihm die Erlaubnis geben werden, seine Liebe auf uns auszuweiten?

»Ich fühle mich nicht würdig« ist eine Regung des religiösen Fleisches. Sie muss gekreuzigt und als Lüge entlarvt werden, die von jenem kommt, der zuerst sagte: »Hat Gott wirklich gesagt …?« Ich bezweifle nicht, dass du dich nicht würdig fühlst, aber was hat das mit Glauben zu tun, der mit solchen Empfindungen konfrontiert, einfach die Wahrheit kundtut und in sprachloser Ehrfurcht vor einem solch wunderbaren Gott dasteht? Solchen Gefühlen Glauben zu schenken und sich selbst von seiner Liebe auszuschließen, bedeutet, ein verdrehtes, verzerrtes Götzenbild zu bauen und es den in Jesus offenbarten Gott zu nennen.

Wenn wir zum ersten Mal von seiner bedingungslosen Liebe hören, ist unsere Reaktion Freude; es sind die wunderbarsten Worte, die wir je gehört haben. Aber es dauert nicht lange, bis diese Worte für uns zur schmachvollen Frage werden: *Wie sollte er mich lieben?* Man könnte sagen, dass wir seine Liebe erst dann wirklich kennen, wenn wir uns ihr bewusst und gegen alle Vernunft unseres moralischen, religiösen Fleisches ergeben haben. Sich seiner Liebe zu ergeben bedeutet, dass wir uns gegen die tobenden Gefühle unseres heuchlerischen, sich selbst verachtenden Fleisches und gegen die höhnische Stimme des Anklägers der Brüder und Schwestern stellen.

Wenn unsere Gefühle uns mit dieser Lüge in den Bann schlagen wollen und der Selbsthass verlangt, dass die Lüge geglaubt wird, müssen wir unseren Mund öffnen und laut Gottes Liebe zu uns bekunden. Glaube ist kein Gefühl; er ist die Entscheidung, entgegen unseren Gefühlen – manchmal entgegen jeglichem Gefühl in unserem Inneren – der Offenbarung Gottes in Jesus Christus zu glauben.

Eines ist sicher – all unser Gejammer, dass er uns unmöglich lieben könne, hält ihn nicht davon ab, uns zu lieben! Seine Liebe ist allmächtig und erreicht uns, wo immer wir sind. Er hat seine Liebe auf uns gerichtet, bevor wir geboren wurden, ohne uns um Erlaubnis zu fragen; es ist auf ewig zu spät, mit ihm über diesen Punkt zu diskutieren. Er ist der Gott, der, wie Jesus uns sagt, gerne rauschende Partys für die unwürdigen Versager des Lebens schmeißt, um sie zu feiern und sie zu den Seinen zu erklären.

Du arbeitest nicht auf seine Liebe hin; du bist jetzt, in diesem Moment, geliebt. Wir beginnen unseren Weg hin zum Verständnis des neuen Bundes mit dem Wissen, dass wir von Gott geliebt und überaus wertgeschätzt sind. Die einzige Erklärung dafür, dass er den Bund geschlossen hat, ist seine Liebe zu uns. Wir nehmen seine Liebe mit Dankbarkeit an; wir geben uns dieser Liebe hin und ruhen in ihr sicher geborgen.

KAPITEL 6

Der stellvertretende Mensch

Gott hat eine alles umfassende Agenda der Liebe! Er wendet sich an jeden Mann und jede Frau, um uns mit sich selbst zu versöhnen, um uns in den Kreis seiner engen Freunde aufzunehmen und um jeden von uns zum eigentlichen Grund für unsere Erschaffung zurückzuführen. Wie erreicht er dieses Ziel, Mann oder Frau, die in der Sünde tot sind, völlig zu verwandeln?

Er erreicht es ohne unser Zutun. Er schließt den neuen Bund: einen unilateralen Bund, der allein von ihm ausgeht und der dem Menschen als Gottes Geschenk großzügig angeboten wird. Es ist ein Bund, der auf dem Eid Gottes beruht, der bei sich selbst schwört, weil er bei keinem Größeren schwören kann.

Aber ein Bund besteht zwischen zwei Parteien, und jede Partei hat ihren Vertreter. Wie soll ein solcher Bund zustande kommen, wenn die menschliche Seite des Bundes sündigt, untreu ist und ihre Finsternis mehr liebt als das Licht Gottes? Es gibt niemanden auf der Erde, der die Menschheit vertreten könnte. Hiob rief nach einem solchen Mittler, der ihm Gott erklären und für ihn zu Gott sprechen könnte.

> *Denn Er ist nicht ein Mann wie ich, dass ich Ihm antworten dürfte, dass wir miteinander vor Gericht gehen könnten; es gibt auch keinen Mittler zwischen uns, der seine Hand auf uns beide legen könnte. — Hiob 9,32–33*

Damit ein solcher Bund zustande kommt, brauchen wir einen Menschen, der jeden Mann und jede Frau vor Gott vertritt. Wir brauchen einen zweiten Menschen, der einen Neustart des Menschengeschlechts ermöglicht, einen anderen Adam, der das wiedergutmachen kann, was der erste Adam zerstört hat, und der die Menschheit zu der Vertrautheit mit Gott führen kann, für die sie geschaffen wurde. Wir brauchen einen, der uns vor Gott vertritt und jenes Ja zu ihm sagt, welches der erste Adam nicht zu sagen vermochte, und der uns alle in diesem Ja zu der Bestimmung führt, für die wir geschaffen wurden.

Der göttliche Repräsentant

Das Evangelium ist die Bekanntgabe, dass Gott diesen Menschen in einer Weise bereitgestellt hat, die sich niemand in seinen kühnsten Träumen vorstellen konnte. Vor Beginn der Zeit brachten ewige Liebe und unendliche Weisheit den Plan hervor. Gott, der Vater, beschloss in seiner großen Liebe zu uns, seinen Sohn zu senden, der ohne sein Gottsein aufzugeben, unsere Menschlichkeit annehmen und Fleisch werden würde. In seiner Liebe zu uns erklärte sich der Sohn bereit, zu uns zu kommen und als wahrer Mensch unser menschliches Leben zu leben, sich unseren Nöten und Versuchungen zu stellen und schließlich sich selbst anzubieten, um für uns und an unserer statt zu sterben. Er würde von den Toten auferstehen, nachdem er die Sünde weggetan und die Versöhnung der Welt mit Gott erreicht hätte, und den neuen Bund zustande kommen lassen. Der Heilige Geist willigte ein, zu kommen und den Bund im Leben derer, die glauben, zu verwirklichen.

Als unser Repräsentant ist er der *Vermittler* des neuen Bundes. Das Wort bedeutet im Griechischen wörtlich »Mittelsmann«, jemand, der zwischen zwei Parteien tritt, um Frieden zu stiften.[14] Er besitzt die Natur und die Eigenschaften Gottes und vertritt ihn so vor den Menschen; er hat (sündlos) die menschliche Natur angenommen und kennt daher die Bedürfnisse eines jeden von uns genau und kann uns vor Gott vertreten. Dies ist dasselbe Wort, das Hiob benutzte – sein Schrei nach einem, der seine Hände auf Gott und die Menschen legen kann, wird in Jesus erhört.

> *Denn es ist ein Gott und ein Mittler zwischen Gott und den Menschen, der Mensch Christus Jesus. — 1. Timotheus 2,5*

> *Meine Kinder, dies schreibe ich euch, damit ihr nicht sündigt! Und wenn jemand sündigt, so haben wir einen Fürsprecher bei dem Vater, Jesus Christus, den Gerechten. — 1. Johannes 2,1*

Ein weiterer Begriff, der zu dieser Wortfamilie gehört, ist »Fürsprecher«, was so viel bedeutet wie »dazwischen (durch-)gehen«, »zwischen den Parteien handeln mit dem Ziel der Versöhnung«, »vermitteln«.[15] Er war unser Fürsprecher und lebt für immer, um Fürsprache zu halten oder unser Repräsentant zu sein.

Dieses Wort bedeutet auch »jemand, der für etwas bürgt«, um etwas zu sichern, das sonst nicht erlangt werden könnte. Jesus ist unser Bürge für den besseren Bund, er garantiert dessen Bedingungen für sein Volk.

> *Nun aber hat er einen umso erhabeneren Dienst erlangt, als er auch der Mittler eines besseren Bundes ist, der aufgrund von besseren Verheißungen festgesetzt wurde. — Hebräer 8,6*

Darum ist er auch der Mittler eines neuen Bundes, damit – da sein Tod geschehen ist zur Erlösung von den unter dem ersten Bund begangenen Übertretungen – die Berufenen das verheißene ewige Erbe empfangen. — Hebräer 9,15

… und zu Jesus, dem Mittler des neuen Bundes, und zu dem Blut der Besprengung, das Besseres redet als [das Blut] Abels. — Hebräer 12,24

Jesus, der Sohn Gottes, ist der in ihm selbst geschlossene Bund. Der Repräsentant Gottes und der Repräsentant des Menschengeschlechts vereinen sich in dieser einen Person, Jesus Christus.

Die erste und grundlegendste Sache, die wir verstehen müssen, ist die Tatsache, dass der neue Bund nicht mit uns als Einzelpersonen geschlossen wurde. Es ist ein Bund, der von Gott dem Vater mit Gott dem Sohn geschlossen wurde. Der Vater bürgt für die göttliche Seite des Bundes, und der Sohn bürgt für die menschliche Seite, indem er um unseretwillen und stellvertretend für uns unser Menschsein angenommen hat. Der Bund wird zu einem persönlichen Bund, wenn wir an den Herrn Jesus glauben und mit ihm vereint werden. Der neue Bund liegt nicht in unserer Hand und kann von uns nicht gebrochen werden; er wird von dem dreieinigen Gott garantiert und ist daher bedingungslos und unumstößlich.

Jesus Christus ist der stellvertretende Mensch des neuen Bundes. Als Sohn Gottes steht er in einer ewigen, grenzenlosen Liebesbeziehung zum Vater, und als sündloser Mensch ist er würdig, einen Bund mit ihm einzugehen. Er schließt den Bund ausschließlich für uns und an unserer statt. Als ewiges Objekt der Liebe und Freude des Vaters hat er es nicht nötig, einen Bund mit ihm zu schließen; er braucht keine der Verheißungen und Segnungen des

Bundes. In grenzenloser Liebe zu uns hat er sich mit uns vereint und wird uns nie verlassen. Wir sind untrennbar mit ihm verbunden; er erfüllt den Bund und erwirbt dessen Segnungen nicht für sich selbst, sondern allein für uns. Wenn der Geist uns mit ihm vereint, werden alle Verheißungen des Bundes, die ihm gegeben wurden, die unseren.

Der Prophet Jesaja hat in einer Reihe von Weissagungen von Jesus als dem Diener des Herrn gesprochen. Eine dieser Weissagungen definiert ihn als den Bund:

> *So spricht der HERR: Zur angenehmen Zeit habe ich dich erhört und am Tag des Heils dir geholfen; und ich will dich behüten und dich dem Volk zum Bund geben, damit du dem Land wieder aufhilfst und die verwüsteten Erbteile wieder als Erbbesitz austeilst. — Jesaja 49,8*

Jesus ist dieser eine Mensch, der Gott ist: Er ist der Bund, der Gott und Mensch in sich vereint. Er vertritt Gott gegenüber der Menschheit und ist zugleich die endgültige Offenbarung Gottes gegenüber den Menschen. In den Tagen des Alten Testaments überbrachten die Propheten die Botschaft der Selbstoffenbarung Gottes, aber Jesus ist die leibhaftige Botschaft.

> *Niemand hat Gott jemals gesehen; der einziggeborene Sohn, der in des Vaters Schoß ist, der hat ihn erklärt. — Johannes 1,18 ELB*

Das Wort »erklärt« bedeutet wörtlich auslegen oder darstellen;[16] Jesus ist Gott, der den Menschen Gott erklärt.

Darum, heilige Brüder und Schwestern, die ihr an himmlischer Berufung teilhabt, richtet euren Sinn auf den Apostel und Hohepriester unseres Bekenntnisses: Jesus.
— Hebräer 3,1 EÜ

Er ist der Apostel von Gott gegenüber den Menschen und der Priester, der die Menschheit zu Gott trägt. Er ist der perfekte Mensch. Wir dürfen ihn nicht einfach als einen einzelnen Menschen betrachten, der in Israel lebte. Er war ein Individuum, aber als Vermittler des Bundes muss er als die gesamte Menschheit gesehen werden. Als Jesus, nachdem er grausam geschlagen und verspottet und mit einer Dornenkrone und einem Purpurgewand geschmückt worden war, von Pilatus vor die religiösen Führer und das Volk von Jerusalem geführt wurde, sagte dieser: »Seht den Menschen.« Er sprach auf Latein, und der Satz muss »Ecce Homo« gelautet haben.[17] Im Lateinischen fehlte der bestimmte Artikel, er sagte daher also wörtlich übersetzt: »Seht Menschen.« Damit sagte er mehr aus, als ihm bewusst war, denn der geschundene Mensch, der vor ihm stand, war tatsächlich mehr als ein Mensch, er verkörperte die gesamte Menschheit. Jesus ist nicht nur irgendein Mensch, sondern der eine Mensch, der Ja sagte zum uneingeschränkten Gehorsam gegenüber dem Vater, und gleichzeitig ist er Gott, der alle Bedingungen und Verheißungen des Bundes erfüllt.

So wie Adam ein Einzelwesen war, aber auch buchstäblich die gesamte Menschheit in sich trug, so trägt Jesus die neue Schöpfung in sich; er ist der Neue Mensch. Er nimmt unseren Platz ein und vertritt uns vor Gott im Bund. Er tritt in unsere Geschichte ein und nimmt sie mit in den Tod, in den uns die Sünde versetzt hatte. Und in der Auferstehung fügt er uns in seine Geschichte ein und bringt uns in die Einheit mit dem Vater.

Die Qualifikationen des Stellvertreters

Damit er uns im Bund vertreten kann, muss er unendlich viel wertvoller sein als jeder einzelne Mensch, denn er nimmt den Platz eines jeden Mannes und einer jeden Frau aus Adams Geschlecht ein. Selbst ein einziger vollkommener Mensch könnte nicht alle vertreten, denn ein Menschenleben, selbst wenn es perfekt wäre, könnte nur den Platz eines einzigen anderen Menschen einnehmen. Nur das Opfer Gottes würde ausreichen, um den Platz der gesamten Menschheit und der gefallenen Schöpfung einzunehmen. In ihm, dem Herrn Jesus, haben wir diesen einen Menschen, der für Gott und die Menschheit von unendlichem Wert ist; denn er ist Gott der Sohn, der vom Vater unendlich geliebt wird. Ein solcher Mensch, der Gott ist, kann den Platz eines jeden Mannes und einer jeden Frau einnehmen, die von Adam geboren wurden, und sie vertreten. Er kann uns alle in seine eigene Geschichte mit hineinnehmen und stellvertretend für uns leben, sterben und auferstehen, um seine Geschichte zu der unseren zu machen.

Aber derjenige, der uns im Bund vertritt, muss unser Verwandter sein, ein Mensch, der einer von uns ist, den wir als Familienangehörigen bezeichnen können. Wenn er als eine neue Art von Geschöpf käme, würde er eine eigene Gattung begründen, an der wir keinen Anteil hätten. Dieser Mensch muss vollkommen menschlich sein, ein Bruder für uns alle. Nur dann kann er uns wirklich repräsentieren und als Stellvertreter der gesamten Menschheit sprechen, indem er Ja zu Gott und Nein zu Satan sagt, was der erste Adam nicht vermochte.

Aber Gott ist kein menschlicher Verwandter. Er ist unser Schöpfer und wir sind seine Geschöpfe. Er ist reiner, körperloser Geist, und er ist keiner von uns. Er kann weder unsere Versuchungen noch unseren Tod durchleben. Wenn Gott unser Stellvertreter sein soll, muss er unser Menschsein annehmen und unser Bruder werden, der einen physischen Körper hat, mit dem er die Grenzen und Entbehrungen des menschlichen Lebens erfahren kann. Er muss sich den Versuchungen stellen, die man nur mit einem menschlichen Körper und menschlichen Leidenschaften erleben kann.

Er brauchte einen Körper, um die Sünde, den Kummer und das Leid der Menschheit auf sich zu nehmen und um unseretwillen zu leiden und zu sterben. Gott brauchte Tränenkanäle, um über die Menschheit zu weinen, mit der er sich verbunden hatte. Er brauchte Hände und Füße, damit er als der Übeltäter, der *wir* waren, ans Kreuz genagelt werden konnte. Er brauchte menschliches Fleisch, damit er zu unserer Heilung gepeitscht und gegeißelt werden konnte. Vor allem aber brauchte er Blut, das Blut des Gottmenschen, damit es für unsere Sünde vergossen werden konnte. Er wurde geboren, um das Opferlamm zu sein, das die Sünde der Welt wegnehmen würde.

In Hebräer 10,5–7 wird Psalm 40,7–9 als Rede Jesu wiedergegeben:

> *Deshalb sprach Christus, als er in die Welt kam: »Du wolltest keine Opfer und keine Gaben, doch du hast mir einen Leib gegeben. Du hattest keine Freude an Brandopfern oder an anderen Sündopfern. Da sprach ich: ›Sieh her, ich bin gekommen, um deinen Willen zu erfüllen, o Gott – so wie es in deinem Buch über mich geschrieben steht.‹«*
> *— Hebräer 10,5–7 NLB*

Im Mutterleib der Jungfrau Maria wurde Gott Fleisch und nahm unser Menschsein an, seinen Körper, den der Heilige Geist aus dem Menschsein der Jungfrau für ihn bereitete.

Um uns zu vertreten, musste er völlig frei von dem Virus der Sünde sein, mit dem Adam das Menschengeschlecht infiziert hatte. Er musste auch der Versuchung aus eigener Erfahrung begegnet sein und sie überwunden haben. Ein Stellvertreter, der mit seiner eigenen Sünde zu kämpfen hätte, könnte nicht den Platz irgendeines anderen Menschen einnehmen, denn er würde sich in der gleichen Lage befinden wie dieser.

Er hat das ganze Leben um unseretwillen und stellvertretend für uns erfahren. Er war Gott als menschlicher Embryo im Mutterleib der Jungfrau, Gott während des menschlichen Geburtsprozesses, Gott als menschliches Kleinkind und als kleiner Junge, Gott als Teenager und als junger Unternehmer. Er erlebte alles, was ein sich entwickelndes menschliches Wesen ausmacht. Er wurde mit den für die Kindheit typischen Versuchungen konfrontiert, mit den Versuchungen, die nur Teenager erleben, und mit den Versuchungen des Erwachsenen – und das alles ohne Sünde. Er sagte stellvertretend für uns Ja zu Gott, seinem Vater.

Ohne einen Körper kann Gott den Hungerschmerz nicht kennen, der so stark ist, dass ein Mensch stiehlt, um Nahrung in den Magen zu bekommen. Er kann die Qualen des Durstes nicht kennen, die einen Menschen dazu bringen würden, für einen Tropfen Wasser zu töten. Er kann die Erschöpfung des Körpers nicht kennen, wenn dieser nicht mehr in der Lage ist, einen Fuß vor den anderen zu setzen. Er kann die Angst vor dem Tod nicht kennen, vor der Trennung vom Körper, die während des gesamten Lebens als dunkler Schatten über dem Menschen liegt. Er kann nicht wissen, wie es ist, einen Körper zu haben, der angesichts des Verlusts eines geliebten Menschen von Schluchzern der Trauer geschüttelt wird. Gott kann nicht zur Zielscheibe von feixenden, böswilligen Menschen werden. Er kann nicht wissen, wie schrecklich es ist, wenn eine Faust sein Gesicht zerschlägt, und er kann nicht wissen, wie es ist, wenn sein Körper gefoltert wird, bis er vor Schmerzen schreit. Er kann nicht die Demütigung der Nacktheit und das höhnische Gelächter pervertierter Menschen erfahren. In all dem kann er die Fragen, die Verwirrung der so behandelten Personen, die Gefühle der Verlassenheit durch Freunde und durch Gott selbst nicht kennen.

Wenn Gott uns vertreten soll, muss er dies alles wissen, muss sich in die Hölle des menschlichen Leidens und der quälenden Versuchungen hineinbegeben, die dort zu finden sind, und sie ohne Sünde überstehen.

Versuchung, Trauer und Leid

Als er dreißig Jahre alt war, wurde er vom Geist in die Wüste geführt, um dort Satan zu begegnen. Der erste Adam begegnete Satan in einem üppigen Garten, in dem für alle körperlichen Bedürfnisse gesorgt war. Dieser eine letzte Adam hatte bereits vierzig Tage lang ohne Nahrung in einer öden Wüste verbracht, als er dort mit Satan konfrontiert wurde.

Während der Versuchung sagte er zu jedem unterbreiteten Angebot ganz klar Ja zu seinem Vater und Nein zu Satan. Zum ersten Mal in der Geschichte der Schöpfung sagte ein Mensch Nein zu Satan. Und er tat es als Mensch. Wir in ihm sagten Ja zum Vater.

Er kannte extremen Hunger in der Wüste, nachdem er vierzig Tage lang nichts gegessen hatte (Mt 4,2), er kannte großen Durst am Kreuz und bat um Wasser (Joh 19,28). Er saß mittags müde und durstig am Jakobsbrunnen und bat um einen Becher Wasser, und bei einer anderen Gelegenheit war er so erschöpft, dass er an Deck eines Fischerbootes tief schlafend dalag, während ein Sturm tobte, der alle zu ertränken drohte.

Er würde nicht nur unsere Sünde tragen, sondern in den Stunden des Leidens, bevor er ans Kreuz ging, bis ins Tiefste all den Schmerz, das Leid und die Qualen durchleiden, die die Sünde in die menschliche Erfahrung hineingebracht hatte. In Jesaja 53,4 (ELB) heißt es: »Jedoch unsere Leiden – er hat (sie) getragen, und unsere Schmerzen – er hat sie auf sich geladen.« Die Worte »Leiden« und »Schmerzen« verweisen auf seelische, emotionale und körperliche Schmerzen, die Menschen von anderen Menschen zugefügt werden; auf den quälenden Schmerz, in einer sündigen Welt zu leben und nicht nur die eigene Schuld zu tragen, sondern auch durch die Sünden anderer verletzt zu werden.

Er lernte die Qualen des Verrats kennen, verursacht durch seinen geliebten Freund; er erlebte Verlassenheit, als seine anderen Jünger ihn im Stich ließen und sein engster Freund leugnete, ihn zu kennen. Er erlebte diese Dinge um unseretwillen und stellvertretend für uns, damit er in ähnlichen Situationen unter unsere Last kommen und unsere Stärke sein könnte, die diese Last trägt. Er wurde mit brutalen Schlägen körperlich misshandelt und mit Spott traktiert. Er wurde durch grausame, hämische Worte verbal missbraucht. Bei der Kreuzigung wurde das Opfer üblicherweise entkleidet und nackt ans Kreuz gehängt. Die anzüglich grinsenden römischen Soldaten lachten und rissen ihre unzüchtigen Witze über den Anblick des nackten Mannes, der öffentlich zur Schau gestellt wurde. Bei dieser Behandlung erlebte Jesus, der Sohn Gottes, den Schrecken und die grauenvolle Angst, die nur sexuell missbrauchte Menschen kennen. Er nahm das gesamte Spektrum des durch die Sünde verursachten menschlichen Leids auf sich.

Das letzte Ja des Gehorsams gegenüber dem Vater fiel im Garten Gethsemane in der Nacht seines Leidens und Sterbens. Er war der Mann, der sich dem unaussprechlichen Schrecken gegenübersah, als Verbrecher an ein Kreuz genagelt zu werden, für Verbrechen, die er nicht begangen hatte, um den schlimmsten Foltertod zu erleiden, den der Mensch je ersonnen hat.

Gott der Vater hat ihn nicht gezwungen. Als Mensch entschied er sich aus freien Stücken, den Willen des Vaters zu tun und bereitwillig den Platz eines jeden von uns einzunehmen. Das Ja fiel ihm nicht leicht. Sein Blut begann zu fließen, sein Schweiß färbte sich rot und das Blut sickerte durch die Poren seiner Haut, so groß war die Qual dieser Entscheidung. Aber er sprach das endgültige Ja:

> *Vater, wenn du willst, nimm diesen Kelch von mir! Aber nicht mein, sondern dein Wille soll geschehen. — Lukas 22,42*

Nachdem er sich freiwillig dem Willen seines Vaters unterworfen hatte, gab er sich denjenigen hin, die kamen, um ihn festzunehmen.

Er gab sein Leben hin

Seine Sündlosigkeit bedeutete, dass er von der Todesstrafe, unter der wir standen, nicht betroffen war. Hätte er wie wir eines Tages sterben müssen, wäre sein Tod am Kreuz lediglich ein vorzeitiger Tod und kein Opfer für die Sünde gewesen. Der Stellvertreter musste in der Lage sein, sein sündloses und unsterbliches Leben aus freien Stücken im Tod hinzugeben.

> *Gleichwie der Vater mich kennt und ich den Vater kenne; und ich lasse mein Leben für die Schafe. — Johannes 10,15*

> *Darum liebt mich der Vater, weil ich mein Leben lasse, damit ich es wieder nehme. Niemand nimmt es von mir, sondern ich*

lasse es von mir aus. Ich habe Vollmacht, es zu lassen, und habe Vollmacht, es wieder zu nehmen. Diesen Auftrag habe ich von meinem Vater empfangen. — Johannes 10,17–18

Die religiösen Führer bestanden darauf, ihn zu kreuzigen. Man würde eher erwarten, dass sie einen Mörder angeheuert hätten, um Jesus im fernen Galiläa heimlich töten zu lassen. Warum sollte man ihn während des Passahfests in Jerusalem öffentlich kreuzigen, wenn dies die Stadt an den Rand eines Aufstands bringen würde? Nach dem Gesetz wurde die Todesstrafe durch Steinigung oder Strangulation vollzogen; in manchen Fällen wurde das Opfer, nachdem es tot war, jedoch noch gekreuzigt und hing bis zum Sonnenuntergang am Holz, wodurch es als von Gott verflucht galt.

Wenn auf einem Mann eine Sünde ist, die ein Todesurteil nach sich zieht, und er wird getötet und du hängst ihn an ein Holz, so soll sein Leichnam nicht über Nacht an dem Holz bleiben, sondern du sollst ihn unbedingt an jenem Tag begraben. Denn von Gott verflucht ist derjenige, der [ans Holz] gehängt wurde, und du sollst dein Land nicht verunreinigen, das der HERR, dein Gott, dir zum Erbe gibt. — 5. Mose 21,22–23

Die Verantwortlichen wollten, dass Jesus gekreuzigt würde, damit er in den Augen des Volkes zum Verfluchten Gottes erklärt und all seine Behauptungen, der Messias zu sein, entkräftet würden. Sie wussten nicht, dass damit der Fluch, der demnach auf dem Gesetzesbrecher lag, von uns auf ihn übertragen wurde und der Segen Gottes, unter dem er sein ganzes Leben lang gestanden hatte, auf uns überging.

Denn alle, die aus Werken des Gesetzes sind, die sind unter dem Fluch; denn es steht geschrieben: »Verflucht ist jeder, der nicht bleibt in allem, was im Buch des Gesetzes geschrieben steht, um es zu tun«. — Galater 3,10

Christus hat uns losgekauft von dem Fluch des Gesetzes, indem er ein Fluch wurde um unsertwillen (denn es steht geschrieben: »Verflucht ist jeder, der am Holz hängt«), damit der Segen Abrahams zu den Heiden komme in Christus Jesus, damit wir durch den Glauben den Geist empfingen, der verheißen worden war. — Galater 3,13–14

Er nahm die Sünde, das anmaßende Nein der Menschheit, das Gott zu allen Zeiten entgegengeschleudert worden war, auf sich und akzeptierte den damit verbundenen Tod.

Am Kreuz sammelte sich in ihm die Sünde der ganzen Welt. Er machte die Erfahrung, um unseretwillen zur Sünde gemacht zu werden (2Kor 5,21). Die Schuld der Sünde eines jeden Menschen von Anbeginn bis zum Ende der Zeit kam in ihm zusammen. Jede Sünde der Menschheit wurde zu seiner Verantwortung, alle durch die Sünde verursachten Leiden der Menschheit wurden ihm auferlegt, und er wurde mit unseren Leiden belastet.

Er hat unsere Sünden selbst an seinem Leib getragen auf dem Holz, damit wir, den Sünden gestorben, der Gerechtigkeit leben mögen; durch seine Wunden seid ihr heil geworden. — 1. Petrus 2,24

Wir sind Sünder aus freiem Entschluss. Er sah dem mit Abscheu entgegen und wurde gegen seinen Willen zur Sünde gemacht, die er nur deshalb auf sich nahm, weil es der Wille des Vaters für ihn war, dies zu tun. Es war der Kelch, den er in Gethsemane vorausgesehen hatte. Der Prophet beschreibt ihn am Kreuz als ergeben und passiv in allem, was geschah – es wurde ihm angetan:

Fürwahr, er hat unsere Krankheit getragen und unsere Schmerzen auf sich geladen; wir aber hielten ihn für bestraft, von Gott geschlagen und niedergebeugt. Doch er wurde um unserer Übertretungen willen durchbohrt, wegen unserer Missetaten zerschlagen; die Strafe lag auf ihm, damit wir Frieden hätten, und durch seine Wunden sind wir geheilt worden. Wir alle gingen in die Irre wie Schafe, jeder wandte sich auf seinen Weg; aber der HERR warf unser aller Schuld auf ihn. Er wurde misshandelt, aber er beugte sich und tat seinen Mund nicht auf, wie ein Lamm, das zur Schlachtbank geführt wird, und wie ein Schaf, das verstummt vor seinem Scherer und seinen Mund nicht auftut. Infolge von Drangsal und Gericht wurde er weggenommen; wer will aber sein Geschlecht beschreiben? Denn er wurde aus dem Land der Lebendigen weggerissen; wegen der Übertretung meines Volkes hat ihn Strafe getroffen. — Jesaja 53,4–8

Er hat all das erlebt, was in Jesaja 59,2 beschrieben steht:

Sondern eure Missetaten trennen euch von eurem Gott,
und eure Sünden verbergen sein Angesicht vor euch,
dass er nicht hört!

Mittendrin, während er unsere Sünden trug und wie der Sünder behandelt wurde, der sie begangen hatte, rief er: »Mein Gott, mein Gott, warum hast du mich verlassen?«

Wir können gar nicht wissen, was das bedeutet. Wir sind so sehr an die Sünde gewöhnt, dass wir sie nicht mehr wahrnehmen, und wir haben die Scham größtenteils ausgeschaltet. Für den sündlosen Sohn Gottes, der nie Sünde oder Schuld gekannt oder gefühlt hatte, war es ein unbeschreibliches Grauen, plötzlich mit allen Sünden der Menschheitsgeschichte persönlich belastet zu werden, sich für sie verantwortlich zu wissen, bewusst schuldig zu sein und die ganze damit einhergehende Schande zu empfinden.

Er war Gott mit uns, und er hatte sich mit uns verbunden, indem er unser Menschsein annahm und für jeden von uns zum Bruder wurde. Er hatte unser Leben gelebt und sich unseren Versuchungen gestellt, aber das war der Kern des Bundesschlusses: In jenen Stunden der Finsternis hat er sich mit uns vereint und trat in unsere Sünde ein.

> *Denn er hat den, der von keiner Sünde wusste, für uns zur Sünde gemacht, damit wir in ihm [zur] Gerechtigkeit Gottes würden. — 2. Korinther 5,21*

Jeder von uns war dort in diesen Stunden, die die Zeit überspannten. Jeder von uns war da, jeder mit seinen Sünden, verurteilt durch das Gesetz und unter Todesstrafe gestellt. Wir brachten jede unserer Taten des Ungehorsams mit, unsere unzähligen vergeblichen Versuche, in unserem Fleisch einen Sinn zu finden, während wir die Liebe Gottes ablehnten; er identifizierte sich mit uns und nahm alles auf sich. Wir brachten unseren Stolz mit, mit dem wir andere verachteten und uns über sie erhoben; er nahm ihn und machte ihn zu seinem. Wir brachten unsere selbstsüchtigen Handlungen gegen unsere Mitmenschen mit, die sich in Lügen, in unserer Kontrolle und Manipulation anderer ausdrückten. Wir brachten die Begierde mit, die Verstrickung in Pornographie, die andere selbstsüchtig als unpersönliche Objekte benutzte und dabei verleugnete, dass sie nach dem Ebenbild Gottes geschaffen sind. Wir brachten ihm all unsere unflätigen Worte und unser Getratsche, an dem wir Gefallen fanden, auch wenn es andere zerstörte. Wir brachten unsere verdorbenen Herzen, die vor Bitterkeit, Bosheit und Hass nur so strotzten und sich an der Zerstörung anderer erfreuten, obwohl es uns selbst zerfraß und zerstörte; unsere stolzen Herzen, die sich weigerten zu vergeben; unseren Neid, der in uns gegen jene schwelte, die sich als erfolgreicher erwiesen. Wir brachten all das zu ihm, und er nahm es als seines an. Unsere Wut und unsere schlechte Laune, unser Missbrauch anderer – bis hin zu gewalttätigen Sünden wie Vergewaltigung und Mord –, der ganze schwarze Abwasserstrom der menschlichen Sünde gegen Gott und unsere Mitmenschen floss in ihm zusammen. Jeder Mann und jede Frau dürfen auf den Sohn Gottes schauen, der sich mit uns vereint und unsere Sünden auf sich genommen hat. Und mit Paulus kann jeder von uns sagen, dass Jesus »... der Sohn Gottes [ist], der mich geliebt und sich selbst für mich hingegeben hat« (Gal 2,20).

Das Grauen steigert sich noch, wenn wir uns daran erinnern, dass er der Heilige ist und sich der Sünde in einer Weise bewusst war, wie wir sie nie gekannt haben. Wir haben uns so sehr an die Sünde und ihre allgegenwärtige Verderbnis gewöhnt, dass wir sie kaum noch wahrnehmen, bis sie uns Schmerz bereitet. Am Kreuz lernte er zum ersten Mal den Schmutz und die Verunreinigung der Sünde kennen; er erlebte ihren Schmerz und ihre Qualen, wie wir sie noch nie erlebt haben.

Es ist vollbracht

Der Schrei »Es ist vollbracht!« (Joh 19,30) vor seinem Tod ist nicht das letzte Aufbäumen eines besiegten Menschen. Matthäus 27,50, Markus 15,37 und Lukas 23,46 berichten nicht, was er sagte, aber alle drei Bibelstellen stimmen darin überein, dass er mit lauter Stimme schrie, was angesichts seiner Qualen und der durch die Kreuzigung verursachten Quetschung der Lunge ein Wunder war.

Der Satz »Es ist vollbracht« wurde in den Tagen des Neuen Testaments auf mindestens zwei Arten verwendet. In der römischen Kriegsführung stand der Heerführer auf einer Anhöhe, von der aus er die sich unter ihm abspielende Schlacht beobachten konnte. Von dort aus konnte er sehen, wann die Schlacht gewonnen war, während ein Fußsoldat, der sich mitten im Schlachtengetümmel befand, dies nicht bemerken würde. Wenn er sehen konnte, dass der Feind geschlagen war, rief er den gleichen Satz wie Jesus: »Es ist vollbracht«, und jeder Fußsoldat wusste, dass die Schlacht gewonnen war.

Aber auch im antiken Griechenland fand man den Satz am unteren Rand von Abrechnungen als Entsprechung zu unserem »vollständig bezahlt«. Jesus stand aus dem geistlichen Tod auf, den er stellvertretend für uns gestorben war, und rief durch den Schlachtenrauch, dass der Kampf gewonnen und die Sünde des Menschen getilgt, vollständig bezahlt war.

Er war durch die Hölle gegangen, unsere Sünden in seinem Leib am Kreuz tragen zu müssen, und aus dieser Dunkelheit heraus hatte er geschrien: »Mein Gott, mein Gott, warum hast du mich verlassen?«, aber dann war es vollbracht, und in voller, bewusster Gemeinschaft mit seinem Vater sagte er: »Vater, in deine Hände befehle ich meinen Geist.« Mit diesen Worten hauchte er den Geist aus (Lk 23,46).

Die Kreuzigung war die grausamste Folter, die je von Menschen ersonnen wurde. Es war ein qualvoller Tod, der manchmal tagelang dauerte. Während dieser Zeit erstickte das Opfer langsam, da seine Lungen durch das Hängen an den Nägeln zusammengepresst wurden. Oft kamen Raubvögel und pickten den Opfern die Augen aus, während sie hilflos zwischen Leben und Tod schwebten. Zweifellos dauerte es viele Stunden, bis das Opfer starb.

Wir müssen verstehen, dass Jesus nicht durch die Kreuzigung gestorben ist. Der römische Hauptmann, der Hunderte von Kreuzigungen miterlebt hatte und wusste, wie lange es dauert, bis der Tod eintritt, war erstaunt, als er sah, dass Jesus um drei Uhr nachmittags bereits tot war. Pilatus konnte das, was man ihm berichtete, nicht fassen.

> *Als aber der Hauptmann, der ihm gegenüberstand, sah, dass er so schrie und verschied, sprach er: Wahrhaftig, dieser Mensch war Gottes Sohn! ... Pilatus aber wunderte sich, dass er schon gestorben sein sollte, und er ließ den Hauptmann herbeirufen und fragte ihn, ob er schon lange gestorben sei.*
> *— Markus 15,39.44*

Jesus ist nicht durch fremde Hand gestorben. Er hat sich bewusst für den Tod entschieden, er hat sich bereitwillig für die Sünde geopfert und aus freien Stücken entschieden, mit uns in den Tod zu gehen. Dies wird in der Formulierung deutlich, die seinen Tod beschreibt:

> *Und er neigte das Haupt und übergab den Geist.*
> *— Johannes 19,30*

Das Wort »übergeben« in dieser Formulierung bedeutet, etwas abzugeben oder zu überlassen. Dies ist jedoch nicht der Begriff, der verwendet wird, um den Akt des Sterbens zu beschreiben.[18] Er starb nicht durch die Hand der Juden oder der Römer. Die Kreuzigung hat ihn nicht getötet. Er hatte Macht über sein Leben; und als er sich entschied zu sterben, gab er seinen Geist ab.

Paulus verwendet immer wieder dieselbe Formulierung, um den Tod des Herrn Jesus zu beschreiben:

> *... der mich geliebt und sich selbst für mich hingegeben hat. — Galater 2,20*

> *... gleichwie auch Christus uns geliebt und sich selbst für uns gegeben hat als Darbringung und Schlachtopfer, zu einem lieblichen Geruch für Gott. — Epheser 5,2*

> *... gleichwie auch der Christus die Gemeinde geliebt hat und sich selbst für sie hingegeben hat. — Epheser 5,25*

Auf diese Weise hat er sich bewusst mit uns in unserem Tod vereint. In Eden wurde das erste Paar gewarnt, dass von der Frucht zu essen, zum Tod führen würde: »An dem Tag, an dem ihr esst, werdet ihr gewiss sterben.« Sie aßen und hörten die Worte: »Staub seid ihr und zum Staub werdet ihr zurückkehren.« Als Ebenbild Gottes mit einem Körper geschaffen, der nie zum Sterben bestimmt war, leben die Menschen nun mit dem Schrecken des Todes, eine Furcht, die das ganze Leben überschattet.

So etwas wie einen Tod aufgrund natürlicher Ursachen gibt es nicht! Der Tod ist das denkbar unnatürlichste Ende für das Leben einer Kreatur, die zur Unsterblichkeit geschaffen wurde. Wir können uns nicht vorstellen, wie schrecklich es für Gott gewesen sein muss, die Trennung von Geist und Körper zu erleben und in den menschlichen Tod einzutreten.

> *Wir sehen aber Jesus, der ein wenig niedriger gewesen ist als die Engel wegen des Todesleidens, mit Herrlichkeit und Ehre gekrönt; er sollte ja durch Gottes Gnade für alle den Tod schmecken. … Da nun die Kinder an Fleisch und Blut Anteil haben, ist er gleichermaßen dessen teilhaftig geworden, damit er durch den Tod den außer Wirksamkeit setzte, der die Macht des Todes hatte, nämlich den Teufel, und alle diejenigen befreite, die durch Todesfurcht ihr ganzes Leben hindurch in Knechtschaft gehalten wurden.*
> *— Hebräer 2,9.14–15*

Er konnte nicht nur entscheiden, wann er sein Leben aufgeben würde, sondern er hatte auch die Macht, es wieder aufzunehmen und aus dem Tod herauszukommen, um uns mit hinein in den neuen Bund zu nehmen. Und so stand er am dritten Tag von den Toten auf. Das machte seinen Tod nicht zu einer Tragödie, sondern zu einem Triumph.

Die Auferstehung Jesu, des stellvertretenden Menschen, signalisierte das Ende des Zeitalters des Todes und den Beginn der neuen Menschenart, der neuen Schöpfung, die nicht mehr dem Tod unterworfen ist, sondern am Leben Gottes teilhat, am ewigen Leben. Das Wegrollen des Steins vom Grab kündigte den Beginn des ewigen Zeitalters an, das kein Ende kennt.

Henoch und Elia hatten den Tod überlistet, und zahlreiche andere waren von den Toten auferweckt worden, um später wieder zu sterben. Aber Jesus war freiwillig in den Tod gegangen, hatte ihn vernichtet und war aus ihm auferstanden, um nie wieder zu sterben. Mit seiner Auferstehung wurde die Herrschaft des Todes für beendet erklärt, und jeder Mann und jede Frau wurde in Jesus aus dem Machtbereich des Todes hinausgetragen.

Von nun an würde die Rasse Adams außerhalb von Jesus als der »alte Mensch« (das alte Menschengeschlecht) bezeichnet werden. Alle, die an den Gottessohn glauben und Teil der neuen Schöpfung sind, die auf dem neuen Bund gründet, sind die neuen Menschen (das neue Menschengeschlecht), die am ewigen Leben teilhaben, am Leben der Ewigkeit, an den Kräften des kommenden Zeitalters, am Leben Gottes selbst. Für diese Gläubigen ist das Ende der Welt gekommen; in Christi Auferstehung ist die neue Schöpfung angebrochen.

Das Neue Testament spricht nie davon, dass Gläubige sterben; wir »entschlafen in Jesus«. Der Schmerz des Todes ist in denen, die leben, weil sie für eine kurze Zeit ihre Lieben verloren haben. Für den Gläubigen ist der Tod ein »Hineinleben« in die Gegenwart Jesu. Der Tod hat seinen Stachel verloren und ist nun der alte Diener, der uns zu Jesus hingeleitet, bis er bei der Auferstehung, die anlässlich der Wiederkunft Christi stattfindet, in den Ruhestand geht.

Jesus spricht zu ihr: Ich bin die Auferstehung und das Leben. Wer an mich glaubt, wird leben, auch wenn er stirbt; und jeder, der lebt und an mich glaubt, wird in Ewigkeit nicht sterben. Glaubst du das? — Johannes 11,25–26

Denn für mich ist Christus das Leben, und das Sterben ein Gewinn. … Denn ich werde von beidem bedrängt: Mich verlangt danach, aufzubrechen und bei Christus zu sein, was auch viel besser wäre. — Philipper 1,21.23

Wir, die wir zur neuen Schöpfung gehören, leben zwischen den Zeiten. Ein neues Zeitalter hat inmitten des Todeskampfes des alten Zeitalters begonnen. In dieser Zeit existieren die beiden Zeitalter nebeneinander. Wir haben Anteil am ewigen Leben, dem Leben des kommenden Zeitalters, und leben gleichzeitig neben der alten Schöpfung, die im Begriff steht zu vergehen. Wir warten auf die Wiederkunft des Herrn Jesus, der die neue Schöpfung vollenden wird; und alle, die Teil von ihr sind, werden als das erkannt werden, was sie wirklich sind: Söhne und Töchter Gottes. Wir werden von dem Schmerz und dem Leid befreit sein, in der Welt zu leben, ohne von ihr zu sein.

> *Seht, welch eine Liebe hat uns der Vater erwiesen, dass wir Kinder Gottes heißen sollen! Darum erkennt uns die Welt nicht, weil sie Ihn nicht erkannt hat. Geliebte, wir sind jetzt Kinder Gottes, und noch ist nicht offenbar geworden, was wir sein werden; wir wissen aber, dass wir ihm gleichgestaltet sein werden, wenn er offenbar werden wird; denn wir werden ihn sehen, wie er ist. — 1. Johannes 3,1–2*

> *Denn ihr seid gestorben, und euer Leben ist verborgen mit dem Christus in Gott. Wenn der Christus, unser Leben, offenbar werden wird, dann werdet auch ihr mit ihm offenbar werden in Herrlichkeit. — Kolosser 3,3–4*

Wir müssen anfangen, in diesen Kategorien zu denken. Wir sind die Menschen, die durch die Auferstehung ihres Stellvertreters die alte Schöpfung hinter sich gelassen haben; wir gehören zur neuen Schöpfung. Alles, was zu dieser alten Schöpfung des Todes durch Adam gehörte, hat ein Ende, und wir leben jetzt in den

Kräften des kommenden Zeitalters. Wir leben in der Kraft des Lebens, das zum ewigen Himmel gehört, dem Leben Gottes selbst.

Als stellvertretender Mensch ist er zum Vater aufgefahren, hat uns in die göttliche Gegenwart getragen und empfängt dort stellvertretend für uns und zu unseren Gunsten die Gabe des Heiligen Geistes. Er selbst hat den Geist ohne Maß empfangen; die Gabe hingegen ist für diejenigen, die er vertritt.

> *Nachdem er nun zur Rechten Gottes erhöht worden ist und die Verheißung des Heiligen Geistes empfangen hat von dem Vater, hat er dies ausgegossen, was ihr jetzt seht und hört.*
> *— Apostelgeschichte 2,33*

Der Schluss des neuen Bundes im Blut des Herrn Jesus, der innerhalb der Raum-Zeit-Geschichte vor 2000 Jahren auf Golgatha vor den Toren Jerusalems stattfand, wird in diesem Augenblick in unserem Leben verwirklicht und durch den Heiligen Geist zur Entfaltung seines vollen Potentials gebracht. Der Heilige Geist bringt nun all das, was der Herr Jesus dort an jenem Punkt der Geschichte errungen hat, in diesen gegenwärtigen Moment, in das Leben von Männern und Frauen. Der neue Bund ist der Bund des Geistes; und ohne den Heiligen Geist, der heute lebendig und tatkräftig bei uns ist, wäre der neue Bund bloß ein unerreichbarer Traum, von dem wir in der Bibel lesen.

KAPITEL 7

Die Geschichte von Mefi-Boschet

Das Zustandekommen des neuen Bundes wird in vielen Geschichten des Alten Testaments angekündigt. Wir dürfen nicht vergessen, dass es sich um Aufzeichnungen tatsächlicher Ereignisse handelt, die sich im Leben realer Menschen in Israel abgespielt haben. Es sind hilfreiche Wegweiser, die das Handeln Jesu vorwegnehmen und aufzeigen, was er tun würde. Sie sind nicht dazu gedacht, sein Werk des Bundesschlusses zu erklären, und stimmen auch nicht mit jedem Detail seines Tuns überein; aber sie helfen uns zu verstehen, wie die eine Tat Jesu vor 2000 Jahren unser Leben heute von Grund auf umwandelt.

Eine solche Geschichte findet sich über das erste und zweite Buch Samuel verteilt. Es ist die Geschichte eines Bundes, der zwischen Jonathan, dem Sohn von König Saul und Kronprinz Israels, und David geschlossen wurde, der zu dieser Zeit Heerführer in Sauls Armee war und zuvor ein einfacher Bauernjunge aus Bethlehem gewesen war.

Saul war eine wandelnde menschliche Tragödie. Obwohl er zu einer hohen Aufgabe berufen war, wählte er den Weg des Ungehorsams gegenüber Gott. Er endete als gebrochener Mann, der den Rat einer Hexe einholte. Seine Familie war schwach und folgte dem Weg des Familienoberhauptes.

Der Kronprinz Jonathan war jedoch in jeder Hinsicht anders. Er stammte zwar aus der Familie Sauls, war aber völlig anders geartet als sein Vater. Er hatte einen kraftvollen Glauben an Gott und den Wunsch, seinen Willen zu tun und ihm zu gefallen. Als David am Königshof aufgenommen wurde, fühlte sich Jonathan sofort zu ihm hingezogen, da er einen gleichgesinnten Glauben erkannte. Ihre Freundschaft vertiefte sich, bis sie schließlich sogar einen Bund schlossen.

> *Jonathan aber und David machten einen Bund miteinander; denn er hatte ihn lieb wie seine eigene Seele. Und Jonathan zog das Obergewand aus, das er anhatte, und gab es David, dazu seinen Waffenrock, sogar sein Schwert, seinen Bogen und seinen Gürtel. — 1. Samuel 18,3–4*

Damit sind die elementaren Schritte des Bündnisschlusses beschrieben, bei denen der Initiator des Bündnisses bestimmte Geschenke an den Bündnispartner übergibt. Obwohl es sich hier um zwei Teenager handelte, sollten die Auswirkungen ihres heiligen Bundes über Generationen hinweg spürbar sein. Jeder der beiden jungen Männer stand stellvertretend für seine noch ungeborene Familie. Die Kinder ihrer Kinder würden sich an den Eid halten und sich zu Verpflichtungen bekennen, durch die der Bund verwirklicht würde.

Kurze Zeit später bekräftigten sie den Bund, indem sie die Details ergänzten:

> *(David sagte zu Jonathan): Dann aber erweise Gnade gegen deinen Knecht; denn du hast mich, deinen Knecht, in einen Bund vor dem HERRN mit dir treten lassen. Wenn aber eine Schuld an mir ist, so töte du mich; warum solltest du mich zu deinem Vater bringen? … Und erzeige die Gnade des HERRN nicht nur, solange ich noch lebe, und nicht nur an*

mir, damit ich nicht sterbe, sondern entziehe auch meinem Haus niemals deine Gnade, auch dann nicht, wenn der HERR die Feinde Davids allesamt vom Erdboden ausrotten wird! So schloss Jonathan einen Bund mit dem Haus Davids [und sprach]: Der HERR fordere es von der Hand der Feinde Davids! Und Jonathan ließ David nochmals bei seiner Liebe zu ihm schwören; denn er liebte ihn wie seine eigene Seele. … Und Jonathan sprach zu David: Geh hin in Frieden! Wie wir beide im Namen des HERRN geschworen und gesagt haben, so sei der HERR [Zeuge] zwischen mir und dir, zwischen meinem Samen und deinem Samen ewiglich!
— 1. Samuel 20,8.14–17.42

Das Wort, das die beiden Freunde verwendeten und das hier mit »Gnade« übersetzt wird, ist das uns schon bekannte Wort *chäsäd*, die liebende Güte des Bundes. Es beschreibt, wie sich der Bund im Leben ihrer Kinder und Kindeskinder auswirken würde. Der gesamte Bund galt in Wirklichkeit den jeweiligen Nachkommen der zwei jungen Männer, wie man beim aufmerksamen Lesen feststellen wird. Die heilige Liebe zwischen David und Jonathan brauchte keinen Bund, um erhalten zu bleiben, doch wenn ihre Kinder erwachsen sein würden, würde ein Bund nötig sein, um sicherzustellen, dass die Liebe über Generationen hinweg fortbestehen bliebe. Mit seinen Worten ging Jonathan davon aus, dass sowohl er als auch David stellvertretend für ihre ungeborenen Kinder standen und dass die Verheißungen und Segnungen des Bundes, den sie schlossen, sich auf die unmittelbaren Erben und darüber hinaus erstrecken würden.

Saul sorgte sich wegen der Beliebtheit Davids und fürchtete, dass dieser ihm den Thron entreißen könnte; seine Angst verwandelte sich in Hass, und der Hass wurde zur Besessenheit, ihn umbringen zu wollen. Mehr als einmal versuchte er, David das Leben zu nehmen, und schließlich machte er es sich zur Lebensaufgabe, ihn zu töten.

Aber die Intrigen Sauls gegen David führten Jonatan nur vor Augen, dass Gott David als Nachfolger Sauls zum König erwählt hatte. Jonathan war der Kronprinz, der das Recht auf die Thronfolge hatte und nach Sauls Tod regieren sollte. Wenn er seinen Thron sichern wollte, hätte er sich auf die Seite seines Vaters stellen und David aus dem Weg räumen müssen. Indem er den Bund schloss, traf er eine lebensverändernde Entscheidung und verzichtete mit seiner Schlusserklärung beim Zustandekommen des gemeinsamen Bundes auf sein Recht, der nächste König zu werden, und schwor David die Treue.

Und er sprach zu ihm: Fürchte dich nicht; denn die Hand meines Vaters Saul wird dich nicht finden, sondern du wirst König werden über Israel, und ich will der Nächste nach dir sein! Auch mein Vater Saul weiß dies wohl. Und sie machten beide einen Bund miteinander vor dem HERRN. Und David blieb in Horescha; Jonathan aber ging wieder heim.
— 1. Samuel 23,17–18

Dies ist das Herzstück ihres Bundes. Nicht nur als Prinz, sondern auch im Namen seiner ungeborenen Kinder verzichtete Jonathan stellvertretend für sie auf den Thron und rief David zu seinem König aus. Um in den Genuss dieses Bundes zu kommen, musste seine Familie ihr »Amen« zu der Entscheidung ihres Bündnisvertreters geben. Er war die Stimme von Jonathans Familie, die David zum rechtmäßigen König Israels erklärte, und in ihm verpflichtete sich seine Familie zur Treue gegenüber David.

Die Zeit verging, und die beiden Jugendlichen wuchsen zu Männern heran, heirateten und Jonathan zeugte Kinder. Die alten Feinde Israels, die Philister, griffen Israel erneut an; König Saul führte mit Jonathan an seiner Seite die Truppen in die Schlacht. Es war ein Tag der schweren Niederlage für Israel, und sowohl König Saul als auch Kronprinz Jonathan wurden in der Schlacht getötet.

Der Nahe und Mittlere Osten war 1000 v. Chr. ein Ort der Gewalt. Die erste Maßnahme eines Eroberers bestand darin, die Familie des besiegten Königs zu versammeln und alle seine Thronfolger zu töten. Sie beseitigten damit umgehend alle potentiellen Probleme bei der Herrschaft über das soeben eroberte Volk, die von den anerkannten Führern des Volkes ausgehen konnten.

Als die Nachricht vom Tod des Königs und des Prinzen und von der Niederlage Israels den Palast erreichte, brach wenig überraschend Panik aus; alle flohen in blinder Eile, um dem drohenden Tod durch die Hände der Philister zu entgehen. Die königlichen Ammen eilten in die Kinderzimmer, um die kleinen Söhne von Prinz Jonathan zu verstecken. Eine Amme nahm einen der Prinzen, einen kleinen Jungen namens Mefi-Boschet, auf den Arm und floh mit ihm aus dem Palast. Sie rutschte aus und stürzte, und das Kind wurde aus ihren Armen geschleudert und auf das Pflaster geschmettert. Seine Beine wurden dabei zertrümmert und er konnte nie wieder laufen. Er wurde heimlich über den Jordan in die Wüste gebracht, wo er in einer unbedeutenden Wüstenstadt namens Lo Debar aufwuchs.

Nach dem Tod von König Saul folgte eine Zeit der Unruhe, nach der David König von ganz Israel wurde. Die Jahre vergingen, aber David vergaß nie den Bund, den er mit Jonathan geschlossen hatte. Als er sein Königreich errichtet hatte, machte er sich auf die Suche nach den Söhnen Jonathans, um seinen Eid zu erfüllen und ihnen die Güte dieses Bundes zu erweisen.

Und David sprach: Ist noch jemand übrig geblieben vom Haus Sauls, dass ich Gnade an ihm erweise um Jonathans willen?
— 2. Samuel 9,1

Jemanden zu finden, der ihm sagen würde, wo die Familie Jonathans zu finden war, erwies sich als schwierig, denn niemand wollte glauben, dass David Gutes im Sinn hatte. Alle Verwandten Sauls hielten David für einen Hochstapler, der den Thron an sich gerissen hatte, der rechtmäßig einem Erben Sauls zustand. In jenen barbarischen Zeiten rechnete man fest damit, dass David das ganze Haus Sauls töten würde, bevor sie ihn töten und das zurückfordern könnten, was sie als ihren Thron ansahen. Wenn er nach ihnen suchte, dann nur, um ihnen zu schaden; niemand konnte eine Bündnisliebe nachvollziehen, die sich sogar auf potentielle Thronanwärter erstreckte.

In 2. Samuel 9 wird erzählt, wie David schließlich den Aufenthaltsort des verkrüppelten Mefi-Boschet ausfindig machte und Männer schickte, um ihn von Lo Debar zu seinem Königspalast bringen zu lassen. Stell dir nur vor, wie sich der junge Mann gefühlt haben muss, als er auf seine Krücken gestützt, die Soldaten Davids zu seinem Haus kommen sah. Er hasste David, obwohl er ihn nie gesehen hatte und nichts von dem Bund zwischen David und seinem Vater wusste. Die Familie Sauls hatte ihm eingetrichtert, dass David der Feind sei, der alles gestohlen habe, was ihm, dem rechtmäßigen Erben des Vermögens seines Vaters Jonathan und seines Großvaters Saul, zustand. Er teilte mit Sicherheit die allgemeine Überzeugung, dass David ihn nur aus einem einzigen Grund in Jerusalem haben wollte: um ihn zu töten.

Als er vor den König geführt wurde, warf er seine Krücken von sich, fiel auf sein Gesicht und wartete darauf, den Befehl zu seiner

Hinrichtung zu hören. Was er aber tatsächlich zu hören bekam, muss ihn sprachlos gemacht haben.

> *Und David sprach zu ihm: Fürchte dich nicht; denn ich will gewiss Gnade an dir erweisen um deines Vaters Jonathan willen und will dir alle Felder deines Vaters Saul wiedergeben; du aber sollst täglich an meinem Tisch das Brot essen!*
> *— 2. Samuel 9,7*

Wie er behandelt wurde, hing nicht von seiner Loyalität gegenüber David ab, sondern gründete sich auf einen Bund, der vor seiner Geburt von seinem Vater geschlossen worden war, der für seine Kindeskinder als Stellvertreter des Bundes aufgetreten war. David freute sich über Mefi-Boschet, als wäre er Jonathan. Er wurde durch den Eid und das Ja seines Vaters angenommen. Der Bund, der Jahre zuvor durch das Blutvergießen Jonathans geschlossen worden war, galt immer noch so frisch wie an dem Tag, an dem er besiegelt wurde. Obwohl Mefi-Boschet persönlich von dem Bund und seinen Verheißungen betroffen war, bedurfte es keines weiteren, gesonderten Bundes zwischen David und ihm; David erkannte ihn allein aufgrund der Tatsache an, dass er beim Zustandekommen des ursprünglichen Bundes in Jonathan vorhanden gewesen war.

Doch nun, da er mit dem Geschenk dieses Bundes konfrontiert war, musste er eine Entscheidung treffen. Um den Bund anzunehmen, musste er den Treueeid, den Jonathan David geleistet hatte, annehmen, was ihn von allen anderen Mitgliedern der Familie Sauls trennen würde, sodass er ihren Hass auf David niemals mehr teilen könnte. In den Bund einzutreten würde den Tod all dessen bedeuten, was er Leben nannte – seine Ziele, Hoffnungen und Ambitionen und all die Freunde, mit denen er diese Dinge teilte. Es würde bedeuten, aus diesem Tod wieder aufzuerstehen und ein Prinz im Königshaus Davids zu sein.

Vor David auf dem Boden liegend, nahm er das Ja seines Vaters an, schwor David die Treue und ließ zu, dass der Bund sein Leben für immer veränderte. Er wurde in Davids Haus aufgenommen und als Prinz behandelt. Er aß jeden Tag gemeinsam mit David, was als eine Art beständiges Bundesmahl galt.

> *Und Mefi-Boschet wird an meinem Tisch essen wie einer der Königssöhne! ... Mefi-Boschet aber wohnte in Jerusalem, denn er aß täglich am Tisch des Königs. Er war aber lahm an beiden Füßen. — 2. Samuel 9,11.13*

Das Menschengeschlecht, das aus der Familie Adams hervorgegangen ist, trägt alle Züge der Familie Sauls. Jeder von uns lebte im Ungehorsam gegenüber Gott und unter der Herrschaft des Reiches der Finsternis. Dann kam einer in die Familie Adams, der einer von uns war und dennoch völlig anders.

Die Geschichte Christi ist ähnlich wie die von Jonathan. Christus war in Liebe mit dem Einen verbunden, der von Adams Familie gehasst wurde: dem wahren Gott und König der gesamten Menschheit. Wie Jonathan in der Geschichte versammelte Jesus uns in sich selbst, trat in unserem Namen stellvertretend für uns ein und schloss zu unseren Gunsten einen Bund mit dem Vater. Der Bund wurde einzig und allein mit Blick auf uns geschlossen.

Als unser Bündnisvertreter verkündete und lebte er das Versprechen der Liebe und des Gehorsams gegenüber seinem Vater, welches im Vergießen seines Blutes am Kreuz seine Vollendung fand. Sein Gebet in Gethsemane ist ein Spiegelbild seines Gehorsams: »Vater, wenn du willst, nimm diesen Kelch von mir! Aber nicht mein, sondern dein Wille soll geschehen« (Lk 22,42 EÜ).

Wir wurden zweitausend Jahre nach dem Zustandekommen dieses Bundes geboren. Wir wurden in Adams Familie geboren, verkrüppelt durch die Lüge und in Unkenntnis des Bundes. Wir lebten in der Finsternis mit einem verzerrten Bild von Gott und wussten nichts von seiner Liebe oder von seinen liebevollen Plänen für uns. Wir lebten in unserer Einöde, verloren und tot gegenüber Gott, in unserem Versteck von Lo Debar.

Aber er hat nie aufgegeben, uns nachzugehen, und schließlich wurden wir vom Heiligen Geist dazu aufgefordert, das Evangelium zu hören. Wir glaubten, wir würden die Worte eines zornigen Gottes hören; stattdessen waren wir überwältigt von den Worten seiner Liebe und Vergebung. Unser bisheriges Leben der Rebellion und des Ungehorsams war vergeben worden, verworfen in dem Bund, der vor unserer Geburt in unserem stellvertretenden Haupt, dem Herrn Jesus, geschlossen wurde. Und alle Reichtümer, die der Herr Jesus erworben hat, wurden uns übergeben; wir sind Erben Gottes und Miterben Jesu geworden.

Wir werden nicht als getrennte Individuen behandelt; wir haben keinen eigenen, privaten Bund mit Gott. Der Bund wurde geschlossen, seine Bedingungen und Verheißungen wurden in Christus vor 2000 Jahren festgeschrieben; in allem, was er tat, handelte er zu unseren Gunsten und stellvertretend für uns. Das Evangelium ruft uns auf, persönlich in diesen Bund einzutreten, weil wir in Christus waren, als der Bund geschlossen wurde.

Unsere Entscheidung war unsere Reaktion auf den Bund, den die göttliche Liebe geschlossen hatte: Ja zu sagen zu dem Ja Jesu, dem Haupt dieses Bundes; in seinem Tod unserer Unabhängigkeit und unserem Ungehorsam gegenüber zu sterben; ihn als Herrn zu bekennen und sich in ihm dem Vater unterzuordnen. Das bedeutet nichts Geringeres als einen Tod und eine Auferstehung, die tatsächlich einen Wechsel der Familienzugehörigkeit mit sich brachten. Wir starben der Zugehörigkeit zur Familie Adams, des alten Menschen, um in den königlichen Haushalt des neuen Menschen aufgenommen zu werden. Mit unserer Entscheidung, so zu reagieren, haben wir uns den Zorn der Familie der Sünde und der Finsternis zugezogen, zu der wir einst gehörten. Tatsächlich würden sie uns von nun so behandeln, wie sie Jesus behandelt haben.

Dies geschieht durch das machtvolle Wirken des Heiligen Geistes. Wir, die wir zwei Jahrtausende nach dem Zustandekommen des Bundes leben, sind mit Jesus, unserem Bündnishaupt, vereint und werden Teil seiner Geschichte, haben Anteil an seinem Leben. Wir nehmen unseren Platz an der königlichen Tafel ein, zusammen mit den königlichen Prinzen, und essen umgeben von der Liebe unseres Vaters das Bundesmahl.

KAPITEL 8

Das Blut Gottes

Wir haben gesehen, dass ein Bund in biblischen Zeiten eine Frage von Leben und Tod war. Dies wurde während des gesamten Rituals durch den Tod des dazugehörenden Tieres, den Eid der beiden Parteien und sogar durch das Vergießen ihres eigenen Blutes bekräftigt, das ihre Arme hinunterrann, während sie schworen, den Bund zu halten, selbst wenn es ihr Leben kosten sollte.

Damit Gott den neuen Bund schließen konnte, musste der Stellvertreter – der Gottmensch Jesus – sein Blut im Tod vergießen und, aus dem Tod auferstanden, uns in der Autorität seines vergossenen Blutes die Segnungen des neuen Bundes bringen.

> *Der Gott des Friedens aber, der unseren Herrn Jesus aus den Toten heraufgeführt hat, den großen Hirten der Schafe durch das Blut eines ewigen Bundes … — Hebräer 13,20*

Aber was ist das für eine Fixierung auf den Tod, der mit dem Vergießen von Blut einhergehen muss? Wozu der Tod von Millionen von Tieren, die ihr Blut vergießen? Warum konzentrierte sich die Liebe Gottes schließlich auf das Vergießen des Blutes von Jesus Christus?

In der Bibel geht es von Anfang bis Ende um das Vergießen von Blut. Im Alten Testament fließt das Blut von Tieren in Strömen. Täglich wurden sie als Opfer in der Stiftshütte und im Tempel geschlachtet. Im Neuen Testament besteht die wichtigste Feier darin, das Blut Jesu zu ehren und zu verherrlichen, das alle Opfer des Alten Testaments erfüllt hat.

> *Und sie sangen ein neues Lied, indem sie sprachen: Du bist würdig, das Buch zu nehmen und seine Siegel zu öffnen; denn du bist geschlachtet worden und hast uns für Gott erkauft mit deinem Blut aus allen Stämmen und Sprachen und Völkern und Nationen, und hast uns zu Königen und Priestern gemacht für unseren Gott, und wir werden herrschen auf Erden.*
> *— Offenbarung 5,9–10*

Nicht nur auf den Seiten der Bibel finden wir Blutvergießen. Überall auf der Welt wurde ich Zeuge des zeremoniellen Blutvergießens, und das bei Völkern, die weit voneinander entfernt leben und unterschiedliche Formen der Religion ausüben. In den Schriften der Antike findet sich überall das Vergießen von Blut als Opfer für die Götter, sowohl in Form von Tier- als auch von Menschenopfern. Woher stammt ein solches universelles Konzept? Da es bei allen Völkern und durch die gesamte Geschichte hindurch zu finden ist, muss man davon ausgehen, dass es in der Anfangszeit der Gattung Mensch entstanden ist und sich mit der Ausbreitung der Menschheit über die Erde verbreitet hat.

Säkulare Anthropologen erklären uns, dass dieses Konzept aus der Angst vor dem Übernatürlichen entstanden ist, aus dem Glauben, dass ein zorniger Gott mit Blut besänftigt werden muss. Doch die Bibel vermittelt uns ein ganz anderes Bild.

In 3. Mose 17,11–14 finden wir die Schlüsselstelle zum Verständnis dessen, was sich hinter dem Blutvergießen verbirgt. Das Blut enthält das Leben des Geschöpfes, »denn das Leben des Fleisches ist im Blut« (Vers 11). Gott, dem Schöpfer und Ursprung allen Lebens, gehört alles Leben und das Blut, in dem es enthalten ist.

Deshalb wurde in der Bibel alles Blut, sowohl das tierische als auch das menschliche, als heilig betrachtet. Es durfte niemals gegessen werden, und wenn ein Tier getötet wurde, musste sein Blut ehrerbietig begraben werden.

> *Darum habe ich den Kindern Israels gesagt: Keine Seele unter euch soll Blut essen; auch der Fremdling, der unter euch wohnt, soll kein Blut essen. Und wenn ein Mensch von den Kindern Israels oder ein Fremdling, der unter ihnen wohnt, ein Wild oder einen Vogel erjagt, die man essen darf, der soll ihr Blut ausfließen lassen und mit Erde bedecken.*
> *— 3. Mose 17,12–13*

Die erste Reaktion Gottes auf die Sünde des Menschen war die Einsetzung des Tieropfers, bei dem das heilige Lebensblut des Tieres im Tod für den Sünder vergossen wurde, gegen den das Todesurteil verhängt war. Das Tier nahm buchstäblich den Platz des Sünders ein. Die Sünden der Person, Mann oder Frau, ihr ganzer Zustand der Trennung von Gott, wurden auf das Tier übertragen; dann wurde dessen Lebensblut im Tod stellvertretend für den Sünder ausgegossen. Das Leben des Tieres, das an die Stelle des Sünders trat, wurde durch das Vergießen von Blut im Tod demjenigen dargebracht, gegen den die Sünde begangen worden war.

Das Prinzip des stellvertretenden Opfers wurde dem Menschengeschlecht erst in dem Moment in allen Einzelheiten enthüllt, als es im mosaischen Gesetz detailliert dargelegt wurde:

> *Denn das Leben des Fleisches ist im Blut, und ich habe es euch auf den Altar gegeben, um Sühnung zu erwirken für eure Seelen. Denn das Blut ist es, das Sühnung erwirkt für die Seele. — 3. Mose 17,11*

Obwohl dies erst Tausende von Jahren nach dem Sündenfall des ersten Paares erfolgte, galt das Prinzip in den Augen Gottes von Anbeginn der Zeit.

Aber wie konnte das Blut eines Tieres irgendeine Wirkung in Bezug auf die Sünde haben? Im Blut der Tiere lag keinerlei Kraft, die Sünde der Menschen zu bedecken. Wo also sollen wir nach der Wirksamkeit von Tierblut in den Jahrhunderten vor Jesu Kommen suchen?

Um die Opfer vollständig zu verstehen, müssen wir einen Blick zurück auf die verborgenen Absichten der göttlichen Dreieinigkeit werfen. Wir haben bereits gesehen, dass der dreieinige Gott vor der Erschaffung von Zeit und Raum in bündnistreuer Liebe beschloss, den Menschen zu erschaffen, damit dieser auf ewig an seinem Leben teilhat. Diese Entscheidung wurde getroffen, obwohl Gott wusste, dass der Mensch sündigen und der Schöpfung Schaden zufügen würde. Es war vorgesehen, dass der Vater den Sohn senden würde, der sich mit der Menschheit in ihrem sündigen Zustand vereinen würde, indem er ihren Platz einnahm und ihre Sünde an seinem Leib trug, um sein Lebensblut stellvertretend für sie zu vergießen. Bevor Zeit und Raum erschaffen wurden, war die letzte und höchste Opfergabe, das Opfer des Sohnes, im Herzen und im Entschluss Gottes bereits gegeben worden.

> *... mit dem kostbaren Blut des Christus als eines makellosen und unbefleckten Lammes. Er war zuvor ersehen vor Grundlegung der Welt, aber wurde offenbar gemacht in den letzten Zeiten um euretwillen. — 1. Petrus 1,19–20*

> *... im Buch des Lebens des Lammes, das geschlachtet worden ist, von Grundlegung der Welt an. — Offenbarung 13,8*

Die letzte und höchste Opfergabe, nämlich das Opfer des Gottessohnes, das schon vor der Zeit bereitgestellt worden war, wurde in der Darbringung des Blutes der Opfertiere dargestellt und vorweggenommen. Abgesehen von dem Entschluss im Herzen Gottes, seinen Sohn hinzugeben, hatten Tieropfer nicht den geringsten Wert. Das Blut der Tiere konnte die Sünde nicht wegnehmen, und Gott fühlte sich durch Opfer beleidigt, die lediglich als religiöses Ritual dargebracht wurden.

> *Was soll mir die Menge eurer Schlachtopfer?, spricht der HERR. Ich bin der Brandopfer von Widdern und des Fettes der Mastkälber überdrüssig, und am Blut der Jungstiere, Lämmer und Böcke habe ich kein Gefallen! — Jesaja 1,11*

Das Vergießen von Tierblut an sich konnte nichts dazu beitragen, einen Menschen Gott nahe zu bringen. Die Tieropfer hatten nur deshalb eine Bedeutung und einen Sinn, weil sie im Rahmen von Zeit und Raum ein Abbild des Opfers darstellten, das im Herzen Gottes bereits vor der Schöpfung vollbracht worden war und auf seine Vollendung in der Geschichte der Erde wartete. Der Nutzen des Blutes Jesu stand den Anbetern des Alten Testaments nur deshalb zur Verfügung, weil er schon von Anbeginn der Zeit im Herzen Gottes geopfert war und sich dies in den Tieropfern als Schatten abzeichnete. Jedes Tieropfer bereitete die Menschen auf die Verwirklichung des verborgenen Entschlusses Gottes vor, innerhalb der Zeit-Raum-Geschichte zum stellvertretenden Opfer für sein Geschöpf, den Menschen, zu werden.

Die Bibel ist das einzige Buch, das darüber berichtet, wann Gott dem sündigen Menschen das ursprüngliche Blutopfer gegeben hat. Als Mann und Frau aufgrund des großen Ungehorsams von ihrer erhabenen Stellung stürzten und den Lauf des Geschlechts an der satanischen Lüge ausrichteten, kamen sie unter das Urteil der Todesstrafe. In seiner Liebe kam Gott zu dem Paar und leitete die Entfaltung seines Heilsgeschenks in die Wege, das im Kreuz und in der Auferstehung Jesu seinen vollen Ausdruck finden sollte. Damals gab Gott die erste Verheißung dieses Heils, indem er ankündigte, dass es einen Samen oder Nachkommen geben werde, welcher der Schlange, dem Satan, den Kopf zertreten würde (1Mo 3,15).

Gleichzeitig wird von einer merkwürdig anmutenden Tat Gottes berichtet: Er ersetzte die Gewänder aus Feigenblättern, die das schuldige Paar zur Bedeckung ihrer Schande angefertigt hatte, und gab ihnen stattdessen Kleider aus Tierhaut.

> *Und Gott der HERR machte Adam und seiner Frau Kleider aus Fell und bekleidete sie. — 1. Mose 3,21*

Es liegt auf der Hand, dass ein Tier sterben musste, damit sie Kleidung aus der Haut eines Tieres tragen konnten. Einige Kommentatoren sehen dies als einen Akt der Großzügigkeit Gottes, der sie mit angemessener Kleidung versorgte, aber der Kontext deutet auf etwas viel Bedeutsameres hin. Wenn es nur um Kleidung ging, was war dann falsch an dem Material ihrer bereits vorhandenen Kleidung, die aus Feigenblättern bestand? Bevorzugt Gott Pelzmäntel? Offensichtlich geht es hier um etwas viel Wichtigeres.

Der Schlüssel zu dem, was Gott tat, liegt in der Tatsache, dass die Fellkleidung gegeben wurde, um die Feigenblätter zu ersetzen, die das Paar gemacht hatte, um die Scham zu bedecken, die sie nach ihrem Ungehorsam überkam. Die Feigenblätter standen in direktem Zusammenhang mit der Sünde und dem Versuch, deren Folgen in ihrem Leben zu verbergen. Indem der Herr ihnen eine andere Bedeckung gab, wollte er ihnen sagen, dass die Feigenblätter nicht ausreichten, um mit der Situation fertigzuwerden, in der sie sich befanden. Die Sünde hatte sie in den Zustand des Todes versetzt, und Schuld und Scham waren nur die unmittelbar daraus resultierenden Empfindungen. Es war etwas Drastischeres nötig, um mit diesem Tod fertig zu werden.

Die Feigenblattfasern überdeckten vorübergehend die Scham, die sie in der Gegenwart des anderen empfanden. Es machte sie respektabel. Aber die Schuld oder deren Ursache konnten die Feigenblätter nicht beseitigen. Die beiden befanden sich in einem Zustand des Todes, und mit diesem Zustand galt es sich zu befassen. Gott gab ihnen ein anschauliches Bild, das ihnen vor Augen führte, was der Same der Frau, der noch kommen sollte, vollbringen würde.

Das erste Geschenk Gottes, abgesehen vom Geschenk des Lebens an sich, bestand darin, dass er dem ersten Mann und der ersten Frau ein Opfertier schenkte, das im Tod sein Blut vergoss und ihnen seine Haut gab, um sie mit Kleidern zu versehen, die ihre Blöße bedeckten. Es muss ein unvergesslicher Moment des Schreckens im Leben des ersten Paares gewesen sein. Sie hatten noch nie zuvor den Tod gesehen, geschweige denn die Art von Tod, die mit dem Vergießen von Blut einhergeht, und zu wissen, dass der Schöpfer dies tat, um ihre Schuld und Schande zu bedecken, hinterließ einen unauslöschlichen Eindruck in ihrem Bewusstsein.

Sie würden nie vergessen können, dass Gott ihre eigene, recht kreative Lösung einer Bedeckung aus Feigenblättern, das Ergebnis ihrer ersten Versuche auf dem Gebiet der Handarbeit, als unzureichende Bekleidung verwarf. Er forderte das Vergießen von Blut, um das Resultat ihrer Sünde zu bedecken. Und so kam es, dass er als Priester stellvertretend für das sündige Paar handelte und sich selbst das erste Opfer aus dem Menschengeschlecht darbrachte.

Die Menschen würden sich immer daran erinnern, dass sie, wenn sie sich Gott näherten, als solche kommen mussten, die unter dem Urteil der Todesstrafe standen, und dass sie deshalb als Ersatz ein Tier als Opfergabe mitbringen mussten, für das Gott vorgesorgt hatte. Selbst als die Völker in tiefe geistliche Finsternis versunken waren und den wahren Gott durch Götzen aller Art ersetzt hatten, wussten sie aufgrund einer vagen, ins Menschengeschlecht eingeprägten Erinnerung, dass das Vergießen von Blut notwendig war, um mit der Geisterwelt in Verbindung zu treten. Die Bedeutung des Blutvergießens wurde verdreht und von Dämonen missbraucht; manchmal nahm es höchst entwürdigende Formen an, indem Menschen geopfert wurden; aber das Vergießen von Blut war immer da und ist es bis zum heutigen Tag.

Dies erklärt auch die Geschehnisse in der Geschichte von Kain und Abel in 1. Mose 4,2–7. Diese Geschichte spielt sich einige Jahre nach der Vertreibung von Adam und Eva aus dem Garten Eden ab. Ihre ersten beiden Söhne waren Bauern geworden. Kain baute Gemüse an, und Abel züchtete Schafe. Es scheint, dass es bestimmte Zeiten gab, zu denen die Menschen mit ihren Opfergaben zu Gott kamen, um ihn anzubeten. Die Formulierung in Vers 3 »nach geraumer Zeit« lautet wörtlich: »am Ende der Tage«, was auf eine bestimmte Zeit hindeutet, die nach dem Verstreichen einer festen Anzahl von Tagen eintrat. Außerdem heißt es, dass sie ihre Opfergaben »dem Herrn« brachten, was auf einen bestimmten Ort hindeutet, wahrscheinlich vor den Toren des Gartens Eden, der Wohnstätte Gottes.

In 1. Mose 4,4 heißt es: »Und auch Abel brachte [ein Opfer] dar von den Erstlingen seiner Schafe und von ihrem Fett.« Seine Opfergabe wurde angenommen. Warum? Der Hebräerbrief informiert uns, dass es wegen seines Glaubens war:

Durch Glauben brachte Abel Gott ein besseres Opfer dar als Kain; durch ihn erhielt er das Zeugnis, dass er gerecht sei, indem Gott über seine Gaben Zeugnis ablegte, und durch ihn redet er noch, obwohl er gestorben ist. — Hebräer 11,4

Biblischer Glaube gibt nie Anstoß zu eigenständigem Handeln; er reagiert lediglich als Akt des Vertrauens auf ein Wort von Gott. Worauf reagierte Abel? Er reagierte auf das, was er von seinem Vater, Adam, über die erste Opfergabe gelernt hatte, die Adam und Eva im Garten von Gott überreicht wurde. Abel kam mit dem Blut eines Lammes, was darauf schließen lässt, dass das Tier, das Gott geschlachtet hatte, ebenfalls ein Lamm gewesen war. Es ist albern zu denken, dass Abel ganz zufällig das richtige Opfer auswählte und dass Gottes Anerkennung und die Bezeugung von Abels Gerechtigkeit nur aus einer Laune heraus erfolgten. Hier war etwas im Gange, über das alle Beteiligten Bescheid wussten.

Kain hingegen entschied sich dafür, innovativ zu sein und das klare Wort Gottes und seine Gabe abzulehnen.

Und es geschah nach geraumer Zeit, dass Kain dem HERRN ein Opfer darbrachte von den Früchten des Erdbodens. — 1. Mose 4,3

Kain wies nicht nur bewusst Gottes Geschenk zurück, das ihm den vorgesehenen Weg zur Bedeckung der Sünde und zur Annahme durch Gott bot, sondern er kehrte auch zu dem zurück, was Gott bereits eindeutig verworfen hatte. Adam und Eva hatten ihre Schuld und Schande mit der Frucht des Bodens, den Feigenblättern, bedeckt, und Gott hatte dies als angemessene Bedeckung abgelehnt.

Abel brachte das Lamm, das von Gott dazu bestimmt war, sein Leben für die Sünde Abels hinzugeben. Kain brachte das Gemüse und die Früchte, die er mit seinen eigenen Händen und im Schweiße seines Angesichts angebaut hatte. Er brachte das Beste, was er selbst zu bieten hatte.

Kain brachte das Erntegut dar, als wolle er sich beim Schöpfer für seine Versorgung bedanken. Er schien bewusst die Tatsache zu ignorieren, dass es hier um mehr ging als um ein Dankeschön an den Schöpfer und Versorger: Man muss sich der Sünde stellen und sich mit ihr befassen, denn die Folgen der Sünde können nicht durch eine Ernte des Besten, was Menschenhände hervorbringen können, zugedeckt werden. Zusammen mit dem Rest des Menschengeschlechts stand Kain unter dem Todesurteil; und der einzige Ausweg bot sich darin, dass ein anderer seinen Platz einnahm, dass ein Leben geopfert und Blut für ihn vergossen wurde.

Kain kann einem nicht wirklich leidtun, denn er wusste, was Gott verlangte. »Wenn du gut handelst, darfst du aufblicken; wenn du nicht gut handelst, lauert an der Tür die Sünde« (1Mo 4,7 EÜ). Gott erinnerte Kain sanft daran, dass dieser genau wusste, was er tun musste, um angenommen zu werden, und wenn er es nicht tat, dann lauerte die Sünde wie ein wildes Tier darauf, ihn zu packen.

Das Neue Testament äußert sich sehr deutlich zu seiner Opfergabe:

> *Nicht wie Kain, der aus dem Bösen war und seinen Bruder erschlug. Und warum erschlug er ihn? Weil seine Werke böse waren, die seines Bruders aber gerecht. — 1. Johannes 3,12*

Die Werke, um die es in dem Vers geht, sind die Früchte, die er als Opfer mitbrachte, und sie werden als böse Werke bezeichnet. Kain war nicht fehlgeleitet, sondern der erste, der die Sünde noch weiter trieb als seine Eltern, denn er lehnte Gottes Heilsgeschenk ab und ersetzte es durch etwas, das er für besser hielt. Es ist eine Sache, zu sündigen; das größere Übel ist es, den von Gott bestimmten Weg der Erlösung abzulehnen.

Sein Übel war das Übel einer menschengemachten Religion, die in ihrer Anmaßung den Weg der Erlösung im Schweiße des Angesichts und durch die Werke der eigenen Hände sucht, um Gott vermeintlich zu gefallen. Eine solche Religion kann den von Gott geoffenbarten und einzigen Weg dann nur ablehnen, der darin besteht, dass das Opferblut Jesu, des Lammes Gottes, vergossen wird.

Diese Berichte aus den Anfängen der Menschheitsgeschichte sind der Keim, aus dem schließlich das volle Verständnis für die Bedeutung des Opfers erwachsen würde. Das Gesetz Moses baute diese ersten Darbringungen zu einem Opfersystem aus, das ein sehr viel deutlicheres Bild dessen vermittelte, der noch kommen sollte. Tagtäglich wurden in der Stiftshütte und später im Tempel blutige Opfer dargebracht, um die Sünden des Volkes zu bedecken. Mit jedem Opfer blickte man hoffnungsvoll auf den Tag, an dem Gott die Sünde durch ein endgültiges, allgenügendes Opfer tilgen würde.

Die Hoffnung und das Streben nach einem endgültigen Opfer, das die Sünde wegnehmen und Mann und Frau aus ihrem Zustand des Todes befreien würde, wurden an einem besonderen Festtag im Jahr, dem Versöhnungstag, in den Mittelpunkt gerückt.

Zentraler Akteur der Rituale und Opfer, aus denen der alte Bund bestand, war der Hohepriester. Er war der Stellvertreter, der Mittler des Bundes im Namen des Volkes Israel. Wenn er sein volles zeremonielles Gewand angelegt hatte, trug er auf seinem Brustschild und auf seinen Schultern jeden Stamm Israels symbolisiert durch Edelsteine, in die jeweils die Namen der Stämme eingraviert waren. Es war ein anschauliches Bild, das jedem Israeliten verdeutlichte, dass er oder sie in dem Hohenpriester war, auf seinen Schultern in seiner Kraft getragen wurde und immer auf seinem Herzen war. Wohin der Hohepriester ging, dorthin ging auch Israel.

Dies alles wurde am Versöhnungstag sichtbar und greifbar. An diesem Tag sollten alle Opfer, die das gesamte vergangene Jahr über täglich dargebracht worden waren, in einem einzigen Opfer zusammengefasst werden: einem Ziegenbock, den der Hohepriester stellvertretend für das ganze Volk opferte.

Dies war ein Hinweis auf den kommenden Tag, an dem ein einziges Opfer allem Opfern ein Ende machen würde, denn dieses Opfer, das Lamm Gottes, würde die Sünde der Welt auf sich nehmen und die Hoffnungen, die mit allen anderen Opfern verbunden waren, erfüllen, weil Jesus die Sünde ein für alle Mal tilgen würde.

An diesem besonderen Festtag legte der Hohepriester seine symbolischen, reich bestickten Gewänder ab und kam in einem einfachen weißen Priestergewand zum Volk. Es wurden zwei Ziegenböcke gebracht, die untersucht und für makellos befunden worden waren, und einer von ihnen wurde für die Tötung ausgewählt. Der Hohepriester legte stellvertretend für das Volk die Hände auf den Kopf dieses Ziegenbocks und bekannte die Sünden des Volkes, indem er den Zustand des Volkes symbolisch auf das Tier übertrug, das an die Stelle der Menschen treten sollte.

Wenn man sich an diesem Tag unter der Menge befand und hörte, wie die Sünden bekannt wurden, wusste man, dass auch die eigenen Sünden auf das stellvertretende Opfertier übertragen wurden. Es war kein leeres Ritual, sondern Gottes Geschenk an die Menschen, das ihre Sünden wegtrug. Sie konnten beobachten, wie mit einem schnellen Schnitt des Messers die Halsschlagader des Ziegenbocks durchtrennt wurde. Das Tier wurde geschlachtet und sein Blut in einem Becken aufgefangen. Der geopferte Ziegenbock starb stellvertretend für das Volk, und sein Lebensblut floss aus.

Dann trug der Hohepriester das Blut in die heiligen Bezirke des Tempels zu dessen heiligem Zentrum. Dieser Raum durfte nur an diesem speziellen Tag und auch nur vom Hohenpriester betreten werden. Der Raum war durch einen Vorhang vom Rest des Tempels abgetrennt; dieser geweihte Bereich war der Ort innerhalb des Tempels, an dem sich die Herrlichkeit Gottes sichtbar manifestierte. Er war ein Symbol des Himmels, die Wohnstätte Gottes.

Das führt uns zurück zu Eden, zur ersten Wohnstätte Gottes inmitten seiner Schöpfung. Die Sünde verbannte den Mann und die Frau aus Eden, wobei der Weg hinein durch ein Feuerschwert und die Cherubim als Wächter versperrt wurde. Der Vorhang, der das Allerheiligste abtrennte, war mit Figuren von Cherubim bestickt, die an die Wächter von Eden erinnerten. Die Menschen konnten nicht in die Gegenwart seiner Herrlichkeit treten, nicht weil Gott sie nicht liebte, sondern weil ihre Sünde sie in eine Beziehung zu Gott versetzt hatte, die ihr Verderben zur Folge haben würde.

In diesem Raum, dem Allerheiligsten, befand sich die Bundeslade, ein mit Gold überzogener Kasten, der mit einem Deckel aus massivem Gold, dem Gnadenstuhl, bedeckt war und an dessen beiden Enden aus Gold gefertigte Cherubim standen. Zwischen den Cherubim und über dem Gnadenstuhl war das ewige, nicht geschaffene Licht der Herrlichkeit Gottes, die Gegenwart des Bundesgottes, sichtbar.

Der Hohepriester nahm das Blut des Ziegenbocks und sprengte es auf den Gnadenstuhl. Diese Goldplatte war bereits mit dem Blut überkrustet, das seit Generationen jedes Jahr darauf gesprengt worden war. Das Blut war der symbolische Nachweis gegenüber Gott, dass die Sünde des Volkes ein weiteres Mal bedeckt worden war. Mit dem Blut, das den Gnadenstuhl färbte, wurde das Blut des endgültigen Opfers verheißen, das eines Tages die Sünde nicht nur bedecken, sondern sie für immer wegnehmen würde. Jeder

Spritzer Blut auf der goldenen Platte war ein Versprechen und ein von Gott gegen sich selbst ausgestellter Schuldschein, der auf Bezahlung durch das Blut Jesu wartete.

Das Opfer am Versöhnungstag unterschied sich durch ein zweites Element von den anderen Opfern, die im Laufe des Jahres stattfanden. An diesem Punkt der Opferzeremonie angelangt, wurde der lebende Ziegenbock herbeigeholt, der nicht zum Opfer auserwählt worden war; wiederum legte der Hohepriester die Hände auf ihn und die Sünden des Volkes wurden über ihm bekannt. Dann wurde der Bock genommen und in die Wüste geführt, von wo er nicht mehr zurückkehren würde.

Die Wegführung des zweiten Bocks vor den Augen des gesamten Volkes verdeutlichte in anschaulichen Bildern, was mit ihrer Sünde geschehen war, als das Blut hinter dem Vorhang außer Sicht versprengt worden war. Ihre Sünde war bedeckt und den Augen Gottes entschwunden, und sie konnten frohgemut nach Hause gehen.

So eindrucksvoll das Ritual am Versöhnungstag auch war, weil es ihnen die Gewissheit gab, dass ihre Sünde bedeckt worden war, so konnte es doch die Sünde nicht beseitigen, vielmehr führte es ihnen ihre Sünde deutlich vor Augen.

Obwohl das Tier, das den Platz der sündigen Menschen einnahm, ein Geschenk Gottes war, das zur Bedeckung der Sünde gegeben wurde, hatte das System viele Schwächen. Zunächst einmal konnte das Blut eines Tieres, das tierisches Leben in sich trug, niemals ein Ersatz für menschliches Blut sein, in dem das Leben jenes Geschöpfes enthalten war, das nach dem Ebenbild Gottes geschaffen wurde.

Die Opfertiere waren zudem keine willigen Stellvertreter, die sich aus Liebe für diejenigen hingaben, für die sie starben. Sie waren ausgewählt worden und dienten als Opfer, ohne dass sie freiwillig mitgemacht hätten. Auch gehorchten sie Gott nicht, als sie zum Opferaltar geführt wurden. Sie waren vernunftlose Geschöpfe, die sich nicht zum Sterben entschlossen hatten und sich daher weder Gott noch den Menschen darbrachten.

Sie konnten niemals den Platz eines Menschen einnehmen, der nach Gottes Ebenbild geschaffen war und sich willentlich entschieden hatte, dem Gebot Gottes nicht zu gehorchen. Das Blut der Tiere hat die Sünde nie beseitigt oder weggenommen, sondern sie nur zugedeckt, bis jenes Opfer gebracht werden würde, auf das sie hinwiesen und das die Sünde wegnehmen konnte.

Die fortlaufenden Opfer waren das Versprechen eines zukünftigen Tages, an dem das unermesslich wertvolle Blut des Einen vergossen werden würde, der Gott zu Lebzeiten vollkommen gehorcht hatte und sich in unendlicher Liebe freiwillig entschloss, sich im Tod darzubringen und sein Blut für die Menschheit zu vergießen. Ein solches Opfer war das Ziel, auf das alle Tieropfer hinwiesen; das Vergießen seines Blutes würde dem Opfern ein Ende setzen. Die Notwendigkeit von Opfern würde wegfallen, denn dieses Opfer würde die Sünde endgültig beseitigen und die Sünder aus ihrem Zustand des Todes auferwecken. Die Versöhnung würde gefeiert und genossen werden, anstatt sie durch das ständige Opfern von stellvertretenden Tieren nur anzustreben.

Aus diesen Gründen hörten die Opfer des Versöhnungstages nie auf. Sie konnten nicht beendet werden, bis der Eine, auf den sie hinwiesen, käme und sein Werk vollendete. Es gab keinen Stuhl im Allerheiligsten; der Hohepriester setzte sich nie hin, nachdem er das Blut versprengt hatte. Er setzte sich nicht, weil die Sünde nicht weggetan war – nur zugedeckt, nur auf die Verheißung hin. Der Versöhnungstag endete, während das Werk des Hohenpriesters unvollendet blieb. Zusammen mit dem Volk würde er im nächsten Jahr zurückkehren, um das Blut erneut zu versprengen, in der Hoffnung auf das endgültige Opfer.

Denn das Gesetz, das nur einen Schatten der künftigen Güter, nicht aber die Gestalt der Dinge selbst enthält, kann durch die immer gleichen, jährlich dargebrachten Opfer niemals diejenigen, die zu Gott hintreten, für immer zur Vollendung führen. Denn hätte man nicht aufgehört, Opfer darzubringen, wenn die Opfernden kein Sündenbewusstsein mehr gehabt hätten, da sie ja ein für alle Mal gereinigt worden wären? Aber durch diese Opfer wird alljährlich nur an die Sünden erinnert, denn das Blut von Stieren und Böcken kann unmöglich Sünden wegnehmen. — Hebräer 10,1–4 EÜ

Und jeder Priester steht Tag für Tag da, versieht seinen Dienst und bringt viele Male die gleichen Opfer dar, die doch niemals Sünden wegnehmen können. — Hebräer 10,11 EÜ

Stell dir nur den Schock und die Aufregung vor, die in den Herzen derer herrschten, die zum ersten Mal die Ankündigung der Propheten darüber hörten, was der neue Bund bewirken würde:

Sondern das ist der Bund, den ich mit dem Haus Israel nach jenen Tagen schließen werde, spricht der HERR: … denn ich werde ihre Missetat vergeben und an ihre Sünde nicht mehr gedenken! — Jeremia 31,33–34

Und ich will reines Wasser über euch sprengen, und ihr werdet rein sein; von aller eurer Unreinheit und von allen euren Götzen will ich euch reinigen. Und ich will euch ein neues Herz geben und einen neuen Geist in euer Inneres legen; ich will das steinerne Herz aus eurem Fleisch wegnehmen und euch ein fleischernes Herz geben;

ja, ich will meinen Geist in euer Inneres legen und werde bewirken, dass ihr in meinen Satzungen wandelt und meine Rechtsbestimmungen befolgt und tut. — Hesekiel 36,25–27

Daniel spricht von diesem Tag:

Um die Übertretung zu beenden, um den Sünden ein Ende zu machen, um die Schuld zu sühnen, um ewige Gerechtigkeit einzuführen, um die Visionen und Prophezeiungen zu besiegeln … Der Messias wird abgeschnitten werden, aber nicht für sich selbst. — Daniel 9,24.26 KJV

Und er wird mit den Vielen einen festen Bund schließen eine Woche lang; und in der Mitte der Woche wird er Schlacht- und Speisopfer aufhören lassen. — Daniel 9,27

Gott der Sohn würde unser Menschsein annehmen, unser menschliches Leben durchleben und stellvertretend für uns leiden und sterben und Gottes Blut dabei vergießen. Nur dann könnte der Sünde nicht mehr gedacht werden. Es musste ein Blut vergossen werden, das unser menschliches Blut übertrifft, so wie der Schöpfer sein Geschöpf übertrifft.

Jesus, der Gottmensch, der zum Hohenpriester des neuen Bundes ernannt wurde, legte die ihm als Sohn Gottes zustehende Herrlichkeit ab und kam in unsere Mitte als Zimmermann in Nazareth. Er war zugleich Hohepriester und Opfer. Am Kreuz brachte er sich in seiner Eigenschaft als Priester als das endgültige Opfer dar, auf das alle Opfergaben seit dem ersten Blutvergießen in Eden hingedeutet hatten.

Ist das nicht erstaunlich? In Eden wünschten sich der Mann und die Frau tatsächlich den Tod Gottes, um seinen Platz einnehmen zu können, doch bei der Verfolgung dieses Wunsches starben sie. Gott reagierte auf ihre Rebellion mit unendlicher Liebe; er begab sich in die Hände des Menschengeschöpfs und starb – mit dem Ergebnis, dass der Mensch lebendig wurde, dass ihm vergeben wurde und er mit Gott versöhnt ist.

Das Blut begann in Gethsemane zu fließen, als er das Grauen vorhersah, das ihn erwartete. Er schwitzte große Blutstropfen durch die Poren seiner Haut. Als die Wachen kamen, um ihn festzunehmen, war sein Gewand vom Blut des Bundes scharlachrot besprenkelt. Es floss weiter bei den grausamen Folterungen, die seinem Körper zugefügt wurden, bei der Geißelung und auch als man ihm die Dornenkrone in die Stirn rammte. Den Abschluss bildete das Kreuz, als seine Hände und Füße mit Nägeln durchbohrt wurden, und schließlich der Speerstoß des Soldaten in seine Seite, der einen Strom von Blut und Wasser freisetzte.

Gott der Sohn in der Form unseres Menschseins schloss stellvertretend für uns einen Bund mit Gott dem Vater. Das Leben ist im Blut (3Mo 17,11), und in diesem Fall war das Blut, das vergossen wurde, das physische Blut Gottes, das durch die Adern des Gottmenschen Jesus Christus floss. Das vergossene Blut war sowohl Blut, das aus seinem Menschsein floss – das Blut unseres Menschengeschlechts – als auch das Blut Gottes, der bei sich selbst einen Eid auf die Bedingungen des Bundes schwor, den zu verwirklichen er beschlossen hatte.

Wir haben gesehen, dass sein Ausruf »Es ist vollbracht« nicht das Keuchen eines besiegten und erschöpften Menschen war, sondern der triumphale Schrei des Einen, der vollendet und vollbracht hatte, wozu er gekommen war. Was vor der Zeit im Herzen von Gottes Liebe seinen Anfang genommen hatte, wurde in seinem verwüsteten Körper, mit seinem vergossenen Blut und seinen aufgerissenen Wunden auf jenem Hügel außerhalb von Jerusalem vollendet.

Das Vergießen von Gottes Blut im Zusammenhang mit dem Bund führte den Stellvertreter aus dem Tod heraus und brachte uns mit ihm hinaus.

Der Gott des Friedens aber, der unseren Herrn Jesus aus den Toten heraufgeführt hat, den großen Hirten der Schafe durch das Blut eines ewigen Bundes. — Hebräer 13,20

Indem er von den Toten auferstand, wurde er zur Deklaration, dass die Sünde, die ihn in den Tod geführt hatte, für immer beseitigt und der Tod, den die Sünde mit sich gebracht hatte, verschlungen worden war. Er war die Kundgebung, dass die Bedingungen des Bundes nun in uns zur Erfüllung gebracht werden konnten.

Jeder Bund wird durch Blut besiegelt oder ratifiziert; und der neue Bund bildet keine Ausnahme, denn er ist durch das Blut des Herrn Jesus besiegelt. Das alte Evangeliumslied versichert uns, dass »Kraft im Blut« liegt. Auch wenn ich mich nicht für eine Korrektur dieser Aussage stark machen will, so ist sie dennoch nicht wahr. Die Kraft des neuen Bundes liegt im Heiligen Geist; das Blut ist die Autorität des Bundes, die den Bund für voll wirksam erklärt. In der Tatsache, dass das ewige Blut Gottes in den Himmeln versprengt wurde, liegt die Macht, die uns von der Sünde befreit und uns in alle Segnungen des neuen Bundes hineinführt.

Darauf hat Jesus beim ersten Bundesmahl hingewiesen, mit dem wir uns in einem späteren Kapitel ausführlich beschäftigen werden:

»Denn das ist mein Blut, das des neuen Bundes, das für viele vergossen wird zur Vergebung der Sünden.« — Matthäus 26,28

Die *Amplified Bible* erfasst die Bedeutung der Formulierung »Mein Blut … des neuen Bundes« in einer erweiterten Übersetzung: »Mein Blut des neuen Bundes, das die Vereinbarung ratifiziert …«

> *Und ebenso nahm er nach dem Mahl den Kelch und sprach: Dieser Kelch ist das Neue Testament oder der neue Bund [ratifiziert] in meinem Blut, das für euch vergossen (ausgegossen) wird. — Lukas 22,20* AMP

Das Wort *ratifizieren* bedeutet wörtlich »in Kraft setzen«; es bedeutet, etwas formell anzuerkennen und dadurch zu validieren oder mit offizieller Genehmigung rechtsgültig zu machen.[19] Das Blut, das Jesus vergossen hat, macht den neuen Bund mit der offiziellen Genehmigung des dreieinigen Gottes rechtsgültig, eine Realität, die im Himmel, auf der Erde und in der Hölle anerkannt wird.

Dann trug er sein eigenes Blut in das wahre Allerheiligste, ins Zentrum der Existenz, wofür das Allerheiligste im Tempel ein irdisches Symbol war. Das Blut Gottes im Himmel verkündete, dass die Sünde weggetan war und nie wieder erinnert werden sollte, dass die Versöhnung der Menschheit mit Gott erreicht und der neue Bund eingeführt worden war.

Schließlich setzte er sich und erklärte damit, dass es endgültig und für immer vollbracht war; ein weiteres Opfer würde nie mehr nötig sein. Dieses eine Opfer von ihm war das letzte Opfer, das die Menschheit jemals brauchen würde. Der Bund war geschlossen, und Gott und die Menschheit konnten sich in freudiger Einheit gemeinsam hinsetzen.

Der Hebräerbrief verdeutlicht dieses Ende aller Opfer in Jesus:

Denn nicht in ein mit Händen gemachtes Heiligtum, in eine Nachbildung des wahrhaftigen, ist der Christus eingegangen, sondern in den Himmel selbst, um jetzt für uns vor dem Angesicht Gottes zu erscheinen; auch nicht, um sich selbst oftmals [als Opfer] darzubringen, so wie der Hohepriester jedes Jahr ins Heiligtum hineingeht mit fremdem Blut, denn sonst hätte er ja oftmals leiden müssen von Grundlegung der Welt an. Nun aber ist er einmal offenbar geworden in der Vollendung der Weltzeiten zur Aufhebung der Sünde durch das Opfer seiner selbst. — Hebräer 9,24–26

Er aber hat sich, nachdem er ein einziges Opfer für die Sünden dargebracht hat, das für immer gilt, zur Rechten Gottes gesetzt, und er wartet hinfort, bis seine Feinde als Schemel für seine Füße hingelegt werden. Denn mit einem einzigen Opfer hat er die für immer vollendet, welche geheiligt werden. Das bezeugt uns aber auch der Heilige Geist; denn nachdem zuvor gesagt worden ist: »Das ist der Bund, den ich mit ihnen schließen will nach diesen Tagen, spricht der Herr: Ich will meine Gesetze in ihre Herzen geben und sie in ihre Sinne schreiben«, sagt er auch: »An ihre Sünden und ihre Gesetzlosigkeiten will ich nicht mehr gedenken.« Wo aber Vergebung für diese ist, da gibt es kein Opfer mehr für Sünde. — Hebräer 10,12–18

So haben wir die Zuversicht, Brüder und Schwestern, durch das Blut Jesu in das Heiligtum einzutreten. Er hat uns den neuen und lebendigen Weg erschlossen durch den Vorhang hindurch, das heißt durch sein Fleisch. — Hebräer 10,19–20 EÜ

KAPITEL 9

Der Eid Gottes

Wie wir bereits erfahren haben, wurden Bündnisse in biblischen Zeiten mit einem Eid besiegelt, der von beiden Bündnispartnern geleistet wurde. Die Eidesleistung und die Anrufung Gottes als Zeuge waren die Garantie für den Bund. In dem neuen Bund, den Gott mit uns schließt, schwört er bei sich selbst; er ist die Garantie sowohl der menschlichen als auch der göttlichen Seite, dass der Bund geschlossen und eingehalten werden wird. Das ist die absolute Gewissheit, die wir bezüglich des Bundes haben: Er ist von Gott geschlossen und garantiert. Wäre der Bund mit uns geschlossen worden, dann hätte seine Erfüllung von unserem Eid abgehangen und wäre innerhalb von Stunden nach dem Ablegen des Eides gebrochen worden. Aber von Gott geschworen, ist er so sicher und unveränderlich wie Gott selbst.

> *Denn als Gott dem Abraham die Verheißung gab, schwor er, da er bei keinem Größeren schwören konnte, bei sich selbst und sprach: »Wahrlich, ich will dich reichlich segnen und mächtig mehren!« — Hebräer 6,13–14*

Alle Ankündigungen des neuen Bundes durch die Propheten beinhalteten dieselbe feierliche, einseitige Verpflichtung Gottes, zu tun, was er versprochen hat. Das Zustandekommen des Bundes und die Verwirklichung der Verheißungen im Laufe der Geschichte hingen allein von Gott ab.

Von Anfang an ging die Initiative im Hinblick auf unsere Errettung von Gott aus. Die Menschheit hat ihn weder um Rettung gebeten, noch haben wir in irgendeiner Weise den Wunsch gezeigt, gerettet zu werden. Das soeben gefallene Paar im Garten Eden zeigte keine Anzeichen von Reue; in ihrer Dreistigkeit versteckten sie sich vor Gott und wünschten, er möge weggehen und sie in Ruhe ihre Sündenpläne ausführen lassen. Als er mit ihnen sprach, wichen sie seinen Fragen aus und zeigten kein Interesse daran, ihre Sünde zu bekennen, sondern waren nur bereit, über die Gefühle zu sprechen, die die Sünde bei ihnen hervorgerufen hatte.

Der Kommentar des Heiligen Geistes zur Menschheit ist verheerend:

> *Darin aber besteht das Gericht, dass das Licht in die Welt gekommen ist, und die Menschen liebten die Finsternis mehr als das Licht; denn ihre Werke waren böse. — Johannes 3,19*

Es hängt alles von Gott ab

Wenn die Menschheit gerettet und Gottes ewige Absicht, uns zu seinen Söhnen und Töchtern und zu seinen engsten Freunden zu machen, verwirklicht werden sollte, dann musste Gott das ohne die Hilfe der Menschheit tun. Und er schwor bei sich selbst, genau dies zu tun.

Im Garten Eden, nur kurze Zeit nachdem unsere ersten Eltern gesündigt hatten, schloss Gott mit Adam einen Bund, und damit mit dem gesamten Menschengeschlecht. Darin kündigte er an, was er tun würde, um dieses Geschlecht zu retten, das im ersten Paar angelegt war. Damit gab er die allererste Verheißung bezüglich ihrer Errettung und Befreiung aus der Knechtschaft Satans bekannt.

Und ich will Feindschaft setzen zwischen dir und der Frau, zwischen deinem Samen und ihrem Samen: Er wird dir den Kopf zertreten, und du wirst ihn in die Ferse stechen. — 1. Mose 3,15

Man beachte, dass diese Verheißung keinen Hinweis auf eine Beteiligung des Menschen an der Verwirklichung enthält; sie bezieht sich nur auf das »Ich will« Gottes. Er war die Garantie für die von ihm angekündigte Errettung durch den Bund. Er legte sich selbst darauf fest, eine übernatürliche Feindschaft zwischen die Menschheit und die Schlange zu setzen, die in der Ankunft eines bestimmten Samens gipfeln würde, der die Schlange vernichtend schlagen und ihr den Kopf zertreten würde. Es gab kein Wenn und Aber, keine Bedingungen, die die Menschen erfüllen mussten, damit dieses Wunder in ihrer Geschichte geschehen konnte. Da war nur die bedingungslose Ankündigung, die an den Eid Gottes geknüpft war.

Als sich die Geschichte des Menschengeschlechts entwickelte und die Menschen sich immer weiter von Gott entfernten, tat er seine Absicht kund, die Menschheit durch den Samen Abrahams zu segnen. Wiederum schwor er bei sich selbst:

Darum will ich dich reichlich segnen und deinen Samen mächtig mehren, wie die Sterne am Himmel und wie den Sand am Ufer des Meeres; und dein Same soll das Tor seiner Feinde in Besitz nehmen, und in deinem Samen sollen alle Völker der Erde gesegnet werden, weil du meiner Stimme gehorsam warst! — 1. Mose 22,17–18

Während sich die Verheißungen und Prophezeiungen des Alten Testaments entfalteten, wurden die Einzelheiten der Errettung, die im neuen Bund enthalten sein würde, offengelegt. Sie wurden mit einer Reihe von »Ich will«-Erklärungen bekanntgegeben, in denen Gott erklärte, was er im Alleingang tun würde:

Sondern das ist der Bund, den ich mit dem Haus Israel nach jenen Tagen schließen werde, spricht der HERR: Ich will mein Gesetz in ihr Innerstes hineinlegen und es auf ihre Herzen schreiben, und ich will ihr Gott sein, und sie sollen mein Volk sein; und es wird keiner mehr seinen Nächsten und keiner mehr seinen Bruder lehren und sagen: »Erkenne den HERRN!« Denn sie werden mich alle kennen, vom Kleinsten bis zum Größten unter ihnen, spricht der HERR; denn ich werde ihre Missetat vergeben und an ihre Sünde nicht mehr gedenken! — Jeremia 31,33–34

Und ich will reines Wasser über euch sprengen, und ihr werdet rein sein; von aller eurer Unreinheit und von allen euren Götzen will ich euch reinigen. Und ich will euch ein neues Herz geben und einen neuen Geist in euer Inneres legen; ich will das steinerne Herz aus eurem Fleisch wegnehmen und euch ein fleischernes Herz geben; ja, ich will meinen Geist in euer Inneres legen und werde bewirken, dass ihr in meinen Satzungen wandelt und meine Rechtsbestimmungen befolgt und tut. — Hesekiel 36,25–27

In der Prophezeiung Daniels kündigte er an, dass er eine Zeitspanne bestimmt oder festgelegt hatte, in der er ein bestimmtes Werk vollbringen würde.

Über dein Volk und über deine heilige Stadt sind 70 Wochen bestimmt, um der Übertretung ein Ende zu machen und die

Sünden abzutun, um die Missetat zu sühnen und eine ewige Gerechtigkeit herbeizuführen, um Gesicht und Weissagung zu versiegeln und ein Allerheiligstes zu salben. — Daniel 9,24

Dass Gott bei sich selbst schwören sollte, die Verheißungen des Bundes zu erfüllen, ist geradezu schockierend; es bedeutete nämlich, dass er, sollte er die Bedingungen des Bundes nicht erfüllen, aufhören würde zu existieren und die gesamte Schöpfung ins Nichts stürzen würde. Sein gesprochenes Wort hätte ausgereicht, denn er ist der Gott, der nicht lügen kann; aber damit wir seinen absoluten, unveränderlichen Willen verstehen würden, fügte er seinem Wort einen Bundeseid hinzu. Uns ist ein Bundeseid gegeben, der uns niemals daran zweifeln lassen sollte, dass er jedes Wort der Verheißungen seines Bundes allen gegenüber erfüllen wird, die sich an ihn wenden.

Denn Menschen schwören ja bei einem Größeren, und für sie ist der Eid das Ende alles Widerspruchs und dient als Bürgschaft. Darum hat Gott, als er den Erben der Verheißung in noch stärkerem Maße beweisen wollte, wie unabänderlich sein Ratschluss ist, sich mit einem Eid verbürgt, damit wir durch zwei unabänderliche Handlungen, in denen Gott unmöglich lügen konnte, eine starke Ermutigung haben, wir, die wir unsere Zuflucht dazu genommen haben, die dargebotene Hoffnung zu ergreifen. — Hebräer 6,16–18

Diese Verheißungen, die durch den Eid Gottes an ihre Erfüllung gebunden sind, decken jeden Herzensschrei der Menschen in ihrem Zustand der Sünde und geistlichen Finsternis ab. Sie garantieren, dass Gott Folgendes tun wird:

- ihre Schuld und Scham beseitigen und sie von der Macht der Sünde und des Todes befreien;
- ihnen das Motiv, den Wunsch und die Kraft geben, in der Liebe zu Gott und ihren Nächsten zu leben;
- sie ihm zugehörig machen und sie in die Bündnisfamilie Gottes aufnehmen;
- sie aus der Knechtschaft Satans und aller Mächte der Finsternis befreien;
- ihnen das Bewusstsein gewähren, dass Gott mit ihnen ist und sie und alles, was sie tun, segnet;
- sie in die Einheit mit sich selbst bringen und seinen Geist in sie legen.

Gottes Treue

Ein weiteres Wort, das mich dazu brachte, den Bund als das Fundament zu entdecken, auf dem der Glaube der Männer und Frauen Gottes in der Heiligen Schrift stand, war das Wort »Treue«. Seine Treue ist es, die seinen Bundeseid umsetzt und erfüllt. Er musste nicht wie die Menschen einen Eid schwören, um sich zur Einhaltung des Bundes zu verpflichten. Der Bund macht ihn nicht zu etwas, das er sonst nicht wäre, sondern ist das Mittel, durch das er uns offenbart, wer er in Ewigkeit ist.

Das hebräische Wurzelwort für »Treue« ist *aman*, was so viel bedeutet wie »fest sein, Bestand haben, sich als zuverlässig erweisen, vertrauen oder glauben«.[20] Aus dieser Wurzel gehen drei Wörter hervor. Das erste Wort ist *amen*, das wir gleichlautend mit »Amen« oder mit »so ist es« übersetzen. Das zweite Wort ist *ämät*, das mit »Wahrheit« oder »wahr« übersetzt wird. Und das dritte Wort ist *ämunah*, was einfach »Treue« bedeutet.[21] Fügt man dies alles zusammen, so haben wir einen Gott, der unendlich zuverlässig ist, auf den man jederzeit zählen kann, der beständig und unveränderlich ist.

> *Wenn wir untreu sind, so bleibt er doch treu;*
> *er kann sich selbst nicht verleugnen. — 2. Timotheus 2,13*

> *Denn ich, der HERR, verändere mich nicht. — Maleachi 3,6a*

Alles, was Gott ist, ist er immer; niemals steht er im Widerspruch zu sich selbst oder handelt in einer Weise, die mit ihm unvereinbar ist. Er kann sich nicht steigern, genauso wenig, wie er sich verschlechtern kann. Er ist, wer er war und für immer sein wird.

> *Jede gute Gabe und jedes vollkommene Geschenk kommt von oben herab, von dem Vater der Lichter, bei dem keine Veränderung ist, noch ein Schatten infolge von Wechsel.*
> *— Jakobus 1,17*

Zweifellos hatte Jakobus zumindest Sonne, Mond und die Planeten im Sinn, als er diesen Vers schrieb. Die Sonne ist das Licht unseres Sonnensystems und das Wort »Wechsel« wurde verwendet, um die Rotation der Planeten zu beschreiben, die immer eine Seite ins Dunkle taucht. Gott hat keine dunkle Seite; er ist der Vater des ungeschaffenen – und deshalb ewigen – strahlenden Lichts, und in ihm gibt es keinen Schatten, keine Finsternis. In ihm gibt es keine Veränderung oder Abweichung; alles, was er war, ist er und wird er immer sein.

Wenn ich in meinem Garten stehe, sehe ich, dass er sich ständig verändert, während die Sonne über den Himmel wandert; die

Schatten wechseln, kommen und gehen, bis schließlich alles im Zwielicht der Dämmerung liegt.

Doch ich komme nicht zu Gott und frage mich, was sich heute wohl in ihm verändert hat; er wandelt und verändert sich nicht. Wir können absolut sicher sein, dass er für immer unveränderlich derselbe sein wird.

Die *Message*-Bibel fängt dies mit ihrer Formulierung von Jakobus 1,17 gut ein: »Die Gaben und Geschenke sind Ströme von Licht, die vom Vater des Lichts herabfließen. In Gott gibt es nichts Trügerisches, nichts Doppelzüngiges, nichts Wankelmütiges.«

Seine Treue wird oft als Fels beschrieben, der er ist:

> *Er ist der Fels; vollkommen ist sein Tun; ja, alle seine Wege sind gerecht. Ein Gott der Treue und ohne Falsch, gerecht und aufrichtig ist er. — 5. Mose 32,4*

> *Der HERR ist mein Fels, meine Burg und mein Retter; mein Gott ist mein Fels, in dem ich mich berge, mein Schild und das Horn meines Heils, meine sichere Festung. — Psalm 18,3*

Er ist unfähig, ein Versprechen zu geben, das er nicht einhalten kann, denn jedes Wort, das er spricht, ist vollkommener Ausdruck dessen, was er ist. Sein Wort steht in völliger Übereinstimmung mit der Wirklichkeit; Wort und Tat sind bei ihm eins. Wenn er sein Wort spricht, wird es sich erfüllen, auch wenn es Jahrhunderte dauern mag, bis es in der Geschichte sichtbar wird. Er kennt das Ende von Anfang an; daher gibt es keine Eventualität, die nicht berücksichtigt und in seinen Plan eingearbeitet worden wäre.

> *Genau so soll auch mein Wort sein, das aus meinem Mund hervorgeht: Es wird nicht leer zu mir zurückkehren, sondern*

es wird ausrichten, was mir gefällt, und durchführen, wozu ich es gesandt habe! — Jesaja 55,11

Gepriesen sei der HERR, der seinem Volk Israel Ruhe gegeben hat, ganz wie er es verheißen hat! Von allen seinen guten Worten, die er durch seinen Knecht Mose geredet hat, ist nicht ein einziges Wort dahingefallen. — 1. Könige 8,56

O HERR, du bist mein Gott; dich will ich erheben! Ich lobe deinen Namen, denn du hast Wunder getan; deine Ratschlüsse von alters her sind zuverlässig und wahrhaftig! — Jesaja 25,1

In ihm treffen die Treue und die liebende Güte des Bundes zusammen. Er ist die Treue und Freundlichkeit Gottes, die unter uns Menschen wandelt. Er verfügt nicht über die Wahrheit; er *ist* die Wahrheit:

Jesus spricht zu ihm: Ich bin der Weg und die Wahrheit und das Leben; niemand kommt zum Vater als nur durch mich! — Johannes 14,6

Und ich sah den Himmel geöffnet, und siehe, ein weißes Pferd, und der darauf saß, heißt »Der Treue und der Wahrhaftige«; und in Gerechtigkeit richtet und kämpft er. — Offenbarung 19,11

Daher musste er in jeder Hinsicht den Brüdern ähnlich werden, damit er ein barmherziger und treuer Hoherpriester würde in dem, was Gott betrifft, um die Sünden des Volkes zu sühnen. — Hebräer 2,17

Das Wesen der Treue

Der biblische Glaube blickt über sich hinaus auf den Gott, der die Verheißungen gegeben hat. Er stützt sich allein auf den Charakter Gottes und den Bundeseid, den er geschworen hat. Glaube bedeutet, sich mit seiner ganzen Person – Vergangenheit, Gegenwart und Zukunft – der Treue Gottes anzuvertrauen, in dem Wissen, dass er sich selbst nicht verleugnen kann. Der Glaube ist ganz und gar auf sein Objekt, den Gott des Bundes, ausgerichtet; der Glaube des Gläubigen ist so sicher wie die Treue dessen, auf den er sich verlässt.

Wir leben in einer Welt, in der uns Verfechter der Selbsthilfe, des positiven Denkens, des New Age und der Hexerei eine Vielzahl von Definitionen anbieten, was Glaube ist. Viele dieser Definitionen haben ihren Weg in die christlichen Medien gefunden und beeinflussen stark die Art und Weise, wie Christen Glauben verstehen. Aufrichtige Gläubige, die in dieser Täuschung gefangen sind, versuchen, die Verheißung Gottes mit einem aus dem Fleisch geborenen Pseudo-Glauben zu erfüllen, der sowohl vergeblich ist als auch in der Beziehung des Gläubigen zu Gott verheerenden Schaden anrichtet.

Schauen wir uns kurz an, was biblischer Glaube nicht ist.

Der Glaube ist keine dem Gläubigen innewohnende Energie. Er ist keine Kraft, die der Gläubige, wenn er sie aufbaut und fokussiert, dafür einsetzen kann, Dinge geschehen zu lassen, bis hin zu dem Punkt, dass er Gottes Handeln erzwingt. Der Glaube ist kein geleistetes Werk, kein Kampf, um einen Geisteszustand zu erreichen, in dem der erhoffte Segen sichtbar oder spürbar wird.

Es gibt Tausende von Gläubigen, die das Erlangen von Glauben als ein geistiges Ringen betrachten, eine intensive Konzentration der Gedanken auf ein gewünschtes Objekt oder eine Verheißung, mit dem Ziel der Verwirklichung. Das ist ein Werk des Fleisches, das dem Verstand der Kreatur entspringt und nichts mit dem Glauben zu tun hat, von dem die Bibel spricht und der ein Ruhen in Gott ist.

Andere verstehen den Glauben als Vertrauen in die Worte einer Verheißung, die in der Bibel zu finden ist. Die Worte dieser Verheißung werden dann wiederholt, so als würde ihre ständige Wiederholung den gewünschten Segen in die physische Existenz bringen. Dadurch werden die heiligen Worte der Schrift auf das Niveau eines magischen Zaubers herabgesetzt, mit dem Gott dazu gebracht werden soll, zu tun, was er gesagt hat.

Das christliche Verständnis davon, was Glaube ist, steht – wenn es der Wahrheit entspricht – in radikalem Gegensatz zu dem, was Hexerei, New Age, positives Denken und Selbsthilfe propagieren. Alle letztgenannten haben gemein, dass sie Worte als Formel verwenden, um ein gewünschtes Ziel zu erreichen. Der Glaube des Christen hat nichts mit Formeln oder Zaubersprüchen zu tun, sondern wurzelt in der Beziehung zu Gott, die durch einen Bund begründet ist. Der Glaube richtet sich nicht auf die Worte einer Zusage, sondern ruht auf dem, der die Zusage gegeben hat.

Der biblische Glaube ist nicht in uns selbst zu finden, weder als natürliche Kraft noch als Werk, das zu leisten wäre, sondern darin, Gottes Treue zu seinem Bundeseid zu erkennen und auf sie zu reagieren. Wir vertrauen auf seinen Charakter, der uns garantiert, dass er das, was er gesagt hat, auch tun wird.

Der Glaube ist mit dem Auge des Geistes zu vergleichen. Das physische Auge ist sich seiner selbst nicht bewusst, es sei denn, es ist etwas nicht in Ordnung. Das Auge funktioniert, indem es einen Gegenstand sieht und erfasst. Wenn es sich seiner selbst bewusst würde und ständig auf sich selbst achtete, um zu sehen, wie gut es als Auge ist, würde es seine Funktion als Auge verlieren. Ebenso ist der Glaube nicht auf sich selbst fixiert, indem er in krankhafter Weise laufend überprüft, wie stark er ist, sondern er blickt unablässig auf sein Ziel, nämlich auf Gott, der sich in dem Herrn Jesus offenbart hat.

Der Glaube kommt aus der Offenbarung der Liebe und Treue Gottes, die sich besonders in Jesus zeigt, dem eigentlichen Bund. Er ist der Urheber und Vollender unseres Glaubens (Hebr 12,2).

> *Also ist der Glaube aus der Verkündigung, die Verkündigung aber durch das Wort Christi. — Römer 10,17* ELB

Das Wort Christi ist mehr als die Worte, die auf den Seiten unserer Bibel stehen. Das Wort Christi ist letztlich Jesus, der Sohn Gottes, der Fleisch wurde und unter uns lebte (Joh 1,14). Er ist Gottes endgültige Aussage, mit der er zu uns spricht.

Glaube bedeutet, eine Beziehung zu ihm zu haben, sich ihm unterzuordnen und ihm zu gehorchen, und so lesen wir von »dem Gehorsam des Glaubens«. Der Glaube ist kein gedanklicher Marathon, der darauf abzielt, mithilfe einer Formel, die wir aus den Worten der Bibel entwickelt haben, unsere Vorstellungen zu verwirklichen. Glaube will Gottes Handeln niemals erzwingen, sondern ordnet sich ihm unter, indem er auf die Worte seines Bundes reagiert, weil er weiß, dass derjenige, der die Zusage gegeben hat, auch treu ist und sie erfüllt. Glaube ist Vertrauen in Gott, in das, was er ist und was er getan hat. Aus diesem Vertrauen erwächst unsere Überzeugung, dass er treu sein und tun wird, was er gesagt hat.

Als Gott den Bund mit Abraham schloss, wird berichtet, dass Abraham ihm glaubte und der Herr ihm das als Gerechtigkeit anrechnete (1Mo 15,6). Zuallererst glaubte er dem Herrn, und dann glaubte er den Worten der Verheißung, die derjenige gegeben hatte, den er als treu erachtete.

Wir sprechen viel über Abrahams Glauben hinsichtlich der Geburt von Isaak, aber was ist mit Sarah? Es war ihr betagter Körper, der erneuert wurde, um ein Kind zu gebären! Dafür biss sie nicht die Zähne zusammen und mühte sich ab, sondern sie hatte Glauben an Gottes Treue:

> *Durch Glauben erhielt auch Sarah selbst die Kraft, schwanger zu werden, und sie gebar, obwohl sie über das geeignete Alter hinaus war, weil sie den für treu achtete, der es verheißen hatte. — Hebräer 11,11*

Die Tatsache, dass das im Bund enthaltene Evangelium allein auf dem Eid Gottes beruht, unterscheidet das Christentum von jeder anderen Religion auf der Erde. Solange wir das nicht erkennen, wird unser Evangelium nicht wirklich die Frohe Botschaft sein, sondern eine Verzerrung der Wahrheit – schroffe Felsen, an denen das Leben des Gläubigen früher oder später zerschellt.

Das Leben als Christ wird nicht mit zusammengebissenen Zähnen angegangen, indem man Entschlossenheit und Willenskraft aufbringt, damit man Gott gehorchen und ihm gegenüber Liebe zeigen kann. Menschen, die das in aller Aufrichtigkeit versuchen, geben ihr Leben regelmäßig Gott hin und bemühen sich, aus ihrem Fleisch das letzte bisschen Kraft herauszuholen, um das Leben Jesu zu leben. Sie geben Versprechen ab, die sie niemals halten können, und sind früher oder später ausgebrannt. Sie verlassen die Gemeinschaft der Gläubigen aus purer Verzweiflung darüber, nie gut genug sein zu können. Sie sehen das Christenleben als etwas, das auf ihrem Versprechen beruht, anstatt sich auf Gottes Schwur zu verlassen und in ihm zu ruhen.

Ebenso wenig ist das Christenleben eine gemeinsame Anstrengung von Gott und dem Gläubigen. Tausende beginnen ihr Leben als Christen mit Versprechungen und Hingaben, wobei sie Gott bitten, ihnen dabei zu helfen. Gott hilft uns nicht bei unseren Bemühungen, das Unmögliche zu erreichen. Wir sind völlig hilflos, und das im Bund beschriebene Leben wird einzig von Gott auf der Grundlage seines Eides verwirklicht.

Dann gibt es noch diejenigen, die gar nicht erwarten, das Leben als Christ überhaupt führen zu können! Solche Menschen würden das Christenleben eher als ein Wälzen in Schuld und Scham beschreiben und von ihrer Unfähigkeit reden, es tatsächlich auszuleben! Sie flehen Gott um Gnade an wie ein Bettler, der um eine Geldmünze bittet. Sie schreien unablässig zu Gott, dass er ihnen helfen und sie retten möge, ohne eine wirkliche Erwartung darauf zu haben, denn sie wissen nichts von dem Eid Gottes, in dem er sich verpflichtete, auf den Schrei unseres Herzens zu reagieren. Einige von diesen Leuten wären empört und beleidigt, wenn Gott antworten würde, denn sie würden sich ihres kläglichen Schreis nach Barmherzigkeit beraubt fühlen, den sie ihr christliches Leben nennen!

In dem Eid Gottes entdecken wir die Einzigartigkeit des Evangeliums. Die Schlüsselwörter des Evangeliums sind nicht »kämpfen«, »versuchen« und »mehr anstrengen«, sondern »ergeben«, »hingeben«, »ruhen in« und »an den Herrn Jesus glauben«, welcher der Bund ist. Alle diese Begriffe signalisieren, dass wir mit unseren Kämpfen und fehlgeschlagenen Versuchen, ein gottgefälliges Leben zu führen, am Ende angelangt sind und unsere Hoffnung auf den Herrn Jesus setzen, auf das, was er versprochen und vollbracht hat.

Wie ich Gottes Treue entdeckte

Von Beginn meines christlichen Lebens an lebte ich in einem ständigen Kampf darum, ein siegreicher Christ zu sein. Als junger Mann hatte ich mich in meiner Küche hingekniet und Jesus gebeten, in mein Leben zu kommen und mich zu retten und mich so zu gebrauchen, wie er es wollte. Bald darauf wurde ich Teil einer Ortsgemeinde. Die Leute dort kannten zwar die Kraft des Geistes, aber sie wussten wenig bis gar nichts von der Gnade Gottes oder von seiner aus Liebe erwachsenen Initiative, die ihn zum Hauptakteur der Errettung macht. Mit Sicherheit wussten sie nichts von seinem Bundeseid, uns zu retten. Ein Leben der Heiligkeit, wie sie es verstanden, war eine Frage der Einhaltung von Gottes Regeln und der Gemeindeordnung sowie ein strenges System aus Bibellesen, Gebet und Zeugnisgeben gegenüber Menschen außerhalb der Gemeinde.

Unser Seelenheil schien vom Sonntagabendgottesdienst abzuhängen; wir wussten alle, was kommen würde, und wappneten uns. Mit erstaunlicher Einsicht deckte der Pastor alle Sünden der Gemeinde auf, die in der vergangenen Woche begangen worden waren, und versicherte uns, dass uns das Gericht Gottes drohe. Am Ende des Gottesdienstes traten wir verängstigt nach vorne, um Gott um Vergebung zu bitten, wobei wir versuchten, ihm zu erklären, dass wir in der vergangenen Woche nicht beabsichtigt hatten, so sündhaft zu handeln. Der Tonfall lag dabei irgendwo zwischen Jammern und Wehklagen, so wie es bei Menschen klingt, die versuchen, eine Gottheit davon zu überzeugen, dass sie Reue empfinden. Dann versprachen wir, dass wir in der neuen Woche unsere Bibel lesen, beten und die Verlorenen erreichen würden. Als wir zum Schlusslied auf unsere Plätze zurückkehrten, war unsere

Stimmung optimistisch und wir waren begeistert, bereit, bis zum nächsten Sonntag Heilige zu werden.

Der Montag war immer ein Tag des Sieges. Mit der Hingabe des Vorabends im Hinterkopf war ich um fünf Uhr wach und stand auf, um meine Bibel zu lesen, zu beten und einen Plan aufzustellen, wie ich meine Schule für Christus gewinnen könnte. Ich ging zum Unterricht und war bereit, jede nichtsahnende Seele mit einer Frage zu ihrer ewigen Errettung zu überfallen. Am Dienstag war es dann schon schwieriger, aus dem Bett zu kommen; ich las die Bibel mit halbgeschlossenen Augen und betete weitschweifig und unbestimmt. Der Plan, die Klasse für Christus zu gewinnen, erschien mir wie der Traum eines Schwachkopfes. Am Mittwoch verschlief ich für gewöhnlich und eilte aus dem Haus, ohne zu beten, die Bibel zu lesen oder Pläne für mein Zeugnisgeben zu machen. Ich erinnere mich an das Gefühl der Scham, das mich im Laufe des Tages überkam. Ich hatte Gott versetzt und meine Zeit mit ihm versäumt! Ich konnte ihm nicht gegenübertreten und tat mein Bestes, um nicht an ihn zu denken, weil ich sicher war, er sei böse auf mich. Alle meine Vorsätze, die Versuchung zu überwinden, fielen in sich zusammen, und am Donnerstag versuchte ich nicht einmal mehr zu beten, und die Bibel blieb auf dem Regal liegen. Am Freitag schaffte ich es, zu vergessen, was ich am letzten Sonntag versprochen hatte! Welchen Sinn sollte es noch haben? Ich war mir sicher, dass Gott von mir angewidert war, und das Beste, was ich tun konnte, war, nicht an ihn zu denken. Der Samstag kam mit der nagenden Erinnerung, dass der Sonntag nur noch Stunden entfernt war. Mit dem Sonntag würde der unvermeidliche Sonntagabend kommen. Wieder einmal würde ich mich den anderen Teenagern anschließen, die beschämt nach vorne zum Podium im Gemeindesaal schlichen. Auf ein Neues würden wir Gott erklären, dass wir nicht so leben wollten, wie wir es in der vergangenen

Woche getan hatten, sondern dass es in der kommenden Woche anders sein würde.

Woche für Woche erneuerten wir unser Bekenntnis! Niemand schien diesen ständigen Neubeginn unseres Christenlebens befremdlich zu finden. Der Pastor schien sogar erfreut zu sein, dass so viele auf seine Botschaft reagierten und zu erkennen gaben, dass sie für Gott leben wollten. Er schien vergessen zu haben, dass es jede Woche dieselben Leute waren, die den vorderen Teil des Saals füllten. Die älteren Gemeindeglieder gesellten sich nicht zu uns, sondern strahlten uns von ihren Bänken aus an, als würde etwas Wunderbares in unserem Leben passieren. Ich habe mich oft gewundert, warum sie sich uns nicht anschlossen – heute frage ich mich, ob es daran lag, dass sie die ganze Sache als aussichtslos aufgegeben hatten und stattdessen in der Begeisterung der Jugend schwelgten.

Eines Tages las ich in meiner Bibel – es muss also noch früh in der Woche gewesen sein! Ich war bei Jeremia 31 und las dort von den Bedingungen für den neuen Bund. Du kannst es mir glauben, ich wusste nicht, was ein Bund ist oder dass das Evangelium die Bekanntgabe des neuen Bundes ist. Ich wusste nicht einmal, dass es einen alten Bund gab!

Ich ertappte mich dabei, dass ich die Worte mit Interesse las, obwohl sie in der Sprache der *King-James*-Übersetzung verfasst waren, die ich damals nur mit Mühe lesen konnte. Diese Worte berührten mich und zogen mich regelrecht an.

> *Sondern das ist der Bund, den ich mit dem Haus Israel nach jenen Tagen schließen werde, spricht der HERR: Ich will mein Gesetz in ihr Innerstes hineinlegen und es auf ihre Herzen schreiben, und ich will ihr Gott sein, und sie sollen mein Volk sein; und es wird keiner mehr seinen Nächsten und*

keiner mehr seinen Bruder lehren und sagen: »Erkenne den HERRN!« Denn sie werden mich alle kennen, vom Kleinsten bis zum Größten unter ihnen, spricht der HERR; denn ich werde ihre Missetat vergeben und an ihre Sünde nicht mehr gedenken! — Jeremia 31,33–34

Ich las die Worte wieder und wieder: »Ich will mein Gesetz in ihr Innerstes hineinlegen und es auf ihre Herzen schreiben.« Mir wurde klar, dass das Gesetz Gottes in meiner Vorstellung etwas war, das außerhalb von mir existierte, etwas Auferlegtes, das im Widerstreit mit meiner Lebensweise stand. Der bloße Gedanke, dass dieser Vers versprach, das Gesetz würde nicht länger außerhalb von mir sein und ein Leben von mir verlangen, das ich nicht leben konnte, nur um mich zu verurteilen, wenn ich unweigerlich versagte, begeisterte mich wie nichts in der Bibel je zuvor.

Ich las weiter: »Ich will ihr Gott sein, und sie sollen mein Volk sein.« Ihn als *meinen* Gott kennen zu dürfen und von ihm in die Schar derer aufgenommen zu werden, die auf einzigartige Weise zu ihm gehören, löste eine unaussprechliche Sehnsucht in meinem Herzen aus. Ich erkannte, dass ich ihn nie als *meinen* Gott betrachtet hatte und schon gar nicht als jemanden, zu dem ich auf ganz besondere Weise gehörte.

Und es wird keiner mehr seinen Nächsten und keiner mehr seinen Bruder lehren und sagen: »Erkenne den HERRN!« Denn sie werden mich alle kennen, vom Kleinsten bis zum Größten unter ihnen, spricht der HERR; denn ich werde ihre Missetat vergeben und an ihre Sünde nicht mehr gedenken! — Jeremia 31,34

Als ich diese Worte las, dämmerte mir, dass ich in der kurzen Zeit, seit der ich Christ war, ihn nicht wirklich gekannt hatte; ich hatte nur etwas über ihn und über die Verhaltensweisen gewusst, die ich als Gläubiger annehmen sollte. In mir wuchs die Sehnsucht nach einer persönlichen Beziehung zu ihm, die an die Stelle der Regeln tritt, nach denen ich leben sollte und die ich mit dem Christsein zu verbinden gelernt hatte.

Vor allem der letzte Satz fesselte meine Aufmerksamkeit: »Denn ich werde ihre Missetat vergeben und an ihre Sünde nicht mehr gedenken!« Ich konnte kaum glauben, was ich da las. Gott würde sich meiner Sünden nicht mehr erinnern! Meine Erfahrung mit dem Christsein beim wöchentlichen Gottesdienstbesuch bestand darin, dass wir uns ständig an unsere Sünden erinnerten und sie beklagten. Jede Woche wurden wir in allen Einzelheiten an unsere Sünden erinnert – darum schien es beim Gottesdienstbesuch zu gehen. Woche für Woche wurde uns gepredigt, welchen Anforderungen wir genügen müssen, damit Gott uns annimmt. Infolgedessen wälzten sich viele von uns in ihrem Scham- und Schuldgefühl, was zu dem Eindruck führte, Gott sei wegen unserer Sünden ständig zornig auf uns.

Von welchem Leben war in dieser Bibelstelle die Rede? Ein Leben ohne Schuld- und Schamgefühle vor dem Gott, der jeden Gedanken kannte, der mir durch den Kopf ging, jedes Wort auf meiner Zunge und jede Tat, die ich beging.

Das waren unfassbare Worte. Ich hatte noch nie von einem solchen Leben gehört, und in dieser frühen Morgenstunde, als ich in meinem Schlafzimmer kniete, wollte ich dieses Leben mehr als alles andere, was ich je zuvor gewollt hatte.

Wie bekam man es? Was musste ich tun? Seit ich Christ geworden war, hatte man mir beigebracht, dass man einen Preis zu zahlen, eine Verpflichtung einzugehen habe, um von Gott etwas zu bekommen. Wo war das Preisschild zu finden? Was musste ich tun, um ein solches Leben zu erhalten? Ich las den Text wieder und wieder und suchte nach dem, was meiner Überzeugung nach ein enormer Preis sein musste.

Nichts! Was mir stattdessen auffiel, war die Wiederholung der Worte »Ich will« (bzw. »Ich werde«) in diesem Abschnitt. Die beiden Verse sagten eindeutig aus, dass es Gottes Absicht war, diese Dinge zu tun, und dass es keinen Preis gab, den ich dafür zu zahlen hatte. In diesem Moment erkannte ich zum ersten Mal das Wesen des Glaubens. Der Glaube rührte nicht daher, dass ich mit wachsender Intensität und Entschlossenheit Versprechungen machte, von denen ich keine Hoffnung hatte, sie zu halten. Es ging auch nicht um mein Gelöbnis, Gott gegenüber ein besserer Christ zu sein. Vielmehr lag er darin, dass ich mich einfach für die Zusagen bedankte, die Gott gegeben hatte, und mich seinen Absichten für mich überließ.

Das war radikal und stellte alles, was ich in Bezug auf das Evangelium bisher verstanden hatte, auf den Kopf. Mein Ausgangspunkt war nicht mehr ich selbst, sondern er, und meine Rolle bestand nicht darin, zu sagen: »Ich verspreche, mich mehr anzustrengen«, sondern darin, auf ihn zu reagieren und zu sagen: »Ja! Tu in mir einfach genau das, was du gesagt hast.«

Eine große Freude durchflutete mein Inneres. Zum ersten Mal war ich vom Evangelium begeistert, und ich ging zur Schule, als liefe ich auf Wolken. Die ganze Woche hindurch genoss ich meinen neu entdeckten Gott, der die Zusagen gemacht hatte und dafür verantwortlich war, sie einzuhalten. Ich kannte nun ein Leben in Christus, das ich mir nie hätte träumen lassen. Ich stand jetzt morgens nicht mehr deshalb früher auf, um durch mein Beten irgendwie Gottes Gunst zu gewinnen, sondern um diesen unfassbar wunderbaren Gott kennenzulernen, der einem Teenager wie mir Zusagen machte!

Der Sonntagabend kam, und ich saß während der Tirade des Pastors lächelnd da. Ich schloss mich dem üblichen Treck nach vorne an und fiel mit den anderen auf die Knie. Anstatt wie üblich mein Gesicht in den Händen zu vergraben, hob ich den Kopf und betete: »Ich verspreche dir, dass ich dir nie wieder ein Versprechen geben werde! Du hast die Versprechen gegeben, du hältst sie, und ich danke dir dafür! Amen.« Ich stand auf, ließ meine am Boden wehklagenden Brüder und Schwestern zurück und ging mit einem Lächeln und einem von Gottes Freude erfüllten Herzen zurück zu meinem Platz.

Nach dieser Woche hatte ich noch viele Höhen und Tiefen, Rückschläge und Niederlagen auf meinem Weg mit Gott, aber das, was ich gesehen hatte, verließ mich nie. Manchmal war ich verwirrt, aber ich erinnerte mich an das Gesehene und wusste, dass es der Schlüssel zum Leben war. Wie ein Blitz in einer stockfinsteren Nacht war für einen Moment alles klar zu sehen gewesen und konnte nicht mehr vergessen werden. Erst viele Jahre später wurde mir bewusst, dass der Geist mich dazu geführt hatte, mein Leben auf den Bundeseid Gottes zu gründen.

Leben im Vertrauen auf seinen Eid

Dies ist der erste Schritt im Leben als Christ. Es ist auch die Triebkraft hinter jedem Schritt; wir kommen nie aus diesem Zustand der hilflosen Abhängigkeit von ihm heraus. Wir werden niemals in der Lage sein, die Zusagen des Bundes aus eigener Kraft oder Willensstärke zu verwirklichen – und das war von Gott so auch nie beabsichtigt. Wir sind absolut unfähig, sie zu erfüllen, sie durch Entschlossenheit, Hingabe oder irgendwelche Zwölf-Schritte-Programme zur Erfüllung zu bringen. Wir berufen uns auf den Gott, der den Bund geschlossen hat und bei sich selbst schwört, alles darin Enthaltene in unserem Leben zu verwirklichen. Wir danken ihm für seine Barmherzigkeit, mit der er uns den Bund geschenkt hat, und berufen uns nun auf seine Treue, ihn zu halten.

Wir versuchen also nicht, uns selbst zu reinigen, sondern legen ihm unsere Sünden und Schwächen, unsere Götzen und unseren Schmutz vor und bitten ihn, das zu tun, was wir mit unseren Versprechungen niemals erreichen können: uns zu waschen und von all dem zu reinigen.

> *Wenn wir aber unsere Sünden bekennen, so ist er treu und gerecht, dass er uns die Sünden vergibt und uns reinigt von aller Ungerechtigkeit. — 1. Johannes 1,9*

Ich weiß noch, wie dieser Vers zum ersten Mal seinen Eindruck bei mir hinterließ. Das Wort »treu« hat mich verwirrt; ich verband es nicht mit jemandem, der einem anderen vergibt. Ich dachte an andere, viel passendere Begriffe wie »gütig«, »barmherzig« oder »liebevoll«; aber »treu« schien mir fehl am Platz. Wem oder was gegenüber war er treu, als er uns vergab? Als ich dann entdeckte, dass »Treue« eines der großen Bündnisworte in der Bibel ist, ergab es einen perfekten Sinn. Indem er uns vergibt, ist er dem Bund treu, Jesus, dem Repräsentanten des Bundes, dem er geschworen hatte, unserer Sünden und Missetaten nicht mehr zu gedenken.

Er ist es, der das Gesetz auf unser Herz und in unseren Sinn schreiben, seinen Geist in uns legen und uns veranlassen muss, in seinen Wegen zu wandeln. Wir legen unsere Schwachheit und den Sog des Fleisches vor ihn hin und sagen klar und deutlich:

»Es ist dein Werk, mich auf deine Wege zu führen.« Das gesamte Christenleben wird auf dem sicheren Fundament seiner Treue zu seinem Bündnisversprechen gelebt, mit dem er zusagt, in uns zu tun, was er zu tun beabsichtigt.

> *Ich vertraue darauf, dass er, der bei euch das gute Werk begonnen hat, es auch vollenden wird bis zum Tag Christi Jesu. — Philipper 1,6 EÜ*

> *Gott ist treu, durch den ihr berufen seid zur Gemeinschaft mit seinem Sohn Jesus Christus, unserem Herrn. — 1. Korinther 1,9*

> *Lasst uns an dem unwandelbaren Bekenntnis der Hoffnung festhalten, denn er, der die Verheißung gegeben hat, ist treu! — Hebräer 10,23 EÜ*

In seinem Bundeseid hat Gott es sich zur Aufgabe gemacht, unsere gesamte Person dem Bild des Herrn Jesus anzugleichen und sein Gesetz in unser Herz zu schreiben. Die meisten von uns tun zumindest so, als läge dies ganz auf unseren Schultern: Wir müssen versuchen, unsere Heiligung zu bewirken, während Gott der Richter ist, der unsere armseligen Bemühungen benotet.

> *Er selbst aber, der Gott des Friedens, heilige euch durch und durch, und euer ganzes [Wesen], der Geist, die Seele und der Leib, möge untadelig bewahrt werden bei der Wiederkunft unseres Herrn Jesus Christus! Treu ist er, der euch beruft; er wird es auch tun. — 1. Thessalonicher 5,23–24*

Unsere Gefühle in Bezug auf unsere Errettung fahren Achterbahn, wenn wir von Versuchungen und Herausforderungen umschwirrt werden. Der Anker, der uns festhält, ist nicht das Vertrauen in unsere Willenskraft oder die Beständigkeit unserer Gefühle, sondern seine Treue, mit der er versprochen hat, uns zu retten.

> *Noch ist keine Versuchung über euch gekommen, die den Menschen überfordert. Gott ist treu; er wird nicht zulassen, dass ihr über eure Kraft hinaus versucht werdet. Er wird euch mit der Versuchung auch einen Ausweg schaffen, sodass ihr sie bestehen könnt. — 1. Korinther 10,13 EÜ*

Unser Schutzschild im Kampf gegen die Mächte der Finsternis ist das Vertrauen auf seine Treue. Wir werden durch seine Entschlossenheit, uns zu retten und zu bewahren, beschirmt. Bestünde unser Schutzschild aus unserer eigenen Entschlossenheit, dann hätten wir nichts außer einem Stück Pappe! Wir haben jedoch eine unbezwingbare Rüstung, wenn wir hinter dem Eid Gottes Zuflucht nehmen.

> *Er wird dich mit seinen Fittichen decken, und unter seinen Flügeln wirst du dich bergen; seine Treue ist Schirm und Schild. — Psalm 91,4*

Seine Treue wacht über uns, ob wir wach sind oder schlafen, und bewahrt uns vor den Mächten der Finsternis. Wir leben ohne Furcht, weil wir wissen, dass er mit einem Eid geschworen hat, uns zu erhalten.

> *Aber der Herr ist treu; er wird euch stärken und bewahren vor dem Bösen. — 2. Thessalonicher 3,3*

Den Eid Gottes zu verstehen, nimmt allen Druck und alle Anspannung aus unserem Leben und führt uns in die Ruhe Gottes hinein. Die ganze Last, die Zusagen des Bundes in unserem Leben in Erfüllung zu bringen, liegt auf Gott. Anstatt uns bis zur Erschöpfung abzumühen, um Gott zu gefallen, leben wir in der Ruhe des Glaubens an seine Treue.

KAPITEL 10

Der Eintritt in den Bund

Der Bund bedeutet vor allem Vereinigung, den Zusammenschluss zweier Parteien zu einer funktionalen Einheit. Beim Schluss früherer, menschlicher Bündnisse nahmen die Parteien den Namen des jeweils anderen an, um zu zeigen, dass sie als Einheit verbunden waren. Aber im neuen Bund nehmen wir nicht nur Christi Namen an, sondern sein Geist vereint uns tatsächlich mit ihm und wir werden wahrhaftig eins. »Wer aber dem Herrn anhängt, ist ein Geist mit ihm« (1Kor 6,17). Das Wunder der neuen Geburt, durch das wir aus dem Tod der Sünde in das ewige Leben des neuen Bundes übergehen, ist so zu verstehen, dass wir tatsächlich mit Christus vereint werden.

Die Einheit mit Christus ist nicht als mystische Erfahrung für Fortgeschrittene zu betrachten oder als eine Art höherentwickeltes Leben, das einer Elite vorbehalten ist. Sie ist vielmehr die gemeinsame Erfahrung des gesamten Leibes der Gläubigen. Christ zu werden bedeutet, in Christus aufgenommen zu werden und an seinem Leben teilzuhaben und Träger seines Lebens auf dieser Erde zu sein.

Dies wird im Gleichnis Jesu vom verlorenen Schaf in Lukas 15 deutlich. Um das verlorene Schaf zu finden, ging der Hirte in die Wüste und nahm denselben Weg, den das Schaf eingeschlagen hatte, als es sich vom Hirten entfernte. Er ging in die Wüste, wo das Schaf war, und machte dessen verlorenen Zustand zu seiner Sache, ohne selbst verloren zu sein. Er kam dorthin, wo das Schaf war, und nahm das Schaf auf, indem er es sich um die Schultern legte, damit es an seinem Leben und seiner Kraft teilhaben konnte. Die Verbindung des Hirten mit dem Schaf und die Verbindung des Schafs mit dem Hirten bedeuteten die Rettung für das Schaf, den Weg hinaus aus der Wüste.

Jesus ist also Gott, der dorthin kommt, wo wir sind, der unseres verlorenen Zustands teilhaftig wird, ohne selbst verloren zu sein, der unseren Tod auf sich nimmt und uns in seiner Auferstehung hinausträgt. Dazu müssen wir mit ihm vereint werden, an seinem Leben und seiner Kraft teilhaben, in die innige Gemeinschaft mit ihm aufgenommen werden und dort sein, wo er ist.

Er hat sich des Bundes um unseretwillen und stellvertretend für uns als würdig erwiesen; wir müssen nun mit ihm vereint werden und in ihm alles erben, was er für uns erworben hat. Gott gibt uns die Segnungen des neuen Bundes nicht als losgelöste Individuen, die aufgrund ihrer Würdigkeit oder bestimmter Taten dafür auserwählt wurden. Nirgendwo in der Bibel steht, dass irgendein Segen oder eine Verheißung des Bundes Malcolm Smith – oder sonst jemandem – aufgrund eigener Verdienste gegeben werde. Jesus, unser Stellvertreter, hat sich alle Segnungen des Bundes durch seinen Gehorsam verdient. Er hat sie nicht für sich selbst verdient, denn er brauchte sie nicht, sondern er hat sie um unseretwillen und stellvertretend für jeden einzelnen von uns verdient. Deshalb ist ihm jeglicher Segen gegeben, und wir empfangen diese Segnungen, weil wir »in« ihm sind. Wir sind zu seinen »Miterben« gemacht worden und erhalten daher alle Wohltaten des Bundes durch ihn: »Wenn wir aber Kinder sind, so sind wir auch Erben, nämlich Erben Gottes und Miterben des Christus (Röm 8,17).

Wie treten wir in den Bund ein? Alles wurde in Christus, unserem Repräsentanten, um unseretwillen und stellvertretend für uns getan. Wie bekommen wir Anteil an den Zusagen und Verheißungen des Bundes, die er für uns erworben hat?

Petrus zitierte aus den Anweisungen des Propheten Joel bezüglich des Eintritts in den Bund:

Und es wird geschehen: Jeder, der den Namen des HERRN anruft, wird gerettet werden. — Joel 3,5

In biblischen Zeiten wurde der Name einer Person als Fenster zu ihrer wahren Persönlichkeit, ihrem Wesen und ihren Leistungen verstanden. Bei dem Ausdruck »Name des Herrn« geht es um die Offenbarung, die Gott uns darüber gegeben hat, wer er ist und was er getan hat. Das Evangelium ist die gute Nachricht darüber, wer Gott ist und was er in Christus getan hat.

Den Namen des Herrn anzurufen bedeutet, sich auf diese Offenbarung zu berufen und ihn zu bitten, für uns der zu sein, der er erklärtermaßen ist. Er hat sich in dem Herrn Jesus als Gott der Liebe offenbart, als der bündnisschließende Eine. Wir können nichts weiter tun, als diese Offenbarung in Anspruch zu nehmen. Gott hat den Bund geschlossen, und unsere einzige Handlung besteht darin, diesen in dankbarem Glauben anzunehmen. Uns bleibt nur, auf die Tatkraft der Liebe Gottes zu reagieren und an seinen Bundeseid zu glauben.

Die Offenbarung Gottes geht jedoch mit der unvermeidlichen Offenbarung dessen einher, wer wir sind. Unsere Reaktion auf die frohe Botschaft bezüglich des Bundes ist an sich schon klarer Ausdruck dafür, dass wir unseren Zustand vor Gott erkannt haben. Wir rufen seinen Namen an, weil wir erkannt haben, dass wir des Bundes bedürfen und ohne Gott tot sind.

Jesus sagte, er sei gekommen, um die Verlorenen zu suchen und zu retten. Wenn wir kein Gefühl dafür haben, dass wir verloren sind, dann haben wir auch keine Freude daran, dass Jesus der Weg aus unserer trostlosen Einöde ist. Er sagte auch, dass er nicht gekommen sei, um die Gerechten, sondern um die Sünder zur Umkehr zu rufen. Wenn wir uns nicht als Sünder sehen, haben wir kein Interesse an der Mission Jesu und sehen uns nicht als Teil davon. Seine Verheißungen der völligen Vergebung sind nur für diejenigen von Interesse, die wissen, dass sie gesündigt haben und göttliche Vergebung brauchen. Für Menschen, die kein Sündenbewusstsein haben, sind Verheißungen der Vergebung bedeutungslos. Dass er sein Gesetz in unsere Herzen schreibt, ist irrelevant für diejenigen, die ihre eigene hilflose Unfähigkeit, Gott zu lieben und mit allen Menschen in Liebe zu leben, nicht erkannt haben. Das Herz des Bundes ruft uns zur Einheit mit ihm; wenn wir eine solche Beziehung nicht zumindest in gewissem Maße wünschen, werden wir die Aussicht darauf langweilig finden und die angebotene Bündnisbeziehung mit einem desinteressierten Gähnen abtun.

Für die Menschheit ist der Wunsch nach Gott jedoch gegen ihre Natur. Die Menschen lieben die Finsternis der Lüge mehr als das aufdeckende Licht, das in Gott ist, und wir würden in der Finsternis bleiben und uns vor dem flammenden Licht der Wahrheit verstecken, bis wir zugrunde gehen, wenn wir uns selbst überlassen blieben. Das Bewusstsein unserer Not und das erste aufflackernde Verlangen, Gott zu kennen, wird in unseren Herzen durch den Ruf Gottes geweckt, der in unsere Dunkelheit hineingreift und uns seine Hand reicht.

Er kommt zu uns in den Sackgassen des Lebens, wenn wir mit dem Chaos eines von ihm getrennten Lebens konfrontiert sind. Er kommt zu uns in der Aussichtslosigkeit unserer falschen Religion, die uns leer und leblos sein lässt. Er ruft uns, wenn der Tod ganz nahe scheint. Wir nehmen seine Stimme als Sehnsucht wahr, als Verlangen nach dem namenlosen Gott oder vielleicht auch nur als starken Wunsch nach etwas, das wir nicht in Worte fassen können.

Gott ist der Initiator des Bundes, und er ist es, der als Hirte in unsere Einöde hineinruft, wie er es bei Adam tat: »Wo bist du?« Wenn uns zum ersten Mal bewusst wird, dass wir Gott brauchen, ist das in Wirklichkeit unser erwachter Wunsch, Gott zu antworten, der nach uns ruft. Folgen wir diesem Licht, werden wir zu dem Einen geführt, welcher der Weg, die Wahrheit, das Leben und der Bund ist.

Das Evangelium ist keine bloße Information über das Leben, den Tod und die Auferstehung Jesu. In der Verkündigung des Evangeliums kommt der lebendige und verherrlichte Jesus tatsächlich zu uns und begegnet uns durch den Heiligen Geist mit seiner Liebe. Die Botschaft, wer er ist und was er getan hat, ist zugleich die Gegenwart dieses Einen durch den Geist. Durch diese Mitteilung öffnet er uns die Augen: Wir haben eine Begegnung, ein Treffen mit dem lebendigen Jesus. Die Prediger des Neuen Testaments sahen sich nicht als solche, die einfach nur von Jesus erzählten, sondern als Verkünder des Lebendigen, der tatsächlich mit ihnen und in ihren Worten gegenwärtig war:

Da ging Philippus hinab in die Stadt Samaria und verkündete ihnen Christus. … Da tat Philippus seinen Mund auf und fing an mit dieser Schriftstelle und verkündigte ihm Jesus.
— Apostelgeschichte 8,5.35 NKJV

Denn ich würde nicht wagen, von irgendetwas zu reden, das nicht Christus durch mich gewirkt hat, um die Heiden zum Gehorsam zu bringen durch Wort und Werk, in der Kraft von Zeichen und Wundern, in der Kraft des Geistes Gottes, sodass ich von Jerusalem an und ringsumher bis nach Illyrien das Evangelium von Christus völlig verkündigt habe.
— Römer 15,18–19

Denn weil die Welt durch [ihre] Weisheit Gott in seiner Weisheit nicht erkannte, gefiel es Gott, durch die Torheit der Verkündigung diejenigen zu retten, die glauben.
— 1. Korinther 1,21

Wir dagegen verkünden Christus als den Gekreuzigten: für Juden ein Ärgernis, für Heiden eine Torheit, für die Berufenen aber, Juden wie Griechen, Christus, Gottes Kraft und Gottes Weisheit. — 1. Korinther 1,23–24 EÜ

Auch ich kam nicht zu euch, Brüder und Schwestern, um glänzende Reden oder gelehrte Weisheit vorzutragen, sondern um euch das Geheimnis Gottes zu verkünden. Denn ich hatte mich entschlossen, bei euch nichts zu wissen außer Jesus Christus, und zwar als den Gekreuzigten. — 1. Korinther 2,1–2 EÜ

Als Reaktion auf die Verkündigung des Evangeliums, sei es in der Kirche, in einem Veranstaltungssaal oder im persönlichen Gespräch, begegnet der Zuhörende tatsächlich Jesus, Gottes Liebe, die menschliche Gestalt angenommen hat, auferstanden und in den Himmel aufgefahren ist und unser Heil bewirkt hat. In der Verkündigung des Evangeliums ist die Macht Gottes tatkräftig präsent und bringt Errettung:

Denn ich schäme mich des Evangeliums von Christus nicht; denn es ist Gottes Kraft zur Errettung für jeden, der glaubt, zuerst für den Juden, dann auch für den Griechen.
— Römer 1,16

Diese dem lebendigen Jesus innewohnende Kraft, die durch die Verkündung des Evangeliums zu den Verlorenen kommt, ist das, was Satan, den Gott dieser Welt, so sehr in Schrecken versetzt. Er arbeitet unablässig daran, den Verstand der Ungläubigen zu verblenden, damit sie in Jesus, dem Wort Gottes, nicht das Licht der Herrlichkeit Gottes und den Aufruf erkennen, sich mit dessen Tod und Auferstehung vereinen zu lassen:

> *Denn der Gott dieser Weltzeit hat das Denken der Ungläubigen verblendet. So strahlt ihnen der Glanz des Evangeliums von der Herrlichkeit Christi, der Gottes Bild ist, nicht auf. Wir verkünden nämlich nicht uns selbst, sondern Jesus Christus als den Herrn, uns aber als eure Knechte um Jesu willen. Denn Gott, der sprach: Aus Finsternis soll Licht aufleuchten!, er ist in unseren Herzen aufgeleuchtet, damit aufstrahlt die Erkenntnis des göttlichen Glanzes auf dem Antlitz Christi.*
> *— 2. Korinther 4,4–6*

Indem Jesus in den Worten des Evangeliums zu uns kommt, begegnet uns die Liebe Gottes, die sich nach uns ausstreckt, um uns zu umarmen, das Licht Gottes, das uns offenbart, was er für uns getan hat. Im Evangelium bringt er uns die Nachricht, dass wir in ihn aufgenommen sind, dass er der Weg aus dem Zustand des Todes, aus der Verurteilung durch das Gesetz ist. In ihm begegnen wir dem Eid und der Treue Gottes, dem Bund, der jetzt vollzogen ist.

Wir erklären nicht unsere Bereitschaft, uns einer Liste von Regeln zu unterwerfen, sondern wir gehen eine Beziehung mit dem dreieinigen Gott in Christus Jesus ein. Das Evangelium anzunehmen bedeutet, ihn selbst anzunehmen und sich ihm als einzige Wahrheit zu unterstellen. Indem wir das tun, nehmen wir Abstand von unseren eigenen Bemühungen, dem Leben Sinn zu verleihen. Wir erkennen, dass sie nur armselige schäbige Imitationen hervorbrachten und wir uns von ihnen abwenden müssen, weil sie in Wahrheit nichts anderes sind als sündhafte Rebellion mit dem Ziel, den Sinn des Lebens unabhängig von Gott zu finden.

Während des gesamten restlichen Lebens als Christ werden wir in der Erkenntnis der göttlichen Liebe und unserem Wissen darüber wachsen, wer Jesus ist und was er getan hat. Wenn wir ihm zum ersten Mal begegnen und uns ihm unterstellen, wissen wir nur wenig über das, was wir da tun. Wir geben uns mit allem, was wir über uns selbst wissen (was sehr wenig ist), dem hin, was wir über ihn wissen (was noch weniger ist).

Wahrer Glaube glaubt nicht einfach an die Existenz Jesu; er glaubt nicht bloß, dass etwas wahr ist – der Teufel glaubt auf diese Weise. Glaube ist Vertrauen, das direkt mit dem Wesen einer Person verbunden ist, nicht mit dem bloßen Wissen von ihrer Existenz oder mit der Kenntnis irgendwelcher Informationen über sie. Glaube ist die Bereitschaft, zu gehorchen und das eigene Leben mit der neu entdeckten Wahrheit in Übereinstimmung zu bringen.

Wenn wir uns dem Jesus des Evangeliums unterstellen, müssen wir uns von allem abwenden, was wir fälschlicherweise für den Sinn des Lebens und für den richtigen Weg dorthin gehalten haben. Das Wort, das diesen Aspekt des Evangeliums beschreibt, lautet *Buße* und meint einen grundlegenden Sinneswandel.[22] Es geht um die Erkenntnis, dass das bisherige Leben verkehrt war, weil es vom falschen Ausgangspunkt her gelebt wurde. Dabei geht es nicht darum, eine bestimmte Sünde zu bereuen, sondern darum, sich selbst neu zu sehen und zu erkennen, dass man verloren ist und den Weg zum Leben nicht kennt. Es ist ein konkreter, bewusster Akt, bei dem man sich von dem abwendet, was man für das Leben hielt, und es nun als Tod erkennt.

Das eigentliche Problem ist nicht mehr die Sünde. Der Jesus, der im Evangelium zu uns kommt, hat sich mit der Sünde abschließend befasst. Jetzt geht es darum, ob wir die göttliche Amnestie annehmen, ob wir es zulassen, dass er unsere Sünden von uns wegtut und wir mit Gott versöhnt werden. Werden wir uns von unserer Eigenständigkeit abwenden und uns seiner Liebe überlassen? In Jesus werden wir mit der Liebe Gottes und dem Wirken seiner Liebe konfrontiert, und die entscheidende Frage ist nun, ob wir uns von unserer Unabhängigkeit, unserem Glauben an die Lüge abwenden und uns der Liebe Gottes und seinem Geschenk des Bundes in Jesus unterstellen werden.

Vor vielen Jahren, als Flughäfen noch nicht von der Angst vor Terroristen beherrscht wurden und Fluggesellschaften noch nicht computergestützt arbeiteten, gab es keine der Kontrollstellen, die wir heute durchlaufen müssen. Es war viel einfacher, ein Flugzeug zu besteigen. Ich flog von Los Angeles nach New York, und einige Minuten nach dem Start begrüßte uns der Flugkapitän an Bord und teilte uns mit, dass der Flug nach Phoenix gehe und wir in Kürze landen würden. Ich hatte den falschen Flieger genommen! Das bedeutete, dass alles verkehrt war. Ich hatte die falsche Flugbegleiterin, den falschen Sitz, die falsche Person auf dem Sitz neben mir, den falschen Snack – alles, was ich hätte haben sollen, war auf einem anderen Flug unterwegs. Reue darüber, dass ich auf dem falschen Platz oder neben dem falschen Fluggast saß, hätte mir nichts genützt, denn all das war Teil eines größeren Fehlerkomplexes, in den ich mich hineingeritten hatte.

Reue ist die schmerzliche Erkenntnis, dass bei uns einfach alles verkehrt ist, weil wir in die falsche Richtung laufen – mit einer falschen Lebensauffassung, einem falschen Bild von uns selbst und einem verzerrten Bild von Gott, den wir nicht als Liebe in Person kennen. Das Evangelium ist die Durchsage, dass wir mitten in der Luft das Flugzeug wechseln können! Wir können den Weg der Lüge verlassen und Vergebung empfangen, uns mit Gott versöhnen und zu seinem Kind werden – oder wir können die schlimmste Sünde von allen begehen, indem wir den Bund ablehnen und uns in unserer Sünde verschanzen.

Es geht bei der Buße also nicht in erster Linie um die Abkehr von der Sünde, auch wenn das natürlich dazugehört, sondern um die Hinwendung zu Jesus, dem Sohn Gottes, in dem der Bund und unsere Rettung liegen. Ihn abzulehnen bedeutet, zugrunde zu gehen.

> *Wer an den Sohn glaubt, der hat ewiges Leben; wer aber dem Sohn nicht glaubt, der wird das Leben nicht sehen, sondern der Zorn Gottes bleibt auf ihm. — Johannes 3,36*

Dieser eine Akt wird für den Rest unseres Lebens bestimmend und bestätigend sein, denn wir werden immer deutlicher feststellen, wie sinnlos ein Leben unabhängig von Gott ist. Wenn wir die Liebe Gottes sehen, erkennen wir mit zunehmender Klarheit den Schrecken und die Verderbtheit der Sünde und werden infolgedessen ein Leben der Abkehr von ihr führen.

Als ich zum ersten Mal von England nach Amerika reiste, überquerte ich den Atlantik mit der SS France. Die Überfahrt dauerte eine Woche, und etwa am dritten Tag nach dem Auslaufen aus Southampton verkündete der Kapitän, dass wir direkt auf den Hurrikan Donna zusteuerten und unseren Kurs ändern müssten. Es dauerte über eine Stunde, das große Schiff auf seinen neuen Kurs zu bringen. Als ich an Deck stand und die Kursänderung beobachtete, wurde mir klar, dass die Umkehr, die Änderung unseres Lebenskurses, zwar die Entscheidung eines Augenblicks ist, aber lange Zeit braucht, um sich auszuwirken.

Buße bzw. Umkehr ist immer mit Glauben verbunden. Glaube heißt, dass ich mich mit meinem ganzen Ich der Botschaft von der

Liebestat Gottes durch Jesus Christus bedingungslos hingebe. Soweit mein Verständnis reicht, sage ich Ja zu der Nachricht, dass er uns aufgrund des Weges, den Jesus um unseretwillen und stellvertretend für uns durch Tod und Auferstehung gegangen ist, in den Bund aufgenommen hat.

Ein solcher Glaube, der sich vertrauensvoll Jesus unterstellt und in ihm ruht, weil er weiß, wer Jesus ist und was er getan hat, ist einem Menschen, der Unabhängigkeit und Selbstbestimmung für unabdingbar hält, völlig wesensfremd. Uns, die wir Teil des Weltsystems waren, verheiratet mit der Lüge, fällt es deshalb ungemein schwer, unser Ja des Glaubens zum Eid Gottes zu geben. Wir haben unser Leben immer nur nach der eisernen Regel geführt, dass der Mensch bekommt, was er verdient. Aber der Bund konfrontiert uns mit einem Gott, der uns bedingungslos liebt und uns nicht gemäß dem belohnt, was wir getan haben, sondern danach, was Jesus getan hat. Dies zu glauben, ist die erste radikale Sinnesänderung, die der Glaube ans Evangelium uns abverlangt.

Im Neuen Testament wurde dieser Akt der Umkehr und des Glaubens an die Person und das Werk Christi stets in der Taufe zum Ausdruck gebracht, dem Eintauchen eines Menschen ins Wasser oder dem Übergießen mit Wasser, wobei der Name der Dreieinigkeit angerufen wurde. Viele widersprechen dem, aber bitte habe etwas Geduld und folge meinen Ausführungen, dann wirst du sehen, dass die Taufe im Neuen Testament unbestreitbar Teil des Errettungsprozesses war.

Als Jesus seine Jünger in die ganze Welt sandte, schloss er die Taufe in seine inhaltlichen Anweisungen bezüglich der zu verkündenden Botschaft ein:

Und Jesus trat herzu, redete mit ihnen und sprach: Mir ist gegeben alle Macht im Himmel und auf Erden. So geht nun hin und macht zu Jüngern alle Völker, und tauft sie auf den Namen des Vaters und des Sohnes und des Heiligen Geistes und lehrt sie alles halten, was ich euch befohlen habe. Und siehe, ich bin bei euch alle Tage bis an das Ende der Weltzeit! — Matthäus 28,18–20

Und er sprach zu ihnen: Geht hin in alle Welt und verkündigt das Evangelium der ganzen Schöpfung! Wer glaubt und getauft wird, der wird gerettet werden; wer aber nicht glaubt, der wird verdammt werden. — Markus 16,15–16

Die Apostel verstanden zweifellos, dass die Taufe der Schritt war, bei dem Buße und Glaube in den Mittelpunkt rückten. Die Weisung, sich taufen zu lassen, ist im allerersten Aufruf, das Evangelium zu empfangen, enthalten. Getauft zu sein, wies diejenigen als Christen aus, die die Botschaft in ihr Herz aufgenommen hatten.

Da sprach Petrus zu ihnen: Tut Buße, und jeder von euch lasse sich taufen auf den Namen Jesu Christi zur Vergebung der Sünden; so werdet ihr die Gabe des Heiligen Geistes empfangen. Denn euch gilt die Verheißung und euren Kindern und allen, die ferne sind, so viele der Herr, unser Gott, herzurufen wird. … Diejenigen, die nun bereitwillig sein Wort annahmen, ließen sich taufen, und es wurden an jenem Tag etwa 3000 Seelen hinzugetan. — Apostelgeschichte 2,38–39.41

Wie die Apostel in Jerusalem zählte auch Philippus nur diejenigen, die sich taufen ließen, zu seinen Bekehrten.

Als sie aber dem Philippus glaubten, der das Evangelium vom Reich Gottes und vom Namen Jesu Christi verkündigte, ließen sich Männer und Frauen taufen. — Apostelgeschichte 8,12

Als Philippus dem Äthiopier das Evangelium verkündete, muss er einen ähnlichen Aufruf gemacht haben wie Petrus am Pfingsttag, denn als der Mann Wasser sah, bat er darum, getauft zu werden.

Als sie aber auf dem Weg weiterzogen, kamen sie zu einem Wasser, und der Kämmerer sprach: Siehe, hier ist Wasser! Was hindert mich, getauft zu werden? Da sprach Philippus: Wenn du von ganzem Herzen glaubst, so ist es erlaubt! Er antwortete und sprach: Ich glaube, dass Jesus Christus der Sohn Gottes ist! Und er ließ den Wagen anhalten, und sie stiegen beide in das Wasser hinab, Philippus und der Kämmerer, und er taufte ihn. — Apostelgeschichte 8,36–38

Als Petrus zum Haus des Kornelius ging, fiel während seiner Predigt der Heilige Geist auf die Zuhörer. Offensichtlich wurde Petrus dadurch etwas aus dem Gleichgewicht gebracht, denn sie hatten den Geist empfangen, bevor sie getauft worden waren! Schnell ordnete er die Taufe an, damit sie auf angemessene Weise in Christus aufgenommen würden.

Kann auch jemand diesen das Wasser verwehren, dass sie nicht getauft werden sollten, die den Heiligen Geist empfangen haben gleichwie wir? Und er befahl, dass sie getauft würden im Namen des Herrn. Da baten sie ihn, etliche Tage zu bleiben. — Apostelgeschichte 10,47–48

Das spricht eindeutig dafür, dass die Taufe in der frühen Gemeinde einen sehr hohen Stellenwert hatte. Da alle im Haus vom Geist erfüllt waren und Gott lobten, sollte man meinen, dass das Thema Taufe auf einen anderen Tag verschoben werden könnte; aber offensichtlich konnte es nicht warten und Petrus befahl, dass die Taufe sofort stattfinden solle.

In Philippi wurden Paulus und Silas grausam geschlagen; man hatte ihnen die Gliedmaßen verrenkt und sie in den Stock geschlossen; doch ein Erdbeben sorgte dafür, dass sie freikamen. Daraufhin predigten sie mitten in der Nacht einem ganzen Haushalt das Evangelium, was dazu führte, dass sich alle Anwesenden zu Christus bekehrten. Man sollte meinen, das sei genug Arbeit für eine Nacht. Aber Paulus beschloss die Nacht erst, als sie alle getauft waren.

> *Sie aber sprachen: Glaube an den Herrn Jesus Christus, so wirst du gerettet werden, du und dein Haus! Und sie sagten ihm das Wort des Herrn und allen, die in seinem Haus waren. Und er nahm sie zu sich in jener Stunde der Nacht und wusch ihnen die Striemen; und er ließ sich auf der Stelle taufen, er und all die Seinen. — Apostelgeschichte 16,31–33*

Ich habe das Thema Taufe deshalb so ausführlich behandelt, weil ich zeigen wollte, dass sie für die frühe Gemeinde ganz offensichtlich kein nebensächlicher Vorgang war, nicht etwas, das ein- oder zweimal im Jahr stattfand, vielmehr war sie der Initiationsritus zur Aufnahme in den neuen Bund. Die Beschneidung war der Initiationsritus des alten Bundes und die Wassertaufe ist die Entsprechung dieses Ritus im neuen Bund.

In ihm seid ihr auch beschnitten mit einer Beschneidung, die nicht von Menschenhand geschehen ist, durch das Ablegen des fleischlichen Leibes der Sünden, in der Beschneidung des Christus, da ihr mit ihm begraben seid in der Taufe. In ihm seid ihr auch mitauferweckt worden durch den Glauben an die Kraftwirkung Gottes, der ihn aus den Toten auferweckt hat. Er hat auch euch, die ihr tot wart in den Übertretungen und dem unbeschnittenen Zustand eures Fleisches, mit ihm lebendig gemacht, indem er euch alle Übertretungen vergab.
— Kolosser 2,11–13

Die *Amplified Bible* gibt Vers 12 folgendermaßen wieder: »[So wurdet ihr beschnitten, als] ihr mit ihm begraben wurdet in [eurer] Taufe …«

Die *Message*-Bibel drückt sich bei der Wiedergabe dieses Verses sehr klar aus:

Wenn es euch um ein Initiationsritual geht, habt ihr es bereits hinter euch, indem ihr euch der Taufe unterzogen habt.
Das Untertauchen war ein Begräbnis eures alten Lebens;
das Heraussteigen aus dem Wasser war eine Auferstehung,
wobei Gott euch von den Toten auferweckt hat, wie er es bei Christus getan hat.

Glaube kann nicht nur eine Sache des Verstandes sein; es gibt vieles, was wir in unserem Verstand für wahr halten, ohne uns jemals darauf einzulassen. Jeder von uns besteht aus mehr als nur dem Verstand, und der Glaube muss die ganze Person einschließen. Mit dem Glauben können intensive Gefühle verbunden sein, aber er ist weit mehr als nur ein Gefühl; es kann nämlich durchaus sein, dass wir in einer emotionsgeladenen Veranstaltung überwältigende Gefühle haben, aber am nächsten Morgen wieder so leben, als sei nichts geschehen.

Glaube bedeutet, dass man mit seiner ganzen Person in Christus und dem, was er für uns vollbracht hat, zur Ruhe kommt; das muss Geist, Verstand, Emotionen und Körper umfassen. Unsere Herrlichkeit als Menschen, die nach Gottes Ebenbild geschaffen wurden, besteht darin, dass wir Geister sind, die mit dem Staub der Erde verbunden sind und in diesem und durch diesen wirken. Wir sind mehr als unsichtbare Geister; unser Glaube und unser Gehorsam bedürfen eines Ausdrucks, der über das Mentale oder Verbale hinausgeht. Das erste Paar sündigte durch eine physische Handlung, indem es von dem verbotenen Baum aß. Obwohl die Sünde zunächst ein geistiger Akt war, kam sie erst zur Vollendung, als der ganze Mensch durch sein physisches Handeln involviert war. Glaube muss einen körperlichen Ausdruck haben, sonst werden die damit verbundenen geistigen Vorgänge oder die Gefühle des Augenblicks zu einer flüchtigen fernen Erinnerung.

Der moderne Christ ist sich dessen zwar bewusst, hat aber sonderbarerweise der Taufe als Ausdruck des Glaubens an Christus ihre Wichtigkeit genommen und sie durch andere physische Handlungen ersetzt. Um zu zeigen, dass sie Christus annehmen, werden die Menschen aufgefordert, ihre Hand zu heben, im Gottesdienst nach vorne zu kommen oder dem Evangelisten einfach in die Augen zu sehen, um ihre Bereitschaft zu signalisieren. Kinder und Jugendliche in Sommercamps werden oft aufgefordert, einen Stock ins Lagerfeuer zu werfen.

All diese Handlungen sind der Versuch, unseren physischen Körper in unseren Glauben einzubeziehen. Warum nicht einfach tun, was Jesus befohlen hat? Warum neue, sonderbare Methoden erfinden? Diese verschiedenen Ersatzhandlungen für die Taufe fokussieren sich jedoch auf die Annahme der Errettung durch den

Menschen. Mit dem Heben der Hand und ähnlichen Reaktionen wird die Betonung ganz auf die menschliche Entscheidung gelegt, das von Gott Getane anzunehmen, eine Art Vertrauensvotum für Jesus und die mit ihm verbundene Errettung. Man signalisiert Gott und den Mitgläubigen auf immer seltsamere Arten: »Ich auch – ich habe ihn auch angenommen.«

Aber bei der Taufe sind wir passiv; sie ist etwas, dem wir uns hingeben; sie ist ein Ritus, der von einem anderen an uns vollzogen wird. Sie ist das dynamische Handeln des Glaubens, durch das wir uns dem Heiligen Geist vorbehaltlos und ohne eigenes Zutun ausliefern, um von Gott durch das Kreuz und die Auferstehung des Herrn Jesus angenommen zu werden.

Schon ein flüchtiges Lesen des Neuen Testaments zeigt, dass die Taufe für die frühe Gemeinde viel mehr war als das Symbol, mit dem man Gott und den Menschen mitteilte, dass man Christus angenommen hatte. In der Taufe geschieht etwas. Sie ist ein Symbol, aber ein Symbol, durch das der Geist uns tatsächlich vermittelt, was der Ritus symbolisiert. Bei der Taufe nimmt der Geist uns in Besitz und erklärt, dass wir in den Bund aufgenommen und mit Christus vereint sind; er sagt: »Dieser Mensch gehört mir!«

Das Neue Testament beschreibt die Taufe sowohl als eine im Wasser vollzogene Handlung als auch als ein Wirken des Geistes, der den Gläubigen mit dem Werk Christi verbindet. Wir kommen zur Taufe als dem Tor zum Tod Christi, damit wir durch das Wirken des Geistes mit dem lebendigen Christus vereint auferstehen können.

Achte auf den Wortlaut des Verses, den wir oben besprochen haben:

... durch das Ablegen des fleischlichen Leibes der Sünden, in der Beschneidung des Christus, da ihr mit ihm begraben

seid in der Taufe. In ihm seid ihr auch mitauferweckt worden durch den Glauben an die Kraftwirkung Gottes, der ihn aus den Toten auferweckt hat. — Kolosser 2,11–12

Die Taufe war das Ereignis, bei dem der Bekehrte Glauben an das Wirken Gottes freisetzte und die Auferstehung mit Christus erlebte. Dies wird in Römer 6 weiter ausgeführt.

Oder wisst ihr nicht, dass wir alle, die wir in Christus Jesus hinein getauft sind, in seinen Tod getauft sind? Wir sind also mit ihm begraben worden durch die Taufe in den Tod, damit, gleichwie Christus durch die Herrlichkeit des Vaters aus den Toten auferweckt worden ist, so auch wir in einem neuen Leben wandeln. — Römer 6,3–4

Paulus bezeugte, wie Ananias ihm nach seiner Begegnung mit Jesus auf der Straße nach Damaskus mit den Worten diente: »Und nun, was zögerst du? Steh auf und lass dich taufen, und lass deine Sünden abwaschen, indem du den Namen des Herrn anrufst!« (Apg 22,16).

Wir wissen, dass Wasser keine Sünden abwaschen kann. Was meinte Ananias also mit der Aufforderung »Lass dich taufen und deine Sünden abwaschen«? Wasser besitzt keine magischen Kräfte! Ohne den Glauben und das Wirken des Geistes kommt nichts dabei heraus – außer vielleicht ein unnötiges Vollbad. Aber für den Glauben ist die Taufe das physische Tor zum Bund, durch das wir in der Kraft des Geistes hindurchgehen. Alles, was in der Taufe physisch geschieht, vollzieht sich durch den Geist auch auf der tiefsten Ebene unseres Wesens.

Vor vielen Jahren war ich Pastor einer Gemeinde in New York. Eines Tages schlüpfte ein junger Mann in eine der hinteren

Kirchenbänke. Später fand ich heraus, dass er Joey hieß und drogenabhängig war. Sein Leben bestand aus Kleindiebstählen, dem Verkauf von Drogen und dem ständigen Konsum von Rauschmitteln. Seine Welt spielte sich in einer Clique junger Männer und Frauen ab, deren Lebensinhalt von früh morgens bis spät in die Nacht einzig und allein darin bestand, high zu werden. Er kam Woche für Woche wieder und lauschte eifrig der Verkündigung des Evangeliums.

Wir hatten fast jeden Sonntag einen Taufgottesdienst; und nachdem er das Evangelium eine Zeit lang gehört hatte und durch den Geist zum Glauben an Christus erweckt worden war, bat Joey um die Taufe. Er verschickte Einladungen an seine Familie und an die Menschen, die seine Welt ausmachten, mit dem schlichten Text: »Ihr seid zu Joeys Begräbnis und Auferstehung am Sonntagabend eingeladen.« Sie kamen, neugierig und verwirrt. Joey stand am Taufbecken und wandte sich an seine fassungslose Familie und seine Freunde mit den Worten: »Lebt wohl, ich verlasse die Welt, die wir alle kennen, für das wahre Leben in Jesus. Ihr werdet mich noch sehen, und wir werden uns unterhalten, und ich hoffe, dass ich weiterhin euer Freund sein darf. Aber der Joey, den ihr gekannt habt, ist gestorben und wird in wenigen Minuten begraben werden; der Mann, mit dem ihr danach sprechen werdet, ist jemand, der von den Toten auferstanden ist und zum ersten Mal in seinem Leben wirklich lebt! Und da er nun tot ist, wird Joey keine Drogen mehr verkaufen und sich nicht mehr mit euch gemeinsam einen Schuss setzen oder sich auf Partys blicken lassen.«

Er lief weiter durch die Straßen von Brooklyn, sah die alten Treffpunkte und Freunde, aber obwohl er in der Welt war, so war er doch nicht mehr von ihr. Er war ein Mensch, der mit Christus vereint worden war; er war von seinem eigenen Begräbnis nach

Hause zurückgekehrt, um die Welt und das ganze Leben mit den Augen eines Auferstandenen zu sehen.

Wenn wir dem Taufwasser entsteigen, verkündet uns der Vater ebenso sicher, wie er es Jesus gegenüber getan hat: »Dies ist mein geliebter Sohn, an dem ich große Freude habe.« Der Geist, der auf ihn gekommen ist, kam um unseretwillen auf ihn; und wenn wir in die Familie Gottes aufgenommen werden, kommt der Geist und umfängt uns mit Gottes liebenden Armen.

Wir werden Gottes Leben, seines ewigen Lebens, teilhaftig. Das göttliche Leben wird aus Gnade zu unserem Menschsein hinzugefügt; wir werden wiedergeboren, und unser Leben beginnt ganz neu auf einer völlig anderen Ebene. Wir werden aus dem Herrschaftsbereich der Lüge und der Finsternis herausgeführt, um in der neuen Schöpfung, die auf dem neuen Bund in Jesus gründet, zu Hause zu sein.

> *Sagt Dank dem Vater, der euch tüchtig gemacht hat zu dem Erbteil der Heiligen im Licht. Er hat uns errettet aus der Macht der Finsternis und hat uns versetzt in das Reich seines geliebten Sohnes, in dem wir die Erlösung haben, nämlich die Vergebung der Sünden. — Kolosser 1,12–15 LUT*

Was ist mit dem Menschen, der nicht getauft ist? Ich glaube, die Bibel zeigt deutlich, dass der vom Geist belebte Ritus am Anfang unserer Errettung steht. Diejenigen, die jedes Mal, wenn ein Evangelist in der Stadt Halt macht, hinmarschieren, um »gerettet« zu werden, versuchen oft nur, einem schemenhaften Glauben, der sich in vagen Gedanken und flüchtigen Gefühlen erschöpft, Substanz zu geben. Die Taufe hingegen bindet den ganzen Menschen in diesen Glaubensakt mit ein, bei dem wir uns Gott und seinem in Christus für uns vollbrachten Werk überlassen, während der

Geist uns in Christus und den neuen Bund hineinführt. Für diejenigen, die nicht getauft sind, gilt also, was Ananias zu Paulus sagte: »Mach dich auf und lass dich taufen!«

Ist ein Mensch gerettet, wenn er nicht getauft ist? Fragen wie diese verkehren die Gnade Gottes in Gesetz. Es ist eine sinnlose Frage, die jedem Pharisäer gefallen hätte! Gott hat es angeordnet, also tu es, und hör auf, darüber zu diskutieren, wie viele Engel auf einen Stecknadelkopf passen.

Als ich den neuen Bund in meiner Gemeinde in Brooklyn zu lehren begann, kamen einige der älteren Gemeindeglieder und fragten: »Als ich getauft wurde, wusste ich von all dem nichts! Muss ich mich jetzt noch einmal taufen lassen?« Darauf antwortete ich stets: »Nein, denn bei der Taufe geht es um das Wirken des Heiligen Geistes, der dich mit Christus vereint; es kommt nicht darauf an, dass du eine angemessene Glaubenshandlung vollziehst, damit etwas geschieht. Verstehst du heute das Geheimnis des Bundes, wonach du in Christus bist und er in dir ist? Dann danke Gott, dass er dich angenommen und gesagt hat: ›Dieser Mensch gehört zu mir!‹«

Wir müssen nicht jedes Mal neu getauft werden, sobald wir das Wesen unserer Errettung klarer sehen, sondern wir danken Gott demütig für das, was er getan hat, obwohl wir es damals nicht verstanden haben. Unser ganzes Heil hängt von ihm ab, nicht von einem klaren Verständnis, sonst wäre keiner von uns errettet! Wir müssen keine Prüfungen in den Gesetzen der Elektrizität bestehen, um das Licht einschalten zu dürfen, und wir müssen nicht verstehen, wie Gott vorgeht, um zu wissen, dass wir in Christus sind und er in uns ist.

KAPITEL 11

Das Bundesmahl

In Jesus Christus ist das Geheimnis Gottes, sein Wesen der Liebe zu anderen, gekommen und hat in uns Wohnung genommen. Damit hat er uns eine neue Welt eröffnet, die allem, was wir bisher kannten, wesensfremd ist. Eine Welt, in der nicht Egoismus, Stolz, Gier, Neid, Gewalt und Hass herrschen, sondern die von seiner allmächtigen Liebe verschlungen wird, die sich für den anderen hingibt.

In dieser Gottesliebe hat die Existenz einen Sinn erhalten, und die Süchte und privaten Höllen, die sich Männer und Frauen geschaffen haben, weil sie den Sinn in der Schöpfung und dem Geschaffenen zu finden suchten, werden aufgegeben. Jesus ist in die Tiefen des Todes und der Hölle hinabgestiegen und in der Auferstehung aus beidem herausgekommen und hat uns mit sich hinausgebracht; in ihm existiert ein neues Menschengeschlecht, in dem alle Dinge möglich und machbar sind.

Mit ihm vereint zu sein bedeutet, wiedergeboren zu sein, Teil dieses neuen Menschengeschlechts zu sein, lebendig durch dieses ewige Leben, ein Teilhaber an dieser allmächtigen Liebe. Der Zustand, in dem wir waren, verfolgt uns immer noch, und die Welt, der wir einst angehörten, ist überall um uns herum; aber in ihm sind wir zur letztendlichen Wirklichkeit gelangt. Die Wirklichkeit, die in ihm ist, lässt das alte Leben und unser altes Ich als das erkennen, was es war: ein Schatten des wahren Lebens, wandelnde Tote, die das Reich der Finsternis bewohnen.

Der Geist hat uns in eine neue Gruppe von Menschen versetzt, als wir zu Christus kamen, eine Gruppe, die aus Männern und Frauen besteht, die alle glauben, dass er die endgültige Wirklichkeit ist. Diese Gruppe von Menschen glaubt, dass die Welt, der sie einst angehörten, erschöpft ist und im Begriff ist zu vergehen, dass seine Liebe stärker ist als Egoismus und Gleichgültigkeit, dass sein Leben den Tod verschlungen hat und dass seine Liebe durch uns die Erde erfüllen wird.

Wir versammeln uns mit unserem Volk – dieser Schar von Menschen, die einst verloren waren und nun gefunden, versöhnt und erneuert sind und bei dem Gedanken an seine Liebe unbändige Freude empfinden –, um ihn anzubeten und ihm zu danken. Wenn wir uns versammeln und gegenseitig ermutigen, ist der Geist gegenwärtig, der uns in der Wirklichkeit verankert und dafür sorgt, dass die Unwirklichkeit zunehmend als das erkannt wird, was sie ist.

Im Mittelpunkt dieser Anbetung steht das Bundesmahl, bei dem wir mit dem ewigen Gott zusammenkommen, an seinem Leben teilhaben, das den Tod besiegt hat, in seine Liebe eingehüllt werden und an den Verheißungen des Bundes teilhaben. Es ist unter vielen Namen bekannt: Heiliges Abendmahl, Eucharistie (oder großes Dankgebet), Abendmahl des Herrn oder heilige Messe.

Tragischerweise wurde dieses Mahl im Laufe der Jahrhunderte zum Schlachtfeld der Gläubigen; für viele ist es die am meisten missverstandene Praxis des christlichen Glaubens. In vielen Kirchen, die durch attraktive und unterhaltsame Programme die Massen anziehen wollen, ist es an den Rand gedrängt und nahezu vergessen worden. In Gesprächen mit vielen charismatischen und evangelikalen Pastoren habe ich festgestellt, dass diese nicht wissen, was sie mit dem Mahl anfangen sollen. Sie wissen zwar intuitiv, dass es wichtig ist und sie es nicht einfach abschaffen können;

aber sie wissen nicht, was es bedeutet oder wo es hingehört, sodass es zu einem unangenehmen Beiwerk des Kirchenprogramms wird.

Dieses Mahl ist das Herzstück des Bundes; wird es missverstanden, hat das Auswirkungen auf das gesamte Christenleben. Betrachten wir deshalb einmal dieses Mahl aus der Sicht des Bundes.

Schon bei oberflächlicher Beschäftigung mit den Schriften der Apostel und Kirchenväter der ersten Jahrhunderte der Kirchengeschichte wird schnell klar, dass sie dem Mahl eine herausragende Bedeutung beimaßen. Die Märtyrer und Helden der ersten drei Jahrhunderte betrachteten das Abendmahl als zentralen Bestandteil ihres Gottesdienstes und des Lebens der christlichen Gemeinschaft.

Bundesmahle in der Bibel

Am Ende eines jeden Bundesschlusses stand ein Mahl, mit dem erklärt wurde, dass der Bund gültig war und nun im Leben der Bündnispartner zum Tragen kam. Das Mahl veranschaulichte den Bund, indem die beiden Repräsentanten vom selben Brot aßen und vom selben Wein tranken, um der Welt zu zeigen, dass sie eins waren (2Mo 26,28–31; 31,44–46).

Der Bund, den Gott mit Abraham geschlossen hatte, kam mit einem Bundesmahl zum Tragen, bei dem Abraham das Kalb schlachtete und Sarah ihre Brotfladen backte; der Herr, in Menschengestalt, sowie zwei Engel aßen und tranken vom Mahl, das Abraham und Sarah bereitet hatten (1Mo 18,6–8). Dieses Mahl gab das Signal, dass sich die vor langer Zeit gegebene Verheißung des Bundes erfüllen würde und die hochbetagte Sarah ihren Wunder-Sohn bekommen würde.

Die Israeliten wurden in Erfüllung einer der Verheißungen des mit Abraham geschlossenen Bundes aus Ägypten und der Sklaverei befreit, aber diese Befreiung war in Wirklichkeit ein kleiner Bund, der seinen Ausgangspunkt im Passahmahl hatte (2Mo 12). Die Tür eines jeden Hauses war mit dem Blut des Lammes bestrichen worden, das sie gleich essen würden. Indem sie durch die mit Blut bestrichene Tür traten, erklärten sie, dass sie mit Gott im Bund standen und vor dem Gericht, das über Ägypten hereinbrechen sollte, von ihm beschützt wurden; indem sie das Lamm aßen, wurden sie eins mit dem Bündnisopfer. Ihr Auszug aus Ägypten und ihre Ernennung zum Volk Gottes vollzog sich in einem Bundesmahl.

Der am Sinai geschlossene Bund, den wir heute den alten Bund nennen und der in 2. Mose 24 festgehalten ist, trat in Kraft, als das Bundesmahl mit Gott eingenommen wurde. In den Versen 9–11 dieses Kapitels heißt es: »Da stiegen Mose und Aaron, Nadab und Abihu und 70 von den Ältesten Israels hinauf; und sie sahen den Gott Israels; … Und sie schauten Gott und aßen und tranken.«

Gott und Mensch setzten sich zusammen und aßen gemeinsam! So wurde der alte Bund geschlossen, und wir als solche, die dem neuen und besseren Bund angehören, müssen etwas noch viel Herrlicheres erwarten.

Am Vorabend seines Todes oder – wenn wir die jüdische Tageszählweise verwenden – am selben Tag, an dem er litt und starb, setzte Jesus das Bundesmahl des neuen Bundes ein.

Und er nahm das Brot, dankte, brach es, gab es ihnen und sprach: Das ist mein Leib, der für euch gegeben wird; das tut zu meinem Gedächtnis! Desgleichen [nahm er] auch den Kelch nach dem Mahl und sprach: Dieser Kelch ist der neue Bund in meinem Blut, das für euch vergossen wird.
— Lukas 22,19–20

Wie wir bereits gesehen haben, ist der Ausdruck »neuer Bund in meinem Blut« besser als »neuer Bund, *ratifiziert* oder *bestätigt* in meinem Blut« zu verstehen. Es war ein Mahl, mit dem das Zustandekommen des neuen Bundes mit all seinen Verheißungen bekundet wurde.

Das Mahl der Gemeinschaft

Im ersten Moment klingt die Aufforderung, Brot zu essen und Wein zu trinken, um sich an den Herrn zu erinnern, seltsam in unseren Ohren. Es klingt nicht nach einer geistlichen Aktivität; es ist zu körperlich und hat nichts mit unseren Vorstellungen davon zu tun, was man tun sollte, um sich an ihn zu erinnern und ihm nahe zu sein. Das Gedenken an ihn wird von vielen als geistliches oder gedankliches Streben verstanden und sollte daher am besten im Rahmen eines Bibelstudiums, einer Versammlung, in der das Christenleben vertiefend erläutert wird, oder zumindest in einem Gebetstreffen erfolgen. Wie passt da ein Tisch mit einem weißen Tuch, ein Kelch mit Wein und ein Stück Brot hinein?

Und doch sagte Jesus, dass wir uns durch das Essen von Brot und dem Trinken von Wein an ihn erinnern würden; wie es die Jünger beim Mahl in Emmaus erleben sollten, denen er sich durch das Brechen des Brotes zu erkennen geben würde.

Mahlzeiten haben in allen Kulturen eine enorme Bedeutung, weniger in den westlichen Kulturen, aber dennoch. Wir begehen jedes bedeutende Ereignis in unserem Leben mit einer Mahlzeit. Jahrestage, Hochzeiten und Geburtstage werden mit einem gemeinsamen Essen gefeiert. Bei einem Essen werden mehr Geschäftsabschlüsse getätigt und Verträge unterzeichnet als in jedem

Büro. Mit großer Wahrscheinlichkeit waren viele der Dates mit deinem Ehepartner in irgendeiner Form mit Essen verbunden.

Ich weiß noch, wie es war, als ich in Brooklyn unter Italienern gelebt habe. Diese Leute ließen es nie zu, dass eine Arbeit abgeschlossen wurde, ohne gemeinsam mit dem jeweiligen Handwerker, ob Schreiner, Elektriker oder Maler, ein kleines Glas Wein und irgendeine Speise genossen zu haben. Das war die Art und Weise, wie sie eine Arbeit für beendet und alle Parteien für zufrieden erklärten.

In Afrika habe ich mit Oberhäuptlingen zusammengesessen und mit ihnen gegessen, weil ich wusste, dass wir durch das Stück Brot, das wir miteinander teilten, in einer starken Bruderschaft verbunden würden. Der Häuptling würde seine ganze Macht einsetzen, um mich zu beschützen und mir sicheres Geleit in seinem Stammesgebiet zu geben. Mir in irgendeiner Weise Schaden zuzufügen, hieße für den Verursacher, dem Häuptling den Krieg zu erklären!

Jesus, als Gott in Menschengestalt, war bekannt dafür, dass er gerne aß und trank: bei der Hochzeit zu Kana, bei der Speisung der Menschenmengen und natürlich bei seinen Mahlzeiten mit Zöllnern und Sündern, was die Pharisäer entsetzte – viele solcher Beispiele füllen die Seiten der Evangelien. Als er der Frau aus Samaria begegnete, bat er sie um einen Schluck Wasser; und seine Evangelisierungsmethode gegenüber Zachäus bestand darin, dass er ihm ankündigte, sie würden gemeinsam zu Abend essen. Als er von den Toten auferstanden war, sprach er zuerst mit den versammelten Jüngern und fragte sie, ob sie etwas zu essen hätten; dann aß er Brot und Fisch vor ihren staunenden Augen. Er erwartete sie in Galiläa und bereitete ihnen ein Frühstück mit Fisch über einem offenen Feuer.

Petrus führte das gemeinsame Essen und Trinken mit ihm als einen der Beweise für die Auferstehung an: »… den von Gott vorherbestimmten Zeugen: uns, die wir mit ihm nach seiner Auferstehung von den Toten gegessen und getrunken haben« (Apg 10,41).

Die Gleichnisse Jesu sind voll von Verweisen auf Essen und Festmahle – vor allem die Gleichnisse in Lukas 15. In jedem Gleichnis dieses Kapitels geht es um die überschwängliche Freude darüber, dass das Verlorene gefunden wurde; als Jesus dann aber von der Rückkehr des verlorenen Sohnes erzählt, nimmt die Freude darüber eine neue Dimension an: Ein gemästetes Kalb wird geschlachtet und gegessen, und es gibt Musik und Tanz.

> *Und bringt das gemästete Kalb her und schlachtet es; und lasst uns essen und fröhlich sein! Denn dieser mein Sohn war tot und ist wieder lebendig geworden; und er war verloren und ist wiedergefunden worden. Und sie fingen an, fröhlich zu sein. … Du solltest aber fröhlich sein und dich freuen; denn dieser dein Bruder war tot und ist wieder lebendig geworden, und er war verloren und ist wiedergefunden worden! — Lukas 15,23–24.32*

In einigen Übersetzungen wie etwa der *King James Bibel* sagt der Vater dem älteren Bruder, dass es »richtig« sei, anlässlich der Heimkehr seines Bruders ein solches Fest mit Musik und Tanz zu veranstalten. Das griechische Wort kann auch so verstanden werden, dass es »der Natur der Sache nach notwendig ist«. Die Aufnahme des Sohnes in die Familie erforderte ein gemeinsames Mahl; er konnte nicht einfach mit einem Lächeln, einem Händedruck und einem Käsebrot willkommen geheißen werden!

Solche Hinweise auf das Bundesmahl finden sich auch in den alttestamentlichen Schriften. Psalm 90,14 macht ohne ein

Bundesmahl, bei dem der Teilnehmende an Gott selbst teilhat, wenig Sinn: »Sättige uns früh mit deiner Gnade, so wollen wir jubeln und fröhlich sein unser Leben lang.« Mit dem Wort »sättigen« ist gemeint, dass man sich satt isst, dass man voll ist, dass man von einer Mahlzeit bis hin zur Überfülle gesättigt ist. Das Wort »Gnade« ist die Übersetzung des Bündniswortes *chäsäd*, das für Bündnisliebe, liebende Güte oder unerschütterliche Liebe steht. Der Psalmist sehnte sich nach einem Festmahl, bei dem die Speise aus der Bündnisliebe Gottes bestand. Auch wenn dies im Dämmerlicht des Alten Testaments verhüllt liegt, so ist es doch ein Vorgriff auf den Tag, an dem das Bundesvolk genau das beim Abendmahl erleben würde.

Psalm 23 wird auf der ganzen Welt zitiert, aber nur wenige wissen, dass darin ein kurzer Hinweis auf das Bundesmahl versteckt ist.

Du bereitest vor mir einen Tisch angesichts meiner Feinde;
du hast mein Haupt mit Öl gesalbt, mein Becher fließt über.
Nur Güte und Gnade werden mir folgen mein Leben lang,
und ich werde bleiben im Haus des HERRN immerdar.
— Psalm 23,5–6

Ist es dir nie seltsam vorgekommen, dass die Krönung des Psalms darin besteht, dass David mit seinem göttlichen Hirten isst? Der Psalm erreicht seinen Höhepunkt, wenn Gott und Mensch ein heiliges Siegesmahl einnehmen, denn die Feinde schauen zu, sind aber besiegt und trauen sich nicht, in Anwesenheit des Hirten anzugreifen. Davids Haupt wird mit Öl gesalbt, was immer ein Symbol für das Kommen des Heiligen Geistes auf uns ist, und der Kelch des mit dem Bund einhergehenden Segens fließt über. Der letzte Vers beschreibt, wie Güte und Gnade ihm folgen, und wieder ist da das Wort *chäsäd*, die unerschütterliche Liebe des Bundes.

Was auf den ersten Blick befremdlich klingt, passt in Wirklichkeit perfekt zur menschlich-göttlichen Gemeinschaft. Der Bund verlangt mehr als einen persönlichen inneren Glauben; wir feiern unsere Verbundenheit mit Gott mit unserer ganzen Person und dazu gehört ein Mahl, wie bei jedem anderen Bund auch. Das Mahl passt zu unserem Wesen als Menschen. Brot und Wein bilden eine Tür zwischen zwei Welten, einen Kontaktpunkt zur geistigen Welt. Wir sind nicht nur Geist, sondern Geister, die in und durch einen physischen Körper existieren; das Mahl ist der Punkt, an dem nicht nur unser Geist, sondern auch unser physisches Wesen mit seinem Geist zusammentrifft, gerade so, wie der Geist durch physisches Brot und Wein zu uns kommt.

Zur Erinnerung an mich

Um das Mahl zu verstehen, müssen wir das Wort »Erinnerung« verstehen. Als junger Gläubiger rang ich mit der Frage, wie wir dies »zur Erinnerung« an ihn tun sollten, obwohl wir doch vor zweitausend Jahren gar nicht zugegen waren. Erinnern bedeutet ja, über ein Ereignis in der Vergangenheit nachzudenken und es wieder aufleben zu lassen. Ich verstand nicht, wie wir über die Ereignisse seines Todes und seiner Auferstehung nachdenken und sie wieder aufleben lassen konnten, wenn wir nicht dabei gewesen waren. Das wäre so, als würde jemand sagen: »Erinnerst du dich an unseren Urlaub in Hongkong?«, obwohl ich nicht mit dieser Person zusammen war, als sie Jahre vor meiner Geburt nach Hongkong gereist ist! Bei einer solchen Frage würde ich mich fragen, ob die Person womöglich dement ist.

Für mich ergab es nur einen Sinn, wenn ich das Wort »erinnern« durch »vorstellen« ersetzte. Da es unmöglich war, sich zu erinnern, blieb mir nur die Möglichkeit, mir vorzustellen, wie sein Leiden und Sterben abgelaufen sein muss. Aber ich wusste, dass das nicht die Antwort war, und so blieb ich weiter verwirrt und frustriert.

Das Wort »erinnern« hatte für die Menschen des Alten und des Neuen Testaments eine völlig andere Bedeutung als für uns Menschen der westlichen Welt im 21. Jahrhundert. Bis zu einem gewissen Grad bedeutete das Wort für sie dasselbe wie für uns, nämlich »sich erinnern«. Der große Unterschied in seiner Bedeutung liegt in der Art und Weise, wie dieses Erinnern erreicht wird, also welche Art von Aktivität beim Gebrauch des Wortes vorausgesetzt wird.

Im Westen beschreibt »erinnern« eine geistige Aktivität, ein Erinnern an ein Ereignis mit dem Verstand, das Nachdenken über ein vergangenes Ereignis. Es beschreibt die geistige Übung, sich durch die Spinnweben des Gedächtnisses zu tasten, um die Einzelheiten des Urlaubs in Hongkong wieder zusammenzufügen, vorausgesetzt, man war dort. Wenn es das ist, was das Wort für Jesus und die Jünger bedeutet, die mit ihm am Tisch saßen, dann war das Mahl bestenfalls ein (ziemlich merkwürdiges) Hilfsmittel, um ihre andächtige Vorstellungskraft in die Gänge zu bringen. Denn seine Worte konnten nur von den um den Tisch versammelten Männern wirklich befolgt werden, weil sie die Einzigen waren, die sich zu einem späteren Zeitpunkt überhaupt zurückversetzen und erinnern konnten.

Für die Griechen und Hebräer des ersten Jahrhunderts bedeutete »erinnern« jedoch etwas völlig anderes. Erstens war es nicht nur eine geistige Aktivität, ein »Nachdenken« über ein vergangenes Ereignis, sondern eine Aktivität der ganzen Person – Geist, Verstand, Gefühl und Körper. Zweitens bedeutete es, das vergangene Ereignis nicht nur zu erinnern, sondern es auch erneut zu erleben. Sich zu erinnern bedeutete, das vergangene Ereignis neu zu erschaffen, es in die Gegenwart zu bringen, indem man es wiederholte und dabei Rituale und Symbole benutzte. Drittens bedeutete Erinnern, dass die sich erinnernden Personen sich mit allen Macht- und Kraftwirkungen des ursprünglichen Ereignisses völlig identifizierten und daran teilhatten.[23] Jedes Jahr »erinnerte« sich das Volk Gottes im Alten Testament auf genau diese Weise an die Befreiung aus Ägypten, indem es sie beim Passahfestmahl nachstellte.

Dieses Erinnern war wie eine Brücke im Zeitgefüge, über die sich die Vergangenheit quasi in die Gegenwart holen ließ, fast wie eine Art Zeitschleife. Es war ein auf dramatische Weise ausgelebtes »Du bist dabei«, sodass man, auch wenn man bei dem ursprünglichen Ereignis nicht dabei gewesen war, nun unmittelbar damit in Berührung kam und daran teilhatte. Im Vordergrund stand das erneute Vollziehen des vergangenen Ereignisses, nicht das bloße Nachdenken darüber. So lassen sich auch Jesu Worte – »Tut dies zu meiner Erinnerung« – erklären; es ging nicht darum, an ihn und diesen Moment einfach nur zu denken.

Ich werde versuchen, es in einer verständlichen Definition zusammenzufassen: Erinnern ist niemals als ein Nachdenken über die Vergangenheit zu verstehen. Es bedeutet immer aktive Teilhabe an der historischen Realität der Vergangenheit, indem man sie neu aufleben lässt und dabei die in dieser Vergangenheit freigesetzten Kräfte so greifbar macht, dass sie den gegenwärtigen Moment gestalten.

Diese Definition von »erinnern« bedeutet, dass wir bei der Feier des Abendmahls nicht auf das Kreuz und das leere Grab zurückblicken. Bei diesem Erinnern wird sein vollbrachtes Werk in die Gegenwart geholt, so wie er in seiner Herrlichkeit in einzigartiger Weise hier ist und in diesem Ritus bei uns weilt. Wir empfangen im gegenwärtigen Moment alle Auswirkungen des Bundes; wir freuen uns in diesem jetzigen Augenblick über unsere vollbrachte

Erlösung, darüber, dass die Last der Sünde und der Schuld von uns abgefallen ist und wir nun in Christus für gerecht erklärt sind. Wir freuen uns über unsere Befreiung aus dem Reich der Finsternis und über das ewige Leben, an dem wir teilhaben. Alle Bedingungen, Verheißungen und Segnungen des Bundes sind jetzt, in diesem Augenblick, hier und werden uns durch den Geist im Mahl des Gedenkens zuteil.

Vielleicht hilft es uns, die beiden Denkweisen zu verstehen, wenn wir eine Hochzeit als Beispiel nehmen. Wenn ich zu einem Ehepaar der westlichen Welt sagen würde: »Erinnern wir uns an eure Hochzeit«, wäre die Reaktion eine gedankliche Rekonstruktion des Ereignisses, ein Durchforsten der Erinnerungen nach der Gästeliste, dem Pfarrer, der die Zeremonie durchführte, den Ereignissen bei der anschließenden Feier und so weiter. Wenn ich das Gleiche zu einem Paar aus der Zeit des Neuen Testaments sagen würde, wäre die Antwort: »Machen wir es!« Das wäre die einzige Antwort, zu der sie imstande wären, denn Erinnern wäre für sie eine Sache des Tätigwerdens, nicht bloß des Denkens. Sie würden in die Synagoge zurückkehren, in der sie geheiratet haben, oder in eine ähnliche, und versuchen, den Rabbiner ausfindig zu machen, der sie getraut hat, und möglichst viele der Gäste einladen, die damals dabei waren. Wenn die ursprünglichen Gäste nicht verfügbar wären, könnten die jetzigen Freunde des Paares daran teilnehmen, da man bei dieser Art des Erinnerns nicht bei der ursprünglichen Veranstaltung dabei gewesen sein müsste; sie würde in Riten und mithilfe von symbolischen Mitteln nachgestellt werden. Natürlich würde das Paar nicht ein zweites Mal heiraten, aber das ursprüngliche Eheversprechen würde mit neuer Tiefe und gereifter Liebe erneuert werden; alle Kraft und Energie, die der ursprünglichen Hochzeit innewohnten, wären bei dieser Wiederholung und Erneuerung präsent.

Wir sehen also, was Jesus tatsächlich sagte: »Stellt dieses Mahl nach, vollzieht es erneut. In welcher Zeit ihr auch lebt, dieser Augenblick wird euch genau dort gegenwärtig sein; ihr werdet bei der Ratifizierung des neuen Bundes hier anwesend sein und mir, dem Vermittler des neuen Bundes, direkt gegenübertreten.«

Der Geist und das Erinnern

Wie kann das sein? Alle vier Evangelienschreiber berichten von den Ereignissen in der Nacht seines Leidens und Sterbens, einschließlich der Geschehnisse im Abendmahlssaal, jeder mit seinem eigenen einzigartigen Beitrag. Matthäus, Markus und Lukas erzählen von der Einsetzung des Mahls und Jesu Aufforderung, sich an ihn zu erinnern. Johannes erwähnt das Mahl nicht, berichtet aber von allem, was Jesus an jenem Abend sagte, als die Zwölf um ihn herum versammelt dasaßen, mit dem Mahl vor ihnen auf dem Tisch. Die ersten drei Evangelien berichten von seiner Aufforderung, uns mit dem Mahl an ihn zu erinnern, aber erst Johannes erklärt uns, wie ein solches Wunder zustande kommen würde:

> *Der Beistand aber, der Heilige Geist, den der Vater senden wird in meinem Namen, der wird euch alles lehren und euch an alles erinnern, was ich euch gesagt habe.*
> *— Johannes 14,26*

An alles »erinnern« – wieder dasselbe Wort, das Jesus benutzte, als er das Abendmahl einführte. Es ist der Heilige Geist, der das Erinnern an Jesus bewirkt. Das nimmt die ganze Angelegenheit aus unseren Händen und setzt den trübseligen, sinnlosen Anstrengungen unseres Verstandes, sich seine Leiden und seinen Tod vorzustellen, ein Ende. Dieser Vers versichert uns, dass der Heilige Geist das »Erinnern« bewirkt; wir decken den Tisch mit Brot und Wein, aber er ist es, der die Vergangenheit in unser Hier und Jetzt holt und bewirkt, dass wir unmittelbar in die Gegenwart des Herrn Jesus, dem Garanten des neuen Bundes, kommen.

Zu beachten ist auch, dass sich unser Erinnern nicht nur auf seine Leiden und seinen Tod beschränken soll. Er sagte: »... zur Erinnerung an mich« – dieses »mich« vereint ganze Ozeane der Herrlichkeit in sich, von seiner Menschwerdung bis zu seiner Erhöhung zur Rechten des Vaters, was natürlich seine Leiden und seinen Tod miteinschließt, aber eben aus der Perspektive der Herrlichkeit gesehen, die darauf folgte.

Ich glaube, dass Lukas absichtlich zwei Mahle festgehalten hat: das Mahl im Abendmahlssaal in der Nacht von Jesu Leiden und Tod, über das Matthäus, Markus und Lukas berichten, und dann das Mahl in Emmaus, das nur im Lukasevangelium vorkommt. Vergleiche die Beschreibung, die Lukas von den beiden Mahlen gibt; er verwendet genau die gleichen Worte, um das Handeln Jesu zu beschreiben.

> *Und er nahm das Brot, dankte, brach es, gab es ihnen und sprach: Das ist mein Leib, der für euch gegeben wird; das tut zu meinem Gedächtnis! Desgleichen [nahm er] auch den Kelch nach dem Mahl und sprach: Dieser Kelch ist der neue Bund in meinem Blut, das für euch vergossen wird.*
> *— Lukas 22,19–20*

Über das Mahl in Emmaus schreibt er:

Und es geschah, als er mit ihnen zu Tisch saß, nahm er das Brot, sprach den Segen, brach es und gab es ihnen.
— Lukas 24,30

In beiden Fällen nahm Jesus das Brot, dankte dafür bzw. sprach den Segen, brach es und gab es ihnen. Die Nacht, in der das Mahl eingeführt wurde, war überschattet von den enormen Kosten für die Inkraftsetzung des neuen Bundes: Jesu Leiden, Blutvergießen und Tod. Ganz anders das Mahl in Emmaus: Hier feierte der siegreiche Christus, der den Bund zustande gebracht hatte; er wurde ihnen durch das Brechen des Brotes offenbart, und das Herz der Jünger brannte und wurde von unaussprechlicher Freude erfüllt.

Und sie sprachen zueinander: Brannte nicht unser Herz in uns, als er mit uns redete auf dem Weg, und als er uns die Schriften öffnete? … Und sie selbst erzählten, was auf dem Weg geschehen war, und wie er von ihnen am Brotbrechen erkannt worden war. — Lukas 24,32.35

Wenn wir uns beim Feiern des Bundesmahls an ihn erinnern, sind alle diese Elemente präsent, denn wir sind unmittelbar in Gegenwart des Einen, der uns geliebt hat, der für uns gestorben ist, der auferstanden ist und der zum Ort höchster Herrlichkeit aufgestiegen ist.

Dies ist mein Leib, dies ist mein Blut

Die Gemeinde zur Zeit der Apostel hat sich nie über die Bedeutung des Brotes und des Weines gestritten, zu denen sie sich jede Woche versammelte. In allen Schriften des ersten Jahrhunderts wird das

Mahl durchweg als Teilhabe am Leib und am Blut Christi bezeichnet. Sie behandelten es als das große Geheimnis des Glaubens, das nicht erklärt werden kann, sondern durch anbetenden Glauben angenommen werden muss. Der Ärger begann, als Theologen Jahrhunderte später versuchten, das Geheimnis mit den Begriffen der damaligen Wissenschaft zu erklären. Sie holten den tanzenden Schmetterling aus der Luft, hefteten ihn auf ein Brett und sezierten ihn.

Wenn ich die Worte Jesu »Dies ist mein Leib ... dies ist mein Blut« betrachte, ist meine Herangehensweise nicht die eines Wissenschaftlers, der seziert und erklärt, sondern die eines Gläubigen, der auf das große Geheimnis blickt, das es im Glauben anzunehmen gilt.

Das Wort »Symbol« kommt aus dem Griechischen und bedeutet »zusammenbringen«.[24] Man bringt etwas aus der materiellen Welt mit abstrakten Vorstellungen zusammen, deren Erklärung Bände füllen würde. Wenn die nicht sichtbare Wahrheit mit dem sichtbaren Objekt zusammengefügt wird, kommt es beim Betrachten des Objekts zu einer Verbindung mit den nicht sichtbaren, damit einhergehenden Vorstellungen.

Wir nehmen ein Stück Metall, geformt zu einem Reif mit einem darin gefassten Edelstein und verbinden es mit Liebe, Hingabe und Treue. Wenn der junge Mann seiner zukünftigen Frau den Verlobungsring überreicht, ist sie von Freude überwältigt; wenn sie ihn bei der Arbeit trägt, weiß das ganze Büro, ohne dass auch nur ein Wort gesagt worden wäre, dass ein Versprechen gegeben und angenommen wurde. Wird nun jemand aufspringen und in dem Versuch, die Begeisterung zu dämpfen, rufen: »Bitte macht euch klar, dass dies nur ein Symbol ist; es bedeutet nichts; es ist nur ein Stück Metall, das zu einem Kreis geformt ist; also kriegt euch wieder ein.« Ganz sicher nicht! Im Laden, zusammen mit hundert anderen Ringen in der Vitrine liegend, bedeutete er nichts; aber er wurde ausgesondert, um ein außergewöhnlicher Ring zu werden, der die einzigartige Liebe und Hingabe eines Mannes gegenüber einer Frau zum Ausdruck bringt. Indem die junge Frau ihn annahm, um ihn zu tragen, empfing und erwiderte sie diese Liebe und Hingabe, womit sich ihr Leben für immer veränderte. Diese Art von Symbol zeigt nicht nur an, was es symbolisiert, sondern transportiert das, was es symbolisiert, auch tatsächlich.

Ein anderes Beispiel, das helfen kann, zu verstehen, sind die Geldscheine in deiner Brieftasche. Ich halte oft einen Dollarschein hoch und frage die Gemeinde, was ich in der Hand habe. Jedes Mal sagt dann jemand: »Einen Dollar«, und ich antworte: »Wie kann das sein? Ein Dollar ist eigentlich Edelmetall mit einem bestimmten Gewicht. Dies ist jedoch ein Stück Papier!« Meist herrscht ein wenig Verwirrung, und ich fahre dann fort: »Es ist ein Stück Papier; aber würde jemand es so nennen, wäre er ein Narr, denn es ist tatsächlich ein Dollar!« Dann erkläre ich, dass es sich zwar um ein Stück Papier handelt, das jedoch einen Dollar symbolisiert. Ein Symbol, das mit der nötigen Befugnis ausgestattet wurde, genau das zu übertragen, was es symbolisiert. Es wurde von rechtmäßiger Autorität aus allen anderen Arten von Papier ausgesondert, um ein außergewöhnliches Stück Papier zu werden, das für uns tatsächlich den Wert von Edelmetall darstellt und übermittelt.

Meine Beispiele sollen nur verdeutlichen, was ein Symbol ist, und sie sind weit von dem entfernt, worüber wir hier sprechen. Der Mann stattet einen Ring mit der Macht aus, seiner zukünftigen Ehefrau sein Liebesversprechen mitzuteilen und zu übermitteln, und die US-Regierung ermächtigt ein Stück Papier, den Wert eines Dollars zu übermitteln. Aber wovon wir hier sprechen, ist unendlich viel mehr als das. Wir sprechen davon, dass der Herr Jesus sich uns durch das Brot und den Wein selbst übermittelt, und an diesem Punkt versagen alle bildlichen Darstellungen bis zur völligen Nutzlosigkeit. Sie können nur auf den Weg weisen, der sich im Nebel des Geheimnisses verliert, dort, wo sich der Verstand beugt und der Geist anbetet.

Sieh dir an, wie die Gläubigen des Neuen Testaments das Mahl verstanden:

> *Der Kelch des Segens, den wir segnen, ist er nicht [die] Gemeinschaft des Blutes des Christus? Das Brot, das wir brechen, ist es nicht [die] Gemeinschaft des Leibes des Christus? — 1. Korinther 10,16*

Das Schlüsselwort in diesem Bibelvers ist »Gemeinschaft« und es bedeutet Vereinigung, Teilhabe an etwas, Gemeinschaft mit jemandem.[25] Er besagt, dass der Gläubige beim Essen und Trinken am Blut Christi teilhat, mit ihm eins wird und tiefverbundene Gemeinschaft mit ihm hat. Wir nehmen den Leib und das Blut Christi in uns auf. Der nächste Vers weist auf ihre Einheit als Leib Christi hin, und indem sie als solcher das Brot essen, nehmen sie das lebendige Brot – Christus selbst – zu sich.

Hier ist das große Geheimnis des neuen Bundes: Das Brot und der Wein werden von allen anderen Brotstücken und Weinbechern ausgesondert; der Geist macht sie zu außergewöhnlichen Elementen, durch die er das, was sie symbolisieren, nämlich den Leib und das Blut Christi, tatsächlich an uns weitergibt. Die gläubige Person isst von dem Brot und trinkt von dem Wein und hat so an Christus teil; sie hat Anteil an dem größten Geheimnis der Zeitalter – dass er im neuen Bund in uns ist und wir in ihm sind.

Unsere Probleme entstehen erst, wenn wir zu erklären versuchen, was genau geschieht und wie es geschieht. Für die frühe Gemeinde stellte sich diese Frage nicht, und daher kam es auch zu keiner Antwort. Wir essen und werden so mit dem Einen, der den Bund verkörpert, gespeist.

Jesus sprach dies in sehr deutlichen Worten an, die viele dazu veranlasste, sich von ihm abzuwenden, doch er ging dabei nie darauf ein, wie das überhaupt möglich sein sollte.

Jesus aber sprach zu ihnen: Ich bin das Brot des Lebens. Wer zu mir kommt, den wird nicht hungern, und wer an mich glaubt, den wird niemals dürsten. ... Ich bin das lebendige Brot, das aus dem Himmel herabgekommen ist. Wenn jemand von diesem Brot isst, so wird er leben in Ewigkeit. Das Brot aber, das ich geben werde, ist mein Fleisch, das ich geben werde für das Leben der Welt. ... Darum sprach Jesus zu ihnen: Wahrlich, wahrlich, ich sage euch: Wenn ihr nicht das Fleisch des Menschensohnes esst und sein Blut trinkt, so habt ihr kein Leben in euch. Wer mein Fleisch isst und mein Blut trinkt, der hat ewiges Leben, und ich werde ihn auferwecken am letzten Tag. Denn mein Fleisch ist wahrhaftig Speise, und mein Blut ist wahrhaftig Trank. Wer mein Fleisch isst und mein Blut trinkt, der bleibt in mir und ich in ihm. Wie mich der lebendige Vater gesandt hat und ich um des Vaters willen lebe, so wird auch der, welcher mich isst, um meinetwillen leben. — Johannes 6,35.51.53–57

Das griechische Wort, das hier mit »essen« übersetzt wird, ist ein sehr körperlicher Begriff; er bedeutet, die Nahrung im Mund zu zerkauen.[26] Er könnte niemals verwendet werden, um ein rein geistiges oder geistliches Essen zu beschreiben; er bezieht sich darauf, dass etwas in den Mund genommen, zerkaut und geschluckt wird.

Das Brot und der Wein des Bundesmahls sind – durch den Geist – vermittelnde Symbole, durch die die Gnade zu uns kommt; sie werden daher als »Mittel der Gnade« bezeichnet. Dass er in uns ist und wir in ihm sind, wird nicht nur für unseren Geist, sondern auch für unseren physischen Leib Wirklichkeit. Brot und Wein sind Gottes Übermittlungssystem, durch das alle Segnungen des Bundes zu uns kommen. Heilung für unsere ganze Person ist hierin zu finden.

Der verherrlichte Herr lädt uns zum Festmahl des Bundes ein; die Speisen, die er uns serviert, sind sein Leib und sein Blut, die uns all das überbringen, was er für uns im Bund erworben hat. Der Glaube streckt sich aus und bekommt Anteil an dem Geheimnis, indem er Amen sagt, und wird dann mit dem ewigen Leben gespeist.

Mein Leib, für euch hingegeben

Mit den Worten: »Dies ist mein Leib, der für euch hingegeben wird« (Lk 22,19), hat sich Jesus uns mit absoluter Endgültigkeit geschenkt. Wir können andere damit beschenken, dass wir ihnen das Beste wünschen und ihnen sagen, dass wir an sie denken; wir können sie beschenken, indem wir ihnen dienen und uns um sie kümmern; wir können große Geldsummen verschenken, dennoch halten wir in all dem das Geschenk unseres wahren Selbst zurück. Doch wenn wir unseren Körper bereitwillig als Ganzes verschenken, als Selbsthingabe an einen anderen, dann sind wir beim eigentlichen Konzept des Bundes angelangt, bei der totalen Hingabe des eigenen Ichs an den anderen; dann und nur dann ist die Einheit vollständig.

Der Körper ist das Letzte, was man einem anderen gibt; er wird nicht gegeben, ohne dass man vorher seinen Willen, seine Gedanken, seinen Geist und seine Seele ganz hingegeben hat. Die Hingabe des Leibes bedeutet die Preisgabe der eigenen Intimsphäre, all der privaten und geheimsten Dinge über uns selbst. Jesus hat das Geheimnis seiner selbst preisgegeben, als er uns seinen Leib gab. Er tat dies ohne Widerwillen, indem er sagte: »Wie sehr habe ich mich danach gesehnt, mit euch … zu essen« (Lk 22,15). Er sehnte sich nach dem Moment, in dem er uns mit der Gabe seines Leibes an sich teilhaben lassen würde. Im Bundesmahl setzt sich die Preisgabe des Geheimnisses seiner selbst fort.

Das Emmausmahl deutet dies mit den Worten an, dass er beim Brechen des Brotes »von ihnen erkannt wurde« (Lk 24,35). Die Formulierung »erkannt werden« wird überall in der Bibel verwendet, um das intime, persönliche Erkennen zwischen Ehemann und Ehefrau zu beschreiben. Sie wird jedoch nie benutzt, wenn es um theoretisches bzw. sachbezogenes Wissen über eine Person geht.

Das Hingeben seines Leibes sollte aber niemals so verstanden werden, dass es sich auf sein Leiden und seinen Tod beschränkt. Sein ganzes Leben lang hat er seinen Leib hingegeben; denn in der Gesamtheit seines Wesens ist er das Wort der Liebe des Vaters. Er ist die Verkörperung der Freude und des Entzückens Gottes über sein Volk; er ist das Wort des Friedens, das Wort des Lebens und das Wort der Barmherzigkeit. Indem er seinen Leib hingab, gab er alles, was er war, und im Bundesmahl gibt er uns weiterhin die Gesamtheit seiner selbst.

Dies ist mein Blut

»Der neue Bund in meinem Blut« ist die bestätigende Instanz, dass die Vereinigung im Bundesschluss erreicht ist. Zu trinken bedeutet, an diesem Bund und seinen sämtlichen Bedingungen teilzuhaben. Wenn wir das Geheimnis seines Blutes trinken, feiern wir, dass er stellvertretend für uns die Tilgung unserer Sünden bewirkt hat und dass sie nie wieder in Erinnerung gebracht werden. Wir erklären, dass das Gesetz in unsere Herzen geschrieben und in unseren Geist eingeprägt ist und dass wir ihn persönlich kennen, dass er unser Gott ist und wir zu seinem Volk gehören. Es bedeutet, dass wir das Leben des in den Himmel aufgestiegenen Christus zu uns nehmen und daran teilhaben. Wir trinken von dem Leben, das durch den Tod gegangen ist und diesen überwunden hat, um nie wieder zu sterben.

Vor einigen Jahrhunderten wurden die Gläubigen in Schottland von den Engländern massiv verfolgt. Die Gläubigen trafen sich in den Felsklüften der schottischen Highlands und hielten dort ihre geheimen Zusammenkünfte ab, zu denen auch das Abendmahl gehörte, das Mahl des Bundes. Oft fanden diese geheimen Zusammenkünfte in der Nacht oder in den frühen Morgenstunden statt. Einmal, als die Gläubigen sich zum Bundesmahl trafen, hatten die englischen Rotröcke zuvor gehört, dass ein Treffen stattfinden sollte, aber sie wussten nicht, wo. Sie hielten nach Personen Ausschau, die sich durch die Dunkelheit vor dem Morgengrauen bewegten, um diese dann festzunehmen und zu foltern, damit sie die Namen der Gläubigen und den Ort, an dem sie sich trafen, in Erfahrung bringen könnten. Ein Mädchen im Teenageralter schlich durch den Nebel auf dem Weg zum Abendmahlsgottesdienst, als Soldaten sie plötzlich umzingelten und Auskunft von ihr verlangten, wohin sie unterwegs sei. Da sie über den neuen Bund und über das, was sie im Begriff war zu tun, gut unterrichtet worden war, antwortete sie: »Mein älterer Bruder ist gestorben und ich gehe hin, um die Verlesung des Testaments zu hören und meinen Anteil am Erbe zu fordern!« Die unwissenden Soldaten hatten keine Ahnung, dass sie den Abendmahlsgottesdienst meinte, tätschelten ihr den Kopf, gaben ihr einen Viertelpenny und ließen sie weiterziehen.

KAPITEL 12

Der Sünde wird nicht mehr gedacht

Wir haben gesehen, dass Jesus als unser Stellvertreter gelebt hat und gestorben ist; deshalb haben Menschen, die glauben, an allem Anteil, was er erlitten, ertragen und erworben hat. Am Kreuz, wo er uns vertrat, nahm er nicht an irgendeinem ausgedehnten Rollenspiel teil, sondern durchlebte die furchtbare, qualvolle Wirklichkeit. Wir waren wirklich in ihm dort, und er empfing an unserer statt Vergebung, Gerechtsprechung und Auferstehung. Diese Segnungen des Bundes wurden zuerst ihm als unserem Stellvertreter zuteil und dann uns, die wir mit ihm vereint sind und durch den Geist an ihm teilhaben.

Als Gott ihn von den Toten auferweckte, erklärte er, dass die Strafe für unsere Sünden, die Jesus freiwillig auf sich genommen hatte, vollständig beglichen worden war; das Urteil gegen uns, das über ihn verhängt wurde, war vollstreckt. Jesus, der von den Toten auferstanden ist, trägt nicht länger unsere Sünden, die ihn in den Tod führten. Ihm als unserem Stellvertreter wurden alle unsere Übertretungen vergeben; unsere Schuld lastet nicht mehr auf ihm, und er ist von der Notwendigkeit einer weiteren Bestrafung für diese Schuld befreit. Wenn Jesus von den Toten auferstanden ist und lebt, dann sind uns auch alle unsere Sünden vergeben!

In dem Augenblick, in dem ein Sünder mit Christus vereint wird, wird er mit ihm in seinem stellvertretenden Zustand der Vergebung gleichgesetzt. Die Vergebung und alle Segnungen des

Bundes kommen nicht bloß *durch* Christus zu uns, sondern *in* ihm. Wir erhalten sie nicht nur deshalb, weil er sie verdient hat, sondern weil wir *mit* ihm und *in* ihm vereint sind, Glieder seines Leibes, die durch den Geist tatkräftig mit ihm eins gemacht geworden sind.

Er kehrt als unser Stellvertreter mit seinem Blut des neuen Bundes zum Vater zurück, und der Vater erklärt ihm und uns, die wir von ihm vertreten werden, dass wir von aller Schuld befreit sind: »Denn ich werde ihre Missetat vergeben und an ihre Sünde nicht mehr gedenken!« (Jer 31,34). In ihm wird die Menschheit zum ersten Mal für schuldlos und frei von Strafe erklärt.

Die erste der Segnungen des neuen Bundes

Es gibt keine andere Religion auf der Welt, die die Vergebung all unserer Sünden verkündet. Die vollständige Vergebung unserer Sünden ist die Grundlage für alles andere, was uns in diesem Bund zusteht. Bevor wir in den neuen Bund eintreten konnten, musste das Urteil, das seit Eden über unseren Köpfen schwebte, vollständig und für immer beseitigt werden, ebenso wie der Fluch des gebrochenen Gesetzes. Befreit von Sünde und Fluch sind wir nun in Christus Anwärter auf die Segnungen, mit denen er uns reichlich beschenken will.

Bei der Einsetzung des Bundesmahls sprach Jesus über den Erlass oder die Vergebung der Sünden; denn sobald dies vollbracht wäre, würden die Segnungen des Bundes in Fülle auf uns ausgegossen.

Und er nahm den Kelch und dankte, gab ihnen denselben
und sprach: Trinkt alle daraus! Denn das ist mein Blut,

das des neuen Bundes, das für viele vergossen wird zur Vergebung der Sünden. — Matthäus 26,27–28

Wir haben die Segnungen gesehen, die Jeremia als Teil des neuen Bundes ankündigte, aber lesen wir sie noch einmal, diesmal mit Blick auf die Notwendigkeit der Vergebung.

Sondern das ist der Bund, den ich mit dem Haus Israel nach jenen Tagen schließen werde, spricht der HERR: Ich will mein Gesetz in ihr Innerstes hineinlegen und es auf ihre Herzen schreiben, und ich will ihr Gott sein, und sie sollen mein Volk sein; und es wird keiner mehr seinen Nächsten und keiner mehr seinen Bruder lehren und sagen: »Erkenne den HERRN!« Denn sie werden mich alle kennen, vom Kleinsten bis zum Größten unter ihnen, spricht der HERR; denn ich werde ihre Missetat vergeben und an ihre Sünde nicht mehr gedenken! — Jeremia 31,33–34

All das wird geschehen, sagt er, weil die Sünde, das Grundproblem, beseitigt worden ist: »Denn ich werde ihre Missetat vergeben und an ihre Sünde nicht mehr gedenken!« (Jer 31,34).

Die Lösung der Sündenfrage ist grundlegend für den Bund; sie ist das Fundament, auf dem alle Verheißungen aufbauen. Jesus hat die Sünde weggetan und uns ist nun vergeben, und erst damit sind wir »gesegnet … mit jedem geistlichen Segen in den himmlischen [Regionen] in Christus« (Eph 1,3).

Die Gewissheit, dass unsere Sünden vergeben sind und wir von Gott angenommen wurden, ist der erste Segen des Bundes und der wichtigste als Teil unserer Erfahrung. Ohne diese Gewissheit können wir uns keine der anderen Segnungen vorstellen. Das ist der »Kindergarten« des neuen Bundes, und doch haben sehr viele

Menschen, die einer Gemeinde angehören, diese Art von Freude niemals auch nur ansatzweise erlebt.

Das Wissen um diese Wahrheit ist der Beginn des Sieges im geistlichen Kampf, denn solange wir uns wegen unserer Sünde noch verurteilt fühlen, stehen wir den Mächten der Finsternis aufgrund unserer empfundenen Unwürdigkeit gelähmt gegenüber. Solange wir den Eid Gottes nicht kennen, die Sünde durch das Bündnisblut Jesu von uns zu nehmen, können wir, konfrontiert mit unserer Sünde, nicht glauben, dass wir in der Gegenwart Gottes willkommen sind; wir könnten sogar annehmen, dass er uns verstoßen hat. Wenn wir glauben, dass wir unwürdig sind, können wir weder beten, noch erwarten wir, erhört zu werden, noch können wir glauben, dass die Verheißungen Gottes uns gelten. Wir krümmen uns unter Schuldgefühlen und unsere Hände sind wie erstarrt, unfähig, die Segnungen zu ergreifen, die uns gemäß dem Bund zustehen. Sobald wir auch nur ansatzweise das Gefühl haben, angenommen zu sein, werden wir von Satan, »dem Verkläger der Brüder«, zu Boden geschleudert; und anstatt ihm mit der Wahrheit zu widerstehen, stimmen wir ihm zu!

Ich bin in einer armen Familie in England aufgewachsen. Ich wurde gegen Ende der Weltwirtschaftskrise geboren und meine erste Bekanntschaft mit dem Leben auf diesem Planeten war der Zweite Weltkrieg. In jenen Zeiten erlebten wir, was echte Armut ist.

Die Engländer hatten ein ausgeprägtes Klassenbewusstsein und wussten, wo jeder in der Gesellschaft hingehörte. Die richtige Familie, die richtige Schule, das Tragen der richtigen Schulkrawatte nach dem Abschluss, der Beitritt zum richtigen Club – all das bestimmte nicht nur die Position, die man in einem Beruf innehatte, sondern auch die Restaurants, in denen man essen durfte, und die Beschäftigungen, denen man nachgehen konnte. Es gab kein Schild an der Tür eines Restaurants, auf dem ausdrücklich gestanden hätte, dass wir nicht hineingehen durften; es war einfach klar, dass jeder Engländer seinen Platz entsprechend seinem Reichtum und seiner Stellung hatte, und nur Gentlemen der höheren Klasse hatten Zutritt.

Alle meine Tanten waren Bedienstete in den Häusern der Reichen und wurden beglückwünscht, weil sie eine solch gute Anstellung gefunden hatten. An einen Aufstieg war nicht zu denken; Diener zu sein, war ihr Platz in der Gesellschaft.

Als ich sagte, dass ich Auto fahren wolle, wenn ich älter sei, schaute meine Mutter mich entsetzt an und sagte: »Nein, Freundchen. Das ist nichts für Leute wie uns, du wirst ein Fahrrad haben, genau wie dein Vater.« Während meiner Kindheit und Jugend hatte ich den Eindruck, dass die Orte, an die ich gehen wollte, die Dinge, die ich tun wollte, und die Restaurants, in denen ich essen wollte, »nicht für Leute wie uns« waren. Ich wuchs in einer Atmosphäre der Scham auf, in der Überzeugung, dass unser Status im Leben uns unwürdig machte, etwas anderes zu sein als Verlierer.

Auch Jahre nach meinem Auszug aus dem Elternhaus und dem Eintritt in den geistlichen Dienst rang ich noch mit der Stimme meiner Mutter in meinem Kopf. Ich stellte fest, dass sich das englische Klassensystem gedanklich auch auf meinen Weg mit Gott auswirkte. Die Gunst Gottes, die reichhaltigen Gaben des Geistes und die Erhörung von Gebeten fielen in meinem Kopf in die Kategorie »nicht für Leute wie uns«. »Meinesgleichen« war nicht würdig, so gesegnet zu sein. Das Grundproblem war, dass ich mit den Augen meines Geistes nicht wirklich sah, dass meine Sünde weggenommen worden war und ich nicht länger dazu verdammt war, in den Slums des Himmels zu wohnen! Es bedurfte einer großen Offenbarung des Geistes, die mein Denken reinigte, gefolgt von einer umfassenden Erneuerung und Umgestaltung meiner Denkmuster, bevor ich mich selbst als vollkommen ausgesöhnt, angenommen und in Christus als Angehöriger der Aristokratie des Himmels sehen konnte. Alle Segnungen des Bundes waren sehr wohl für meinesgleichen bestimmt, denn ich war in Christus.

Es gibt Scharen von Gläubigen, die mit der Überzeugung leben, sie seien der Segnungen des Bundes nicht würdig, sie seien nicht wirklich von der Sünde getrennt – solche Segnungen stünden ihresgleichen nicht zu. Wenn wir uns unserer Vergebung und Annahme nicht sicher sind, haben wir eine Barriere in unserem Kopf, die uns daran hindert, alles anzunehmen, was Jesus für uns erworben hat. Wir haben ein Selbstbild der Unwürdigkeit, das uns in Ketten hält und uns daran hindert, sämtliche Segnungen des Bundes zu empfangen.

Der Glaube wagt es, eine solch uneingeschränkte und bedingungslose Annahme zu akzeptieren, auch wenn sie dem natürlichen Verstand unrechtmäßig und unchristlich erscheint! Wenn Satan uns wegen früherer Sünden anklagt, müssen wir ihm die Verheißungen des neuen Bundes, die durch das Blut und den Eid Gottes besiegelt sind, ins Gesicht schleudern und uns bewusst über die grenzenlose Vergebung Gottes freuen.

Was ist Vergebung?

Nun haben wir aber ein Problem mit dem Wort »Vergebung«; das Wort, das in der Bibel mit »Vergebung« übersetzt wird, bedeutet nicht Vergebung, wie sie heutzutage definiert wird.

Dies ist die Definition von Vergebung laut Webster's: »einen Fehler oder ein Vergehen verzeihen; auf Zorn oder Groll verzichten; von der Tilgung einer Schuld freisprechen«.[27] Was Jesus durch das Blut des neuen Bundes vollbracht hat, geht unermesslich weit über das hinaus, was mit dem Wort »Vergebung« gemeint ist. Uns wurden unsere Sünden nicht bloß vergeben; er hat unendlich viel mehr getan, als nur den Zorn und Groll gegen uns aufzugeben, und was wir bekommen haben, übersteigt die Tilgung unserer Sünden bei Weitem. Wir werden das Wort »Vergebung« fallen lassen müssen, denn es beschreibt in keiner Weise, was er getan hat und was wir in ihm haben.

Das Wort, das mit »Vergebung« übersetzt ist, lautet im griechischen Grundtext des Neuen Testaments *aphiemi* und bedeutet »wegschicken, entlassen, zurücklassen, verlassen«;[28] dieses Wort kommt auch zum Einsatz, wenn von »sich scheiden lassen« oder »eine Ehefrau wegschicken« die Rede ist. Jesus hat die Menge »weggeschickt« (*aphiemi*), und es wäre unsinnig zu sagen, dass er ihnen damit vergeben hat! Es ist das Wort, das in Matthäus 27,50 verwendet wird, um zu beschreiben, wie Jesu Geist seinen Körper verließ: »Jesus aber schrie nochmals mit lauter Stimme und gab den Geist auf (*aphiemi*).« Er schickte seinen Geist fort, entließ ihn von sich, mit dem Ergebnis, dass sein Körper tot war. Es war eine vollständige Entlassung, nicht nur eine Abschwächung oder Minderung. Das Wort »Vergebung« lässt sich hier keinesfalls passend unterbringen!

Ein weiteres Wort aus derselben Familie, das sich von *aphiemi* ableitet, ist *aphesis*.[29] Im griechischen Alten Testament wurde es mit »Freilassung« übersetzt, als es darum ging, dass im Jubeljahr alle Sklaven freigelassen und nach Hause zu ihren Familien geschickt wurden:

> *Und ihr sollt das fünfzigste Jahr heiligen und sollt im Land eine Freilassung ausrufen für alle, die darin wohnen. Es ist das Halljahr, in dem jeder bei euch wieder zu seinem Eigentum kommen und zu seiner Familie zurückkehren soll.*
> *— 3. Mose 25,10*

Jesus zitierte den Propheten Jesaja und verkündete, dass mit ihm ein Jubeljahr ohne Ende begonnen habe:

> *»Der Geist des Herrn ist auf mir, weil er mich gesalbt hat, den Armen frohe Botschaft zu verkünden; er hat mich gesandt, zu heilen, die zerbrochenen Herzens sind, Gefangenen Befreiung (aphesis) zu verkünden und den Blinden, dass sie wieder sehend werden, Zerschlagene in Freiheit (aphesis) zu setzen.«*
> *— Lukas 4,18*

Der neue Bund erklärt, dass unsere Sünde von uns weggeschickt, aus unserer Gegenwart verbannt wurde; wir wurden geschieden und von den Ketten befreit, die uns gebunden haben, um nunmehr in Freiheit zu sein. Unsere Schuld und die Sklaverei der Sünde sind so sicher von uns weggeschickt worden, wie Jesu Geist ihn am Kreuz verlassen hat; ihre Macht wurde nicht etwa nur geschwächt, sondern komplett aufgehoben. Wir sind frei von der Sünde! Diese Bedeutung müssen wir gedanklich jedes Mal einfügen, wenn wir lesen, dass er uns vergeben hat.

Vergebung unserer Sünden

Wir haben gesehen, dass das griechische Wort *hamartia* das Gesetz und die Macht der Sünde beschreibt, die durch Adams Rebellion Einzug in das Menschengeschlecht gehalten hat.

> *Darum, gleichwie durch einen Menschen die Sünde in die Welt gekommen ist und durch die Sünde der Tod, und so der Tod zu allen Menschen hingelangt ist, weil sie alle gesündigt haben. — Römer 5,12*

Wir haben auch gesehen, dass *hamartia* die herrschende Macht hinter der Sünde beschreibt, die für den gesamten Sündenkatalog verantwortlich ist. Jesus kam mit der Mission, uns von unseren Sünden zu befreien.

Sie wird aber einen Sohn gebären, und du sollst ihm den Namen Jesus geben, denn er wird sein Volk erretten von ihren Sünden. — Matthäus 1,21

Am folgenden Tag sieht Johannes Jesus auf sich zukommen und spricht: Siehe, das Lamm Gottes, das die Sünde (hamartia) der Welt hinwegnimmt! — Johannes 1,29

Das Wort »hinwegnehmen« bedeutet »aufheben, wegnehmen und wegtragen«;[30] es vermittelt uns in etwa das gleiche Bild wie die Bedeutung des Wortes »Vergebung«. Das Evangelium ist eindeutig die gute Nachricht, dass wir durch das Blut Jesu von der Macht der Sünde befreit sind.

Denn das ist mein Blut, das des neuen Bundes, das für viele vergossen wird zur Vergebung (aphesis) der Sünden (hamartia). — Matthäus 26,28

Eine wörtliche Wiedergabe dieses Verses würde lauten: »… das für viele vergossen wird, um das Gesetz und die Macht der Sünde wegzunehmen.«

Wenn wir aber im Licht wandeln, wie er im Licht ist, so haben wir Gemeinschaft miteinander, und das Blut Jesu Christi, seines Sohnes, reinigt uns von aller Sünde (hamartia). — 1. Johannes 1,7

Paulus gibt dem Gesetz der Sünde ein Gesicht, indem er es mit einem tyrannischen Despoten vergleicht, der über den Hoheitsbereich unseres sterblichen Leibes herrschte; Vergebung bedeutet jedoch, dass wir von dieser despotischen Herrschaft frei sind. Wir können uns dafür entscheiden, so frei davon zu sein, wie wir es in Christus tatsächlich sind.

> *Also auch ihr: Haltet euch selbst dafür, dass ihr für die Sünde (hamartia) tot seid, aber für Gott lebt in Christus Jesus, unserem Herrn! So soll nun die Sünde (hamartia) nicht herrschen in eurem sterblichen Leib, damit ihr [der Sünde] nicht durch die Begierden [des Leibes] gehorcht.*
> *— Römer 6,11–12*

Einst waren wir Sklaven des Tyrannen und stellten ihm unsere Körper zur Verfügung, jetzt sind wir die freudvollen Sklaven des Herrn Jesus und bieten unsere Körper ihm dar, damit er sein Leben durch uns zum Ausdruck bringen kann.

> *Nachdem ihr aber von der Sünde (hamartia) befreit wurdet, seid ihr der Gerechtigkeit dienstbar geworden. Ich muss menschlich davon reden wegen der Schwachheit eures Fleisches. Denn so, wie ihr [einst] eure Glieder in den Dienst der Unreinheit und der Gesetzlosigkeit gestellt habt zur Gesetzlosigkeit, so stellt jetzt eure Glieder in den Dienst der Gerechtigkeit zur Heiligung. … Jetzt aber, da ihr von der Sünde (hamartia) frei und Gott dienstbar geworden seid, habt ihr als eure Frucht die Heiligung, als Ende aber das ewige Leben. — Römer 6,18–19.22*

Und so ist der Ausdruck »Vergebung der Sünden« der Kern der frohen Botschaft und das Tor zu allen Segnungen des neuen Bundes. Der in den Himmel aufgestiegene Jesus verfügte, dass dies der Inhalt der Botschaft sein sollte:

> *Er sagte: »Es wurde vor langer Zeit aufgeschrieben, dass der Christus leiden und sterben und am dritten Tag auferstehen muss. Geht in seinem Namen zu allen Völkern, angefangen in Jerusalem, ruft sie zur Umkehr auf, damit sie Vergebung (aphiemi) der Sünden (hamartia) erhalten.« — Lukas 24,46–47* NLB

Es war der triumphale Jubelschrei, der durch die frühe Gemeinde hallte: »Er hat uns errettet aus der Herrschaft der Finsternis und hat uns versetzt in das Reich des Sohnes seiner Liebe, in dem wir die Erlösung haben durch sein Blut, die Vergebung der Sünden« (Kol 1,13–14).

Vergebung im alten Bund

Die Heiligen des Alten Testaments kannten das nicht, denn das Blut der Tiere bedeckte ihre Sünde nur; es bedurfte des Blutes Jesu im neuen Bund, um die Sünde von uns wegzuschicken und uns wirksam von der Macht der Sünde zu scheiden. Das Alte Testament hat dies durch das Wegschicken des zweiten Bocks am Versöhnungstag anschaulich vor Augen geführt. Aber die Menschen damals konnten das nicht so wie wir wissen, bis Jesus von den Toten auferstand, um zu verkünden, dass die Sünde weggenommen worden war und der Geist nun unserem Geist bezeugt, dass wir frei von ihrer Knechtschaft sind.

Die Tatsache, dass die Heiligen des Alten Testaments nicht wie wir das endgültige Wegschicken der Sünde aus ihrem Leben erfahren konnten, bedeutet nicht, dass das Alte Testament von einer unversöhnlichen und zornigen Gottheit beherrscht wird. Die alttestamentliche Vergebung war unwirksam, und eine Vergebung, wie sie der neue Bund bietet, war schlicht unmöglich, bis Jesus, das Lamm Gottes, die Sünden der Welt wegnahm. Denn das Blut von Stieren und Böcken kann unmöglich Sünden hinwegnehmen (Hebr 10,4). Das bedeutet jedoch nicht, dass sie nicht die Erfahrung machen konnten, dass Gott ihnen ihre Sünden vergab und sie von ihnen entfernte – so weit die Offenbarung, die sie hatten, sie eben wegtragen konnte.

Die Art und Weise, wie Gott sich Mose gegenüber offenbarte, bildete die Grundlage des Verständnisses, das Israel von Gott hatte, und Gottes Offenbarung seiner selbst zeigte einen Gott der Liebe und Vergebung.

> *Und der HERR ging vor seinem Angesicht vorüber und rief: »Der HERR, der HERR, der starke Gott, der barmherzig und gnädig ist, langsam zum Zorn und von großer Gnade und Treue; der Tausenden Gnade bewahrt und Schuld, Übertretung und Sünde vergibt …« — 2. Mose 34,6–7*

Diese grundlegende Passage wird im Alten Testament wiederholt zitiert. Während der Wüstenwanderung erlebte das Volk Israel immer wieder die Bedeckung seiner Sünden.

> *Vergib nun die Schuld dieses Volkes nach deiner großen Gnade, wie du auch diesem Volk verziehen hast von Ägypten an bis hierher! — 4. Mose 14,19*

Aber du bist ein Gott der Vergebung, gnädig und barmherzig, langmütig und von großer Güte, und du hast sie nicht verlassen. — Nehemia 9,17

Obwohl die Propheten zu einem rebellischen und sündigen Volk sprachen, das dem unvermeidlichen Gericht entgegenging, feierten sie einen vergebenden Gott.

Aber bei dem Herrn, unserem Gott, ist Barmherzigkeit und Vergebung; denn gegen ihn haben wir uns aufgelehnt. — Daniel 9,9

Jesaja beschrieb Gottes Vergebung, indem er sich auf einen alten Brauch bezog, der »das Doppelte geben« hieß. Im Jerusalem der damaligen Zeit schrieb ein verschuldeter Mensch ohne Aussicht auf Befriedigung seiner Gläubiger alle seine Schulden und die Personen, denen er die Summen schuldete, auf ein Pergament und hängte es für alle sichtbar am Eingang seiner Behausung auf. Er wartete darauf, dass ein großzügiger reicher Mensch mit einem mitfühlenden Herzen vorbeikäme. Wenn ein solcher Mensch vorbeikam und das Dokument im Wind flattern sah, las er es, und wenn er finanziell dazu in der Lage war und ein großes Herz hatte, drehte er das Pergament um, sodass die Schuldenliste verborgen war, und schrieb auf die Rückseite: »Vollständig beglichen.« Der reiche Wohltäter zahlte dann alle Gläubiger aus; der Schuldner hatte nun nichts mehr zu befürchten und war ein freier Mensch.

Jesaja beschreibt, wie Israels Sünden für alle sichtbar aushängen, und wie der Herr, der unendlich liebevoll und barmherzig ist und bei dem das Volk verschuldet ist, kommt und ihnen das Doppelte gibt.

Redet zum Herzen Jerusalems und ruft ihr zu, dass ihr Frondienst vollendet, dass ihre Schuld abgetragen ist; denn sie hat von der Hand des HERRN Zweifaches empfangen für alle ihre Sünden. — Jesaja 40,2

So herrlich diese Worte für das alte Israel auch waren, so sollte ihre volle Bedeutung erst im neuen Bund offenbart werden. Wir treten schuldbewusst aus unserem Versteck ins Licht Gottes und erklären uns vor Gott zu Sündern, nur um zu entdecken, dass derjenige, dem wir etwas schuldig waren, mit dem Blut Jesu auf unsere Rechnung geschrieben hat: »Vollständig beglichen.« Wir haben in einem früheren Kapitel gesehen, dass der Ruf Jesu am Kreuz – »Es ist vollbracht« – früher auf ausgeglichenen Abrechnungen zu finden war; es entspricht unserem »Vollständig bezahlt«.

HERR, du hast deinem Land [einst] Gnade gewährt,
hast das Geschick Jakobs gewendet. — Psalm 85,2

So fern der Osten ist vom Westen, hat er unsere Übertretungen von uns entfernt. — Psalm 103,12

Doch bei dir ist Vergebung, damit man in Ehrfurcht dir dient. — Psalm 130,4 EÜ

Was in Bezug auf Gottes Vergebung im Alten Testament verkündet und verheißen wird, entstammt dem Herzen eines Gottes, dessen Wesen ewige, bedingungslose Liebe ist. Er begann nicht erst nach dem Tod Jesu, ein liebender und vergebender Gott zu sein, so als hätte dieses Ereignis seine Einstellung geändert. Die Frage der Vergebung war im Herzen Gottes schon vor der Erschaffung der Erde geklärt, als sich die Dreieinigkeit darauf festlegte, dass Gott der Sohn sich als endgültiges Opfer zur Errettung sündiger Menschen hingeben würde. Der Preis für diese Vergebung, die vor der Zeit gewährt wurde, zeigt sich in der zeitlichen und räumlichen Geschichte in Jesu Tod und Auferstehung. Mit seiner Entscheidung, uns in Anbetracht dessen, was wir tun würden, dennoch zu erschaffen, lässt Gott uns wissen, dass er lieber sterben würde, als ohne uns zu leben.

Das Alte Testament wusste von seiner Vergebung und pries und verkündete ihn als den vergebenden Gott, aber die Menschen jener Zeit hatten keine Vorstellung davon, was das tatsächlich bedeutete oder was es Gott kosten würde, diesen Zustand wirklich herzustellen. Die blutigen Opfer, die unablässig im Tempel und auch am Versöhnungstag dargebracht wurden, waren ein gewisser Fingerzeig, aber niemand ahnte etwas von dem Schmerz im Herzen Gottes, der ihm die Gemeinschaft mit den Menschen wert war. Ihnen offenbarte sich Gottes Herz der Liebe nur im schwachen Licht der Morgendämmerung; Jesus hingegen ist die Sonne, die in voller Kraft und Herrlichkeit aufgegangen ist.

Und von allem, wovon ihr durch das Gesetz Moses nicht gerechtfertigt werden konntet, wird durch diesen jeder gerechtfertigt, der glaubt. — Apostelgeschichte 13,39

Keine Erinnerung mehr

Die Sprache der Propheten in ihrer Erwartung des neuen Bundes ist überschwänglich; sie sagen uns, dass Gott unserer Sünden nicht mehr gedenkt, dass er uns nicht mehr an unsere Sünden erinnert, dass er sie vergessen hat.

Ich tilge deine Übertretungen wie einen Nebel und deine Sünden wie eine Wolke. Kehre um zu mir, denn ich habe dich erlöst! — Jesaja 44,22

Und ich werde sie reinigen von all ihrer Ungerechtigkeit, mit der sie gegen mich gesündigt haben, und ich werde ihnen alle ihre Missetaten vergeben, mit denen sie gegen mich gesündigt und an mir gefrevelt haben. — Jeremia 33,8

Ich – ich allein – bin es, der deine Übertretungen um meiner selbst willen tilgt und nicht mehr an deine Sünden denkt! — Jesaja 43,25 NLB

Du hast ja meine Seele liebevoll umfangen und sie aus der Grube des Verderbens herausgezogen; denn du hast alle meine Sünden hinter deinen Rücken geworfen! — Jesaja 38,17

Durch das Blutvergießen des Herrn Jesus wurde die Sünde endgültig und für immer beseitigt. Die Bedingung des Bundes lautet: »nicht mehr daran denken«, was bedeutet, dass die Sünde nicht mehr auf Gottes Tagesordnung steht, weil sie vollständig getilgt worden ist. Ein Arzt, der eine Besserung bei seinem Patienten feststellt, wird nicht sagen, dass er an diese Person jetzt nicht mehr denkt. Und wenn mein Haus brennt, möchte ich nicht, dass der Feuerwehrmann, nachdem er das Feuer im Wohnzimmer gelöscht hat, weggeht, mein Haus vergisst und den Rest einfach brennen lässt.

Etwas, an das man nicht mehr denkt, ist vollständig geklärt und abgeschlossen, und es gibt nichts mehr, was noch zu tun wäre. An den Patienten, dessen Krankheit vollständig geheilt ist, wird der Arzt »nicht mehr denken«. Wenn das Feuer vollständig erloschen und die Glut erkaltet ist, ziehen die Feuerwehrleute ab und »denken nicht mehr daran«. Gott denkt deshalb nicht mehr an unsere Sünde, weil sie restlos und endgültig bereinigt und die Schuld völlig weg ist.

Zwei wohlbekannte Geschichten, die Jesus erzählt hat, zeigen uns, was Gott mit dem Wort »Vergebung« meint. In Matthäus 18,23–35 haben wir das Gleichnis vom König, der seinem Diener die Schulden erließ. Der König hatte beschlossen, dass es an der Zeit war, alle offenen Forderungen geltend zu machen. Seine Diener wurden einer nach dem anderen hereingeführt, um ihre Schulden zu begleichen. Es ist ein Rätsel, wie der Diener in dieser Geschichte zu einem solchen Schuldenberg kam. Eine derart astronomische Summe, wie sie in den Büchern stand, wäre wohl kaum auf legale Art und Weise zustande gekommen. Der König hatte die Bücher geöffnet, und das Hauptbuch offenbarte die Geschichte dieser Schulden. Umgerechnet auf heutige Verhältnisse bräuchte dieser Diener zehn Leben, um seine Schulden zu begleichen, vorausgesetzt, dass er alle Lohnzahlungen komplett zur Tilgung der Schulden verwendete. Jesus beschrieb einen Menschen mit einer unvorstellbaren Schuld, die sich aufgrund von Zins und Zinseszins minütlich vergrößerte und die dieser Mensch nicht mehr zurückzahlen konnte.

Der Diener schien das Ausmaß seiner Schuld nicht zu begreifen. Er fiel vor dem König nieder und bat ihn um eine Fristverlängerung, damit er seine Schulden zurückzahlen könne. Diese Bitte war völlig absurd.

Dann handelte der König auf eine Weise, die man von einem König, der dazu noch Kreditgeber ist, nicht erwarten würde. Er schloss das Hauptbuch, machte mit der Buchhaltung Feierabend und schickte seine Buchhalter weg. Er befasste sich mit dem Diener nicht mehr auf Grundlage des Hauptbuchs oder der Schulden, sondern auf einer ganz anderen Basis. Er war von Mitgefühl ergriffen. Großzügig vergab er dem Mann die gesamte Schuld; er entfernte die Schuld aus dessen Leben.

Die wahre Bedeutung des Wortes »Vergebung« zeigt sich in dieser Handlung des Königs. Der Diener wurde von der Schuld befreit, sodass die Schuld nicht länger eine Last auf seinen Schultern oder ein Klotz an seinem Bein war. Die Schuld würde nie wieder mit diesem Menschen in Verbindung gebracht werden. Der König würde sich mit diesem Menschen nie wieder im Zusammenhang mit seiner Schuld befassen. Er war nicht mehr durch seine Schulden gebunden, weder definierten noch bestimmten sie ihn. Er war frei, sein Leben mit einer reinen Weste fortzusetzen.

Der Diener war frei und hüpfte und tanzte die Straße hinunter, aber für den König war die Freiheit des Dieners eine teure Angelegenheit. Astronomische Schulden lösen sich nicht in Luft auf, kleine übrigens auch nicht! Damit dem Diener vergeben werden konnte, musste der König einen inneren Tod erleiden; er starb dem Recht gegenüber, eine Rückzahlung dessen zu erwarten, was ihm geschuldet wurde. Indem er den Diener von seiner Schuld entlastete, musste er sie in vollem Umfang auf sich nehmen. Von Barmherzigkeit ergriffen, kam der König hinter seinem Rechnungsbuch hervor, um in die Schuld des Dieners einzutreten, sie vollständig zu übernehmen und sie zu begleichen, indem er sie annullierte.

Der alte Bund des Gesetzes war eine Notwendigkeit, denn es war eine Zeit, in der Männer und Frauen sich der Schuld gegenüber Gott stellen mussten, die jeder von ihnen trug. Aber Gottes Herz schlägt für die Liebe, nicht für die Buchhaltung. Er kommt dorthin, wo wir sind, und vereint sich mit uns; er nimmt unsere Schuld auf sich und macht sie sich zu eigen. Er verkündet eine göttliche Amnestie, die er durch das Blut Jesu möglich gemacht hat.

Das alles aber [kommt] von Gott, der uns mit sich selbst versöhnt hat durch Jesus Christus und uns den Dienst der Versöhnung gegeben hat; weil nämlich Gott in Christus war und die Welt mit sich selbst versöhnte, indem er ihnen ihre Sünden nicht anrechnete und das Wort der Versöhnung in uns legte. … Denn er hat den, der von keiner Sünde wusste, für uns zur Sünde gemacht, damit wir in ihm [zur] Gerechtigkeit Gottes würden. — 2. Korinther 5,18–19.21

Wir waren Feinde Gottes, und er kam zu uns, dorthin, wo wir waren, und bewirkte unsere Versöhnung, sodass er uns unsere Schuld, unsere »Sünden nicht anrechnete«. Er ist nicht der Buchhalter, der Zahlen addiert und Schulden aufrechnet; er ist der König, der sich erbarmt und uns für frei von jeglicher Schuld erklärt.

Höre das Evangelium und du wirst verstehen, warum es die frohe Botschaft genannt wird. Wir sind von allen Sünden befreit, Schuld und Scham sind ausgelöscht. Aber unsere Sünden haben sich nicht in Luft aufgelöst! Gott hat dies für uns in Christus bewirkt, der dorthin kam, wo wir in unserer Sünde waren, und für uns zur Sünde wurde, damit wir in ihm die Gerechtigkeit Gottes werden konnten. Das Gesetz verurteilt uns, aber er hat unsere Sünde weggenommen, und es gibt nun nichts mehr, was uns noch verurteilen könnte.

So gibt es jetzt keine Verdammnis mehr für die, welche in Christus Jesus sind, die nicht gemäß dem Fleisch wandeln, sondern gemäß dem Geist. — Römer 8,1

Bei einer Gelegenheit sagte Jesus: »Wahrlich, ich sage euch: Alle Sünden sollen den Menschenkindern vergeben werden, auch die Lästerungen, womit sie lästern« (Mk 3,28). Eine solche Aussage lässt uns vor Freude und Verwunderung sprachlos werden. Das lässt sich erweitert auch so formulieren: »Alle Sünden, welche es auch sein mögen, werden fortgeschickt, werden weggetan, und lassen euch in einem Zustand der Freiheit und Unbeschwertheit zurück.«

Das zweite Gleichnis, das Gottes Vergebung veranschaulicht, handelt von dem verlorenen Sohn. Jesus erzählt die Geschichte von zwei Söhnen. Der jüngere von ihnen verlangte von seinem Vater ganz frech, dass er das Erbe unter den Kindern aufteilen solle, obwohl der Vater ja noch am Leben war. Das damalige Gesetz besagte, dass das Vermögen bis zu deren Tod den Eltern gehörte, der Sohn sagte also im Grunde: »Ich kann nicht warten, bis du tot umfällst; gib mir das Geld jetzt!«

Der Vater verkaufte ein Drittel des Hofes, um dem Jüngeren seinen Anteil am Erbe zu geben, und ließ die restlichen zwei Drittel für den Erstgeborenen übrig. Betrachtet man das Ende dieser Geschichte, wird deutlich, dass der Vater dem jungen Mann dessen Ablehnung und Verhalten schon in dem Moment vergab, als der Sohn seinen Vater beleidigte und das Geld von ihm forderte. Aber der Junge verstand weder die Liebe seines Vaters noch wusste er, dass ihm vergeben worden war; es scheint sogar, dass er nicht einmal über die Notwendigkeit einer Vergebung nachdachte. Er verprasste das Geld und wurde in den Tagen der Hungersnot zum Schweinehirten, was ihn als Juden zu einem verabscheuenswerten Wesen machte. Der Hunger brachte ihn schließlich dazu, an sein Zuhause zu denken und in der Hoffnung auf eine gute Mahlzeit zu seinem Vater zurückzukehren. Er hatte nicht das Gefühl, dass er die Liebe des Vaters brauchte, sondern erwartete lediglich einen Akt der Wohltätigkeit, durch den er zu einem bezahlten Knecht würde.

Tag für Tag und Monat für Monat suchte der Vater den Horizont an der Stelle ab, an der er den Sohn zuletzt gesehen hatte. Jetzt sah er die vertraute Gestalt, wenn auch nur als schemenhafte Figur, die sich gegen den Himmel abzeichnete. Er lief dem jungen Mann entgegen, stürmte einfach auf ihn zu, umarmte ihn, küsste ihn wiederholt und weigerte sich, auch nur ein Wort darüber zu hören, dass der Sohn ein Bediensteter werden wollte. Er ließ sich von Dienern sein bestes Gewand und seine besten Schuhe bringen und steckte dem jungen Mann seinen eigenen Siegelring an den Finger. Das für einen solchen Anlass gemästete Kalb wurde geschlachtet und gebraten; Musikanten wurden gerufen, es wurde getanzt und es gab eine Riesenfeier.

Zwar werden »Vergebung« und »Versöhnung« in der Geschichte nicht ausdrücklich erwähnt, dennoch ist es offensichtlich, dass der Vater an diesem Punkt der Entwicklung durchführte, was er in seinem Herzen bereits vollzogen hatte, als der junge Mann gegangen war. Damals hatte er den jungen Mann aus jeglicher moralischen, kindespflichtigen und familiären Schuld entlassen, und nun setzte er den Sohn durch seine wiederholten Küsse und seine innige Umarmung von dieser Tatsache in Kenntnis. Der Sohn war von seiner Sündenschuld gegenüber dem Vater befreit; er war an den Familientisch zurückgekehrt und wurde von seinem Vater als Sohn vorgestellt.

Der Vater drückte es mit den Worten aus: »Mein Sohn war tot und ist wieder lebendig geworden; und er war verloren und ist wiedergefunden worden.« Er bezog sich damit auf den trostlosen Weg, den der Sohn eingeschlagen hatte, als er sich von der Liebe seines Vaters loslöste und ohne Orientierung durchs Leben irrte. Dieser Zustand ließ ihn tot sein, er war sich der Liebe des Vaters nicht bewusst, war ihr gegenüber taub und unempfänglich.

Wie in der vorangegangenen Geschichte erhielt der Eine unentgeltliche, bedingungslose Vergebung; der Andere aber starb innerlich, um sie zu gewähren. Als der Sohn das Geld verlangte und sich auf den Weg ins ferne Land machte, starb der Vater gegenüber jeglicher Erwartung, dass seine zurückgewiesene Liebe erwidert werden würde. Als der Sohn zurückkehrte, starb der Vater gegenüber der Erwartung, all die Jahre der verlorenen Liebe zurückzubekommen; er starb, indem er die Schande akzeptierte, die der junge Mann über seinen Namen gebracht hatte. Seine Liebe zu dem jungen Mann führte dazu, dass er seinem Ansehen bei den Dorfbewohnern gegenüber starb. Es galt als Schande für einen alten Mann, seine Lenden zu umgürten und loszulaufen, wie er es getan hatte, als er seinen Sohn erblickte. Er wird wohl auch ihren Respekt verloren und einen inneren Tod erlitten haben, weil er seinen Sohn nicht der Bestrafung übergab, die das Gesetz für Söhne vorsah, die Vater und Mutter entehrten.

Sein innerer Tod wurde von seiner Liebe zu dem zurückkehrenden Sohn verschlungen, als er seine Arme um den jungen Mann warf, ihn fest umarmte und ihm eines seiner eigenen Festgewänder, seine eigenen Schuhe und seinen eigenen Ring gab. Seine Liebe verschlang den Tod immer mehr und wurde schließlich zur Auferstehung bei einem öffentlichen Fest voller ekstatischer Freude, bei dem er verkündete, dass die Vergangenheit nicht zur Debatte stehe, dass es sich um seinen Sohn handele, den er einst verloren und nun wiedergefunden habe und dass dieser seiner Liebe gegenüber einst tot gewesen sei und nun lebe.

In gleicher Weise hat der dreieinige Gott uns vollkommen vergeben, unsere Schuld getilgt und uns mit seiner eigenen Gerechtigkeit bekleidet. Aber um dies zu tun, musste er im Herzen seines dreieinigen Wesens sterben. Er starb, bevor die Rebellion und die daraus resultierende Sünde des Mannes und der Frau und ein sündiges Menschengeschlecht überhaupt erst entstanden waren. Jesus, der Sohn Gottes, wird als vor Grundlegung der Welt geschlachtet beschrieben, also lange bevor sich sein Tod im Zeitgefüge der Menschheitsgeschichte auf Golgatha manifestierte.

In diesen Geschichten zeigt Jesus den überwältigenden Wunsch Gottes, zu vergeben. Er beschreibt ihn als jemanden, der begeistert und schnell gewillt ist, Vergebung zu gewähren; als einen, der Freude am Geben hat und es nicht erwarten kann, das glückliche Gesicht des Empfängers zu sehen, wenn dieser das Geschenk entgegennimmt.

Der ältere Bruder im Gleichnis aus Lukas 15 wollte sich an die Sünden erinnern und den jüngeren Bruder verurteilen und bestrafen. Der Vater hingegen wollte nichts von den Sünden wissen, in die der heimgekehrte Sohn verwickelt gewesen war; er war von dem Wunsch erfüllt, die Rückkehr seines Sohnes mit einer rauschenden Party zu feiern. Wenn wir uns wegen unserer vergangenen Sünden verurteilt fühlen, müssen wir uns an dem Punkt ganz bewusst zu dieser Feier gesellen und zur Melodie der väterlichen Gnade und Liebe tanzen.

Wir müssen nicht durch Reue einen zornigen und gekränkten Gott dazu bringen, uns Vergebung zu gewähren. Vielmehr werden wir von einer intensiven und leidenschaftlichen Liebe willkommen geheißen, die uns förmlich überfällt und auf die wir mit Reue und Umkehr reagieren. Einer solchen Lieben können wir unser Leben ohne Vorbehalt hingeben.

Jesus ging aus dem Tod als unser neues Bundesoberhaupt hervor, nachdem er unsere Vergebung sichergestellt hatte, womit sich die Worte Jesajas erfüllten.

Ich tilge deine Übertretungen wie einen Nebel und deine Sünden wie eine Wolke. Kehre um zu mir, denn ich habe dich erlöst! Frohlockt, ihr Himmel; denn der HERR hat es vollbracht! Jauchzt, ihr Tiefen der Erde! Brecht in Jubel aus, ihr Berge und Wälder samt allen Bäumen, die darin sind! Denn der HERR hat Jakob erlöst, und an Israel verherrlicht er sich. — Jesaja 44,22–23

KAPITEL 13

Ich in dir, du in mir

Um den Bund zu verstehen, sind zwei Formulierungen von größter Bedeutung. Die erste ist der Ausdruck »in Christus«; er weist darauf hin, dass wir wesentlich an den geschichtlichen Ereignissen beteiligt und untrennbar mit ihnen verbunden sind. Er zeigt außerdem an, dass wir durch den Heiligen Geist tatsächlich mit Jesus Christus verbunden und eins geworden sind, sodass seine Geschichte zu der unseren geworden ist. Wir sind in allem, was er vollbracht hat und in allem, was er jetzt in der Himmelswelt ist, untrennbar mit ihm verbunden.

Die zweite Formulierung, die wir überall im Neuen Testament finden, ist »im Geist«; sie kennzeichnet die dynamische Erfahrung der Kraft des Geistes, die uns unmittelbar mit Christus und mit seinem Werk verbindet und dieses in unserem Leben Wirklichkeit werden lässt. Was in der Ewigkeit im liebenden Herzen von Gott dem Vater seinen Ursprung hat, wurde zu einem bestimmten Zeitpunkt in unserer Geschichte durch den Tod und die Auferstehung von Jesus Christus, dem Sohn, verwirklicht und wird vom Volk Gottes durch das Wirken des Heiligen Geistes empfangen und erfahren.

Das Problem der heutigen Christenheit ist unsere Neigung, uns auf eine der beiden Formulierungen zu konzentrieren und die andere zu vernachlässigen. Die einen untersuchen das Werk Christi gegenständlich im Rahmen seiner geschichtlichen Bedeutung, wobei wenig oder gar kein Bewusstsein dafür vorhanden ist, dass der

Geist dieses Werk in unserem Leben heute wirksam werden lässt. Viele andere wiederum sind von der Kraft des Geistes fasziniert, haben aber wenig oder gar kein Interesse daran, zu verstehen, was bei Christi Werk, dem Bundesschluss, menschheitsgeschichtlich geschehen ist. Die beiden Ausdrücke gehören zusammen; der Geist ist die Gegenwart unseres Bundesgottes in der Kraft, die alles, was Christus vollbracht hat, in uns verwirklicht und lebendig macht.

Ich kann nicht genug betonen, welch hohen Stellenwert der Heilige Geist im Bund hat. Ohne den Heiligen Geist gibt es keinen neuen Bund. Die Lebensweise der Menschen des neuen Bundes zeichnet sich dadurch aus, dass sie so lieben, wie sie von Gott geliebt werden; das ist ohne das Wirken des Geistes unmöglich zu verwirklichen. Die übernatürlichen Gaben des Geistes sind Teil der Dynamik des Bundesvolkes und gehen vollständig auf das Wirken des Heiligen Geistes zurück.

Der alte Bund, unter dem Israel lebte, war ein Bund der Schattenbilder, Verheißungen und der Hoffnung. Der neue Bund, der als »besserer Bund« bezeichnet wird, gründet sich auf das Werk des Herrn Jesus und ist in erster Linie ein Bund der Erfüllung und der Macht, in dem Gott und sein Volk durch das Wirken des Geistes kraftvoll und in tätiger Weise miteinander verbunden sind.

Der Bund strebt die Vereinigung zweier Parteien an, etwas, das der alte Bund, obwohl er die Gegenwart Gottes in der Mitte des Volkes in einer sehr realen Weise offenbarte, letztlich nur andeuten, erahnen und erwarten lassen konnte. Hesekiel sah deutlich, dass der Heilige Geist, im Gläubigen wohnend, diese Vereinigung vollenden würde. Er erwartete den Tag, an dem Gott nicht nur *bei*, sondern *in* seinem Volk wohnen würde.

> *Und ich will reines Wasser über euch sprengen, und ihr werdet rein sein; von aller eurer Unreinheit und von*

allen euren Götzen will ich euch reinigen. Und ich will euch ein neues Herz geben und einen neuen Geist in euer Inneres legen; ich will das steinerne Herz aus eurem Fleisch wegnehmen und euch ein fleischernes Herz geben; ja, ich will meinen Geist in euer Inneres legen und werde bewirken, dass ihr in meinen Satzungen wandelt und meine Rechtsbestimmungen befolgt und tut. — Hesekiel 36,25–27

Sowohl Hesekiel als auch Jeremia sahen diesen Tag als den Tag, an dem das Gesetz nicht mehr ein äußeres Gebot, sondern eine innere Lebenshaltung sein würde.

Sondern das ist der Bund, den ich mit dem Haus Israel nach jenen Tagen schließen werde, spricht der HERR: Ich will mein Gesetz in ihr Innerstes hineinlegen und es auf ihre Herzen schreiben, und ich will ihr Gott sein, und sie sollen mein Volk sein. — Jeremia 31,33

Das Herz wird in der Bibel als Ursprung des Verhaltens verstanden und als Quelle, aus der das Leben entspringt:

Mehr als alles andere behüte dein Herz;
denn von ihm geht das Leben aus. — Sprüche 4,23

Das Gesetz wäre dann nicht länger eine Liste äußerer Gebote, sondern käme von innen; es hieße nicht mehr »Das musst du tun«, sondern »Das will ich tun«. Hinter allen Geboten Gottes steht ein einziges Gebot, nämlich zu lieben, wie er liebt, und der neue Bund verbindet uns mit der Liebe Gottes durch den Geist, der die treibende Lebenskraft und unsere Befähigung ist, ein solches Leben zu führen.

Der neue Bund geht weit über die Forderungen des alten Bundes hinaus, der zusammengefasst lautete: »Liebe deinen Nächsten wie dich selbst.« Unter dem neuen Bund gießt der Geist, der in die Gläubigen kommt, die göttliche Liebe mitten in ihr Innerstes aus. In Römer 5,5 heißt es: »Die Liebe Gottes ist ausgegossen in unsere Herzen durch den Heiligen Geist, der uns gegeben worden ist.«

Das bedeutet, dass Jesu Gebot möglich wird:

Ein neues Gebot gebe ich euch, dass ihr einander lieben sollt,
damit, wie ich euch geliebt habe, auch ihr einander liebt.
Daran wird jedermann erkennen, dass ihr meine Jünger seid,
wenn ihr Liebe untereinander habt. — Johannes 13,34–35

Alle Propheten sahen, dass der neue Bund ein Bund des Geistes sein würde. Der Geist würde dem Volk Gottes innewohnen, und aufgrund seiner Gegenwart würde das, was der Kern des Gesetzes ist, eine natürliche Richtung sein, in die das Herz ginge. Wenn Evangelisten davon sprechen, zu Christus zu kommen, rufen sie die Menschen auf, »Jesus zu empfangen« oder »Jesus ins Herz kommen zu lassen«. Das ist zwar richtig, aber das Neue Testament äußert sich nie auf diese Weise über die Errettung. Das Neue Testament spricht von Christen immer als solche, die den Geist empfangen, der dann in der Person wohnt. Der Geist ist es, durch den Jesus in uns weilt.

Paulus ist felsenfest in seiner Überzeugung, dass wir gar keine Christen sind, wenn der Geist nicht in uns wohnt! Indem wir unsere Bekehrung als Empfang von Jesus beschreiben, werden wir zu dem Schluss geführt, dass der Geist erst später empfangen wird und diese Erfahrung einem überdurchschnittlichen Christen, einer geistlichen Elite, vorbehalten ist. Aber die Bibel ist eindeutig: Niemand kann zu Christus gehören, ohne den Heiligen Geist zu haben. Auch können wir ohne das Wirken des Geistes nicht wissen, dass Gott unser lieber Vater und wir seine Söhne und Töchter sind.

Ihr aber seid nicht im Fleisch, sondern im Geist, wenn wirklich Gottes Geist in euch wohnt; wer aber den Geist des Christus nicht hat, der ist nicht sein. — Römer 8,9

Und weil ihr seine Kinder geworden seid, hat Gott euch den Geist seines Sohnes ins Herz gegeben, sodass ihr zu Gott nun »lieber Vater« sagen könnt. — Galater 4,6 NLB

Gottes stürmische Umarmung

Die allererste Segnung, die der Vater dem Gläubigen zuteilwerden lässt, ist die Gabe, den Geist zu kennen, durch den er oder sie den Bund kennengelernt hat. Die Leiter der frühen Gemeinde der ersten Jahrhunderte legten den Neubekehrten, die noch vom Wasser der Taufe durchnässt waren, die Hände auf und beteten, dass sie den Heiligen Geist empfangen würden. Der Geist hatte sie umworben und sie zu Christus geführt, damit sie ihn als Herrn bekennen konnten, und er hatte das Wunder gewirkt, sie mit Christus zu vereinen. Nun beteten sie, dass sie den Geist, in dem sie lebten, in vollem Umfang kennenlernen würden.

Durch den einen Geist wurden wir in der Taufe alle in einen einzigen Leib aufgenommen, Juden und Griechen, Sklaven und Freie; und alle wurden wir mit dem einen Geist getränkt. — 1. Korinther 12,13 EÜ

Der Heilige Geist ist derjenige, der uns in den Leib Christi aufnimmt, und wir trinken dann in vollen Zügen von ihm. Eine Beschreibung der Beziehung des Geistes zu einem Gläubigen findet sich in der Formulierung »auf ihn fallen«.

Während Petrus noch diese Worte redete, fiel der Heilige Geist auf alle, die das Wort hörten. — Apostelgeschichte 10,44

Der Ausdruck »auf jemanden fallen« geht auf das griechische Wort *epipipto* zurück, das so viel bedeutet wie »stürmisch oder inbrünstig umarmen«.[31] Es wird in Lukas 15 verwendet:

Und er machte sich auf und ging zu seinem Vater. Als er aber noch fern war, sah ihn sein Vater und hatte Erbarmen; und er lief, fiel ihm um den Hals und küsste ihn. — Lukas 15,20

Er beschreibt, wie der Vater den heimkehrenden Sohn mit stürmischer, bedingungsloser Liebe überschüttet. Es ist wichtig zu wissen, dass Lukas sowohl die Apostelgeschichte als auch das nach ihm benannte Evangelium geschrieben hat, und daher kein Zweifel daran besteht, was er mit dieser Formulierung meinte. Die erste Erfahrung des Gläubigen sollte eine Umarmung durch Gott den Heiligen Geist sein, der den neuen Gläubigen in der Familie Gottes willkommen heißt.

Wenn wir stürmisch umarmt werden bzw. eine innige Umarmung erfahren, werden alle Vorstellungen, die mit der Liebe verbunden sind, von einem intellektuellen Konzept zu einer tatsächlichen Erfahrung des Geliebtseins. Wenn wir sagen, dass Gott uns liebt, dürfen wir das niemals als emotionslose Aussage einer Lehre betrachten; wir müssen verstehen, dass der Heilige Geist Gott ist, der uns liebt, der uns umarmt und seine Arme um uns schlingt.

Der Heilige Geist ist Gott, der auf uns zuläuft, seine Arme um uns wirft und uns mit ganzer Inbrunst seine Liebe zeigt. Das ist der Quantensprung vom bloßen Wissen um unsere Stellung in Christus, unserem Stellvertreter, zum tatsächlichen Erleben des Bundes in der innigen Umarmung durch Gott den Geist.

In den 1970er Jahren wurde ich einmal eingeladen, vor den Studenten eines großen und angesehenen theologischen Seminars über die charismatische Erneuerung und die Erfahrung des Heiligen Geistes zu sprechen. Ich sprach erst vor dem gesamten Seminar und anschließend vor einer kleineren Klasse. Die Teilnehmer schenkten mir respektvolle Aufmerksamkeit, und nachdem ich meinen Vortrag vor der kleineren Klasse beendet hatte, gab ich Gelegenheit, Fragen zu stellen. Sie löcherten mich etwa fünfundvierzig Minuten lang mit Fragen, und ich merkte, dass es zu einer langweiligen theologischen Debatte ausartete. Ich hob die Hand und sagte: »Ich glaube, ich habe euch anhand der Bibel und der Kirchengeschichte gezeigt, dass der neue Bund der Bund des Geistes ist, und dass wir ihn heute in unserem Leben genauso erfahren können wie die Menschen der frühen Gemeinde zur Zeit des Neuen Testaments. Jetzt sollten wir von der Diskussion dazu übergehen, ihn in unser Leben kommen zu lassen, wie wir es bisher noch nicht getan haben, und ich bitte um das Privileg, euch die Hände auflegen und für euch beten zu dürfen.« Innerhalb von zwei Minuten war das Klassenzimmer leer!

Es machte mich traurig, als ich an all diese Leute dachte, die zwar über Theologie debattieren konnten, aber Angst vor einer echten Interaktion mit dem Gott hatten, den sie studierten. Es erinnerte mich an Wissenschaftler, die einen Frosch sezieren, um dessen Organe zu untersuchen, ohne jemals nachts an einem Seerosenteich gesessen zu haben, um sich von einem Froschchor ein Ständchen bringen zu lassen! Diese Seminarteilnehmer sind heute

Pastoren großer Gemeinden. Sie fürchten sich vor dem Heiligen Geist, der als Einziger diesen neuen Bund zu eben jener Realität macht, die sich auf den Seiten des Neuen Testaments widerspiegelt.

Ohne den Geist ist all das, was hier beschrieben ist, eine schöne Theorie, die aber völlig außerhalb der Realität liegt. Die Liebe Gottes ist keine Theorie, über die Theologen diskutieren, sondern sie wird uns durch den Geist vermittelt. Der Bund ist keine Welt des Theoretisierens und Studierens, von der aus der Gläubige Ausflüge in die »reale« Welt seiner eigenen Schwäche macht, in der er hilflose Kämpfe darum führt, wie Jesus zu sein, und sich dem Chaos eines Lebens in finsteren Zeiten stellt.

Der Geist bindet uns dynamisch in den Bund ein, der zu einem anderen Zeitpunkt der Geschichte geschlossen wurde; er ist Gott mit uns, der die unfassbaren Verheißungen des neuen Bundes real und lebendig werden lässt. Er vereint uns mit dem Leben des auferstandenen Jesus und ist die Kraft, die uns befähigt, Tag für Tag sein Leben zu leben. Der Heilige Geist führt uns in die Welt des neuen Bundes ein, die »das Reich der Himmel« genannt wird und die jetzt unsere wirkliche Welt ist; wir leben und arbeiten zwar in dieser vergänglichen Scheinwelt, aber wir sind nicht von ihr, denn durch den Geist leben wir von Augenblick zu Augenblick in Christus.

Die Wohnstätte Gottes

Der neue Bund beschreibt eine Einheit zwischen Gott und Mensch, die so vollkommen ist, dass sie mit der Herrlichkeit Gottes, die in der Stiftshütte und dem Tempel des alten Bundes wohnte, vergleichbar ist. Die Körper von Männern und Frauen sind zur Wohnung des Heiligen Geistes geworden. Das griechische Wort, das den gesamten Tempelbereich bezeichnet, ist *hieron*,[32] aber das

Wort für das innerste Heiligtum des Tempels, die Wohnstätte der Herrlichkeit Gottes inmitten seines Volkes, das sogenannte Allerheiligste, ist *naos*.[33] Als Paulus zu den Gläubigen in Korinth spricht, beschreibt er jeden von ihnen als *naos*: das Allerheiligste, das von der göttlichen Gegenwart erfüllt ist.

> *Wer aber dem Herrn anhängt, ist ein Geist mit ihm. … Oder wisst ihr nicht, dass euer Leib ein Tempel des in euch wohnenden Heiligen Geistes ist, den ihr von Gott empfangen habt, und dass ihr nicht euch selbst gehört? Denn ihr seid teuer erkauft; darum verherrlicht Gott in eurem Leib und in eurem Geist, die Gott gehören! — 1. Korinther 6,17.19–20*

Ein Mensch unter dem alten Bund konnte sich ein solches Privileg nicht vorstellen; die Herrlichkeit Gottes wohnte in einem Zelt und später in einem Gebäude, in das sie gingen; dass die Herrlichkeit in Menschen wohnen würde, wäre für sie unbegreiflich gewesen. In allem, was wir tun, in allen unseren Beziehungen, sind wir Träger der göttlichen Gegenwart. Wir dürfen uns nie losgelöst von unserer absoluten Einheit mit dem Geist Christi sehen.

Es ist die Gegenwart des Geistes in uns, die unsere Beziehung zu Jesus Wirklichkeit werden lässt.

> *Und ich will den Vater bitten, und er wird euch einen anderen Beistand geben, dass er bei euch bleibt in Ewigkeit, den Geist der Wahrheit, den die Welt nicht empfangen kann, denn sie beachtet ihn nicht und erkennt ihn nicht; ihr aber erkennt ihn, denn er bleibt bei euch und wird in euch sein. Ich lasse euch nicht als Waisen zurück; ich komme zu euch. … An jenem Tag werdet ihr erkennen, dass ich in meinem Vater bin und ihr in mir und ich in euch. — Johannes 14,16–18.20*

Jesus antwortete und sprach zu ihm: Wenn jemand mich liebt, so wird er mein Wort befolgen, und mein Vater wird ihn lieben, und wir werden zu ihm kommen und Wohnung bei ihm machen. — Johannes 14,23

Unsere Bündnisbeziehung zu Gott hängt ganz davon ab, dass uns der Heilige Geist gegeben wird, um in uns zu wohnen. Jesus sagte, dass der Tag, an dem der Geist komme, der Tag sein werde, an dem die Gläubigen ihre Einheit erfahren würden. »An jenem Tag«, dem Tag, an dem der Geist käme, würden die Gläubigen wissen: »Ich bin in meinem Vater, und ihr seid in mir und ich bin in euch« (Vers 20), und weiter: »Wir werden zu ihm kommen und Wohnung bei ihm machen« (Vers 23). Es gibt keine treffendere, gefühlstiefere Formulierung, um unsere Einheit zu beschreiben als »ihr in mir und ich in euch«. Dein Körper, dein Verstand und deine Gefühle sind durch die Gegenwart des Heiligen Geistes die Heimat der Gottheit. Bleib mal kurz an dieser Stelle und lass diese Worte auf dich wirken; berühre deine Haut und mach dir bewusst, dass der Geist in jeder Zelle deines Körpers wohnt.

Der Weinstock und die Reben

Diese intensive Verbindung, die wir mit dem dreieinigen Gott haben, wird in Johannes 15,1–8 mit dem Bild des Weinstocks und den Reben beschrieben. Jesus sagt uns: »Ich bin der wahre Weinstock, und mein Vater ist der Weingärtner« (Vers 1).

Wir haben es in diesen Versen nicht mit einem Gleichnis zu tun, sondern hier wird eine Parallele gezogen zwischen der Beziehung, die ein Weinstock zu seinen Reben hat, und der Beziehung, die wir durch den Geist zu Jesus haben. In Vers 5 sagt Jesus: »Ich bin der Weinstock, ihr seid die Reben.« Er bringt deutlich zum Ausdruck, dass er der Weinstock ist und wir die Reben sind, und somit trifft alles, was für die Beziehung des Weinstocks zu den Reben gilt, auch auf seine Beziehung zu den Gläubigen zu.

Ich muss betonen, dass er die Beziehung zwischen Weinstock und Reben als vollendete Tatsache schildert. Das ist der Punkt, an dem wir Gläubigen uns jetzt in unserer Beziehung zu ihm befinden. Es ist wichtig, dass wir dies erkennen, denn es gibt viele, die diese überaus innige Beziehung als etwas ansehen, auf das der Gläubige als eine zukünftige tiefere Lebenserfahrung zusteuert. Es werden Gebete gesprochen, in denen wir Gott bitten, uns beim Erreichen dieses Zustands zu helfen. Dabei ist dies keine Erfahrung einiger weniger fortgeschrittener Gläubiger, sondern die Art und Weise, wie unsere Bündnisbeziehung zu ihm vom ersten Augenblick unserer Errettung an zu verstehen ist.

Wir erkennen oder verstehen diese Beziehung nicht, wenn wir wiedergeboren werden, genauso wenig wie ein neugeborenes Baby versteht, was es bedeutet, ein Mensch zu sein; aber wie das Baby wachsen wir in das hinein, was vom Moment der Empfängnis an die Wahrheit war und ist. Wir werden den Rest unseres Lebens brauchen, um zu ergründen, was dies in seiner ganzen Tiefe bedeutet, und wir werden in der Erfahrung dessen immer weiter wachsen. Aber wir werden niemals in der Erkenntnis und Erfahrung einer solchen Beziehung wachsen, solange wir nicht die Wahrheit begreifen, dass wir jetzt in Christus sind. Selbst wenn wir aus Unwissenheit bisher noch nicht in seiner Kraft gelebt haben, ist dies unsere Adresse: in Christus.

Er sagt zu den um den Tisch versammelten Jüngern: »Das ist der Ort, an dem ihr seid, und von hier aus sollt ihr das Leben gestalten.« Das ist keine Aufforderung, uns darum zu bemühen, eine Rebe zu werden! Es ist kein Appell an unsere Willenskraft; er weiht uns in das Geheimnis unserer Beziehung zu Gott im neuen Bund ein.

In Christus bleiben

Es ist absolut unerlässlich, dass wir die Bedeutung der Worte Jesu – »Bleibt in mir« (Vers 4) – wirklich verstehen. Verschiedene Übersetzungen versuchen, die Bedeutung dieses Satzes zu erfassen, und übersetzen ihn mit »weilen in«, »leben in«, »bleiben in« und »verbunden bleiben mit«. Wenn dieser Ausdruck im Zusammenhang mit Personen verwendet wird, beschreibt er, dass eine Person beharrlich in der Einheit mit einer anderen verbleibt, um mit der anderen in Herz, Verstand und Willen eins zu sein. Er beschreibt eine echte, konkrete Verbindung, die sich in der Gemeinschaft und Kommunikation zwischen zwei oder mehreren Personen ausdrückt.

Um diesen Satz zu verstehen, ist es von größter Wichtigkeit zu beachten, dass Jesus mit dieser Formulierung seine innige Beziehung zum Vater als ein gegenseitiges Innewohnen, als eine Einheit, beschreibt. Das »bleiben« aus Johannes 15,4 wurde hier mit »wohnen« übersetzt.

> *Glaubst du nicht, dass ich im Vater bin und der Vater in mir ist? Die Worte, die ich zu euch rede, rede ich nicht aus mir selbst; und der Vater, der in mir wohnt, der tut die Werke. Glaubt mir, dass ich im Vater bin und der Vater in mir ist; wenn nicht, so glaubt mir doch um der Werke willen!*
> *— Johannes 14,10–11*

Wir haben im vorletzten Abschnitt gesehen, was er über den Tag sagte, an dem der Geist gegeben würde: Wir würden erkennen, »dass ich in meinem Vater bin und ihr in mir und ich in euch« (Joh 14,20). Hier verwendet er diesen Ausdruck ein weiteres Mal, um die Beziehung zu beschreiben, die er mit jedem Gläubigen hat.

Dieser kurze Ausspruch ist das Herzstück des neuen Bundes und beschreibt die unfassbare Einheit, die besteht: Christus ist im Gläubigen, der Gläubige ist in Christus, und Christus ist im Vater, wie der Vater in ihm ist. Kolosser 3,3 bringt es auf den Punkt: »Denn ihr seid gestorben, und euer Leben ist verborgen mit Christus in Gott.«

Dieser Wortlaut ist der Schlüssel für die gesamte Beziehung zwischen Weinstock und Rebe; auf diese Weise empfängt der Gläubige sein Leben und schöpft es aus dem Leben Jesu.

Bleibt in mir, und ich [bleibe] in euch! Gleichwie die Rebe nicht von sich selbst aus Frucht bringen kann, wenn sie nicht am Weinstock bleibt, so auch ihr nicht, wenn ihr nicht in mir bleibt. Ich bin der Weinstock, ihr seid die Reben. Wer in mir bleibt und ich in ihm, der bringt viel Frucht; denn getrennt von mir könnt ihr nichts tun. … Wenn ihr in mir bleibt und meine Worte in euch bleiben, so werdet ihr bitten, was ihr wollt, und es wird euch zuteil werden. — Johannes 15,4–5.7

In seinem ersten Brief beschreibt Johannes einen Gläubigen als jemanden, der in Christus, in Gott, bleibt:

Wer nun bekennt, dass Jesus der Sohn Gottes ist, in dem bleibt Gott und er in Gott. Und wir haben die Liebe erkannt und geglaubt, die Gott zu uns hat. Gott ist Liebe, und wer

in der Liebe bleibt, der bleibt in Gott und Gott in ihm.
— 1. Johannes 4,15–16

Das Leben eines Christen ist der fortlaufende Akt, in ihm zu bleiben, in ihm zu wohnen, ihn als unser Leben wahrzunehmen und diese Beziehung entschlossen weiterzuführen. Es ist die Entscheidung, für ihn präsent zu sein, der sich verpflichtet hat, für uns präsent zu sein.

Glaube bedeutet, im Geist, im tiefsten Inneren immer in der Gegenwart Gottes zu bleiben, dessen Wesenskern die Liebe ist, und zu wissen, dass er die endgültige Wahrheit ist und dass er, wie uns 2. Johannes 2 sagt, um der Wahrheit willen gesprochen hat, die in uns bleibt und für immer bei uns sein wird. In dieser Gegenwart sagen wir Amen zu seinem Willen und seinem Wort der Wahrheit. Dass wir ihm gehorchen und sein Leben in unserem Verhalten zum Ausdruck bringen, ist die Folge unseres In-ihm-Bleibens.

Wer sagt, dass er in ihm bleibt, der soll so leben, wie er gelebt hat.
— 1. Johannes 2,6 LUT

Und wer seine Gebote hält, der bleibt in Gott und Gott in ihm. Und daran erkennen wir, dass er in uns bleibt: an dem Geist, den er uns gegeben hat. — 1. Johannes 3,24

Mit ihm verbunden

Die Beziehung zwischen Christus, dem Weinstock, und uns Gläubigen, den Reben, die in ihm bleiben, beschreibt das Ausmaß der Einheit mit Christus, die wir genießen. Es räumt für immer mit der Vorstellung auf, dass er »dort oben« oder »dort drüben« ist oder dass wir einen Gottesdienst besuchen müssen, um ihn zu finden. Wir leben verbunden mit ihm als Quelle unseres Lebens.

Die Reben des Weinstocks können nicht funktionieren, wenn sie nicht mit dem lebenserhaltenden Fluss des Rebensaftes verbunden sind, der den Weinstock zu einem lebendigen Weinstock macht. Das Leben des Weinstocks ist die Energie, die Lebensquelle, die die Früchte hervorbringt, die an den Reben zu finden sind. Die Reben bringen die Früchte hervor, aber sie tun dies aus dem Saft heraus, der sie durchströmt, und es ist nur natürlich, dass das Leben der Rebe Trauben hervorbringt; die Reben mühen sich nicht mit der unmöglichen Aufgabe ab, eine Frucht hervorzubringen, die der Natur des Weinstocks fremd ist.

Das Ausleben der Liebe Gottes in unserem Verhalten ist kein Gewaltmarathon, bei dem wir versuchen, durch schiere Willenskraft wie Jesus zu sein. Wir sollten die Tatsache akzeptieren, dass das Leben, wie es der neue Bund verkörpert, für den Menschen ohne Hilfe unmöglich zu verwirklichen ist. Es kann nur durch Jesus selbst geschehen, der durch seinen Geist in uns lebt; er wird zu unserer Quelle und Befähigung, das Leben der göttlichen Liebe so zu leben, wie es der neue Bund verlangt. Wenn wir dies verstanden haben, ist unser Christenleben nicht mehr zwanghaft darauf ausgerichtet, einen Lebensstil zu entwickeln, der uns im Grunde fremd und unangenehm ist. Sobald die Quelle der Liebe zum Mittelpunkt und Ursprung unseres Lebens wird, ist ein Lebensstil der göttlichen Liebe nicht fremd und unangenehm, sondern ganz natürlich.

Kennzeichnend für eine tote Religion ist die Selbstverpflichtung ihrer Anhänger, bestimmte Gelübde einzuhalten, mit dem Ziel, Gott zu gefallen. Die Pharisäer zur Zeit Jesu nannten es »das Joch des Gesetzes auf sich nehmen«. So wie die Ochsen vor den Pflug gespannt wurden, so sahen sie sich vor das Gesetz gespannt, befolgten jedes seiner Gebote und versuchten, es mit reiner Willenskraft vollkommen einzuhalten. Das führte zu einer geistlichen Ermüdung bis hin zur völligen Erschöpfung, einem Burnout des Geistes. An diese angestrengten, erschöpften Menschen und an diejenigen, die ihnen folgten, richtete Jesus seine Einladung:

Kommt her zu mir alle, die ihr mühselig und beladen seid, so will ich euch erquicken! Nehmt auf euch mein Joch und lernt von mir, denn ich bin sanftmütig und von Herzen demütig; so werdet ihr Ruhe finden für eure Seelen! Denn mein Joch ist sanft und meine Last ist leicht. — Matthäus 11,28–30

Er rief sie auf, das Joch toter Gebote und Regeln, die keine Hilfe bei deren Einhaltung boten, aufzugeben und zu ihm zu kommen. Er versprach, eben jenes Leben in ihnen zu sein, das alle Regeln erfüllen würde, deren Einhaltung Gott jemals gefordert hat. Das Christentum ist keine Liste von Verhaltensregeln, die den Zehn Geboten überlegen sind. Er bot nicht den Weg des Gesetzes in aktualisierter und verbesserter Form an; er bewegte sich nicht im Reich des Gesetzes, sondern im Reich des Lebens.

Er kam, um den neuen Bund zu bringen. Das Wort, das im Griechischen für »neu« verwendet wird, ist nicht dasselbe Wort, mit dem man beispielsweise das neueste Modell einer Fahrzeugserie beschreiben würde. In diesem Sinne würde »neu« die aktuellste und verbesserte Version einer langen Reihe von Modellen bedeuten. »Neu«, wie es im Zusammenhang mit dem neuen Bund verwendet wird, hat die Bedeutung von neu in der Art. Am Beispiel des neuen Autos würde das bedeuten, dass es sich um ein ganz neues Verkehrsmittel handelt! Der neue Bund war keine überarbeitete Neufassung der Gesetzesreligion, sondern führte völlig neuartige Konzepte ein, die noch nie in das menschliche

Herz vorgedrungen waren. Das war etwas, was sich die Propheten in ihren kühnsten Träumen nicht hätten vorstellen können – keine Liste von Regeln, sondern eine direkte Verbindung mit dem Leben der vollkommenen Liebe selbst.

Wir können uns eine traubenproduzierende Rebe nicht losgelöst von dem Leben des Weinstocks vorstellen, das durch sie fließt. Botaniker mögen sie in ihren Studien und Forschungen getrennt voneinander betrachten, aber in Wirklichkeit gibt es so etwas nicht. Die Trauben werden richtigerweise als Frucht des Weinstocks bezeichnet, niemals als Frucht der Rebe! Ebenso kann sich ein Gläubiger niemals getrennt vom Geist Christi sehen, der das Leben Jesu in und durch ihn lebt.

Die Trauben sind das Leben des Weinstocks, das in eine Form gebracht worden ist, die nun von allen gegessen und genossen werden kann. Das Endziel der Einheit des Gläubigen mit Christus besteht also darin, dass das Leben Christi durch den Gläubigen in seiner Rolle als Mensch zum Segen der Welt freigesetzt werden kann.

> *Bleibt in mir und ich bleibe in euch. Wie die Rebe aus sich keine Frucht bringen kann, sondern nur, wenn sie am Weinstock bleibt, so auch ihr, wenn ihr nicht in mir bleibt. Ich bin der Weinstock, ihr seid die Reben. Wer in mir bleibt und in wem ich bleibe, der bringt reiche Frucht; denn getrennt von mir könnt ihr nichts vollbringen. — Johannes 15,4–5* EÜ

Vielleicht noch wunderbarer ist, dass Christus mit den Reben verbunden ist und von ihnen erkannt wird. Wenn wir von einem Weinstock sprechen, schließen wir per Definition die Reben mit ein – einen Weinstock ohne Reben nennen wir nicht Weinstock, sondern Stumpf! Das Leben des Weinstocks kommt durch die

Reben zum Ausdruck; der Saft oder das Leben des Weinstocks muss Reben haben, durch die er sich ausdrückt und die Trauben hervorbringt. Ohne die Reben wäre es unmöglich, den Weinstock als solchen zu erkennen oder die Art seines Lebens zu bestimmen. Wir als Gläubige können uns selbst nur in der Verbindung mit Christus sehen; aber noch erstaunlicher ist, dass wir Jesus nur in der Verbindung mit seinem Leib, der Gemeinde, sehen können, durch die er heute auf der Erde lebt und wirkt.

Eins plus eins gleich eins

So hat Paulus sein eigenes Leben beschrieben:

> *Ich bin mit Christus gekreuzigt; und nun lebe ich, aber nicht mehr ich [selbst], sondern Christus lebt in mir. Was ich aber jetzt im Fleisch lebe, das lebe ich im Glauben an den Sohn Gottes, der mich geliebt und sich selbst für mich hingegeben hat. — Galater 2,20*

Paulus sprach nie davon, dass er versuchte, wie Jesus zu sein, sondern dass Christus persönlich in und durch ihn lebte.

Er stützte seine Lehre hinsichtlich der christusähnlichen Lebensweise der Gläubigen in Philippi auf diese Realität:

> *Darum, meine Geliebten, wie ihr allezeit gehorsam gewesen seid, nicht allein in meiner Gegenwart, sondern jetzt noch viel mehr in meiner Abwesenheit, verwirklicht eure Rettung mit Furcht und Zittern; denn Gott ist es, der in euch sowohl das Wollen als auch das Vollbringen wirkt nach seinem Wohlgefallen. — Philipper 2,12–13*

Sie mussten ihr Heil verwirklichen oder buchstäblich zur Ernte bringen, und sie taten dies mit großer Ehrfurcht und Ernsthaftigkeit, aber sie konnten dies nur erreichen, weil Gott der Geist in ihrem Inneren sowohl den Willen als auch die entsprechenden Taten hervorbrachte.

Als Paulus dafür betete, dass die Galater zur Reife kämen, nannte er als Ziel seines Gebets, dass Christus in ihnen geformt würde: »Meine Kinder, für die ich von Neuem Geburtswehen erleide, bis Christus in euch Gestalt annimmt« (Gal 4,19 EÜ).

Sobald Christus in ihnen Gestalt annehmen würde, wäre er nicht nur an ihrer Seite, um sie zu trösten und anzuleiten, oder vor ihnen als Wegweiser, der ihnen zeigte, wohin sie ihre Füße setzen sollten; er wäre nicht in einem weit entfernten Himmel, wo er auf ein Ferngespräch mit ihnen warten würde! Er wäre dann vielmehr in ihnen, eins mit ihrem wahren und innersten Selbst.

Paulus verstand, dass seine Verkündigung nichts anderes war als der lebendige Christus selbst, der durch ihn wirkte: »Denn ich würde nicht wagen, von irgendetwas zu reden, das nicht Christus durch mich gewirkt hat, um die Heiden zum Gehorsam zu bringen durch Wort und Werk« (Röm 15,18). Sein Dienst bestand nicht darin, etwas für Gott zu tun, sondern darin, Christus in und durch ihn wirken zu lassen.

Paulus wurde von den römischen Machthabern wegen seines Glaubens ins Gefängnis geworfen. Aus der Zelle schrieb er an die Philipper. In einem sehr persönlichen Passus schildert er seine Gefühle, während er im Gefängnis saß und auf das Urteil wartete, das entweder Freiheit oder das Todesurteil bedeuten konnte. Er bat um ihr Gebet und schrieb dann:

Denn ich weiß: Das wird zu meiner Rettung führen durch euer Gebet und durch die Hilfe des Geistes Jesu Christi.

Denn ich erwarte und hoffe, dass ich in keiner Hinsicht beschämt werde, dass vielmehr Christus in aller Öffentlichkeit – wie immer, so auch jetzt – verherrlicht werden wird in meinem Leibe, ob ich lebe oder sterbe. Denn für mich ist Christus das Leben und Sterben Gewinn.
— Philipper 1,19–20

Dass er im Gefängnis war, bedeutete, dass Christus ebenfalls dort war und diese Erfahrung mit ihm teilte, und zwar in einer solchen Intensität, dass Betrachter ihn in Paulus' Verhalten und Worten wahrnehmen konnten.

Diese Realität ist für uns sehr schwer zu begreifen. Es ist viel einfacher für uns, Christus unsichtbar neben uns zu sehen. Er *ist* bei uns, aber die Betonung des Neuen Testaments liegt darauf, dass er in uns ist und wir in ihm sind. Er ist in mir, in dir, in uns, in allem, was wir tun und was wir erleben. In uns handelt er, spürt unser Leid und kennt unsere Freude.

»Für mich ist Christus das Leben« bedeutet, dass die Erfahrung, die ich in diesem Moment mache, dass das, was ich tue, von Jesus in mir erlebt und getan wird. Er ist es, der jetzt die Tasten dieses Computers drückt; er ist es, der die Lebensmittel einkauft, zum Unterricht geht. In und durch uns hat er ständigen Zugang zum menschlichen Leben. Und doch sind wir keine passiven Roboter, sondern nehmen voll am Leben teil und treffen echte Entscheidungen. Das ist das wunderbare Geheimnis des Glaubens.

Die Formel des neuen Bundes ist eins plus eins gleich eins. Er ist eins mit uns, er erlebt die anstrengenden Menschen, mit denen wir arbeiten müssen, denn er arbeitet ja mit ihnen von unserem Inneren aus. Er erlebt die nervigen Autofahrer im Berufsverkehr und die alten Damen, die auf dem Weg von der Kirche nach Hause in ihrem Auto die Straße entlangschleichen. Er lacht bei deinen

Feiern. Er weint am Grab deines Liebsten und erlebt deinen Verlust. In dir stellt er sich deinen Versuchungen und dem Druck des Lebens. Er wird mit den Chancen und Herausforderungen des Lebens konfrontiert, und entscheidet sich in dir, sie anzunehmen. Indem er sie in uns erlebt, ist er in unserem Innersten immer als die Kraft, die Weisheit und die Fähigkeit gegenwärtig, die jede Situation besteht. Unser Leben ist nicht etwas, von dem wir ihm in unseren allabendlichen Gebeten berichten, denn er hat es Sekunde für Sekunde in uns gelebt.

Dieses Leben ist nicht die Wirkungsstätte von Eremiten und dermaßen vergeistigt, dass es nur in einer Mönchszelle verbracht werden kann. Alle Aufforderungen, zu lieben oder die Werke des Fleisches abzulegen, gelten dem alltäglichen Leben, das wir zu Hause und am Arbeitsplatz führen, umgeben von ganz gewöhnlichen Menschen. Am Abendbrottisch legen wir Zorn und Bosheit ab und ziehen die Liebe an; am Arbeitsplatz werden wir in seiner Kraft mit Neid und Gier fertig und verherrlichen ihn in unserem Körper. Er hört zu und kümmert sich in der Kaffeeküche um verletzte Menschen.

Aber wir sind nicht seine Marionetten! Wir sind keine unbeteiligten Roboter, keine perfekten Bauchrednerpuppen. Der verherrlichte Jesus ist in uns, und unser Glaubensweg besteht darin, dass wir uns entscheiden, den Begierden des Fleisches zu sterben, die bestrebt sind, unabhängig von ihm zu leben und der Lüge gerecht zu werden, und uns stattdessen widerstandslos auf seine Kraft in uns verlassen.

KAPITEL 14

Die Zusammenfassung eines Lebens als Christ

Das Leben als Christ lässt sich so zusammenfassen: Es ist das Bewusstsein, dass er in uns lebt und dass wir in jeder Situation, in der wir uns befinden, aus seinem unendlichen Leben schöpfen. Das bedeutet, dass wir im Laufe unseres Wachsens und Reifens in Christus zunehmend ein Gefühl für unsere eigene Schwäche bekommen, sodass wir nicht länger auf uns selbst vertrauen und proportional dazu aus seiner Kraft heraus zu leben beginnen.

Paulus ging durch eine Zeit voller Belastungen, in der er die Lektion lernte, seine Schwäche zu erkennen, damit Christus sein Leben und seine Stärke sein konnte. Er hat dies in seinem Brief an die Korinther festgehalten:

> *Damit ich mich wegen der einzigartigen Offenbarungen nicht überhebe, wurde mir ein Stachel ins Fleisch gestoßen: ein Bote Satans, der mich mit Fäusten schlagen soll, damit ich mich nicht überhebe. Dreimal habe ich den Herrn angefleht, dass dieser Bote Satans von mir ablasse. Er aber antwortete mir: Meine Gnade genügt dir; denn die Kraft wird in der Schwachheit vollendet. Viel lieber also will ich mich meiner Schwachheit rühmen, damit die Kraft Christi auf mich herabkommt. Deswegen bejahe ich meine Ohnmacht, alle Misshandlungen und Nöte, Verfolgungen und Ängste, die ich*

für Christus ertrage; denn wenn ich schwach bin, dann bin ich stark. — 2. Korinther 12,7–10 EÜ

Wir wissen nicht mit Sicherheit, was dieser Stachel im Fleisch war. Es scheint mir, dass er von den Männern sprach, die ihn verfolgten und versuchten, seinen Namen zu beschmutzen und das von ihm gepredigte Evangelium zu verdrehen, also jene Männer, von denen er in den vorangegangenen Kapiteln des Korintherbriefes gesprochen hatte. Aber für unsere Betrachtung ist es nicht von Belang, worin dieser Stachel bestand. Unser Interesse gilt dem, was er aus der Situation gemacht hat. Es war sicherlich eine schwierige Zeit; ein Bote des Satans, der dir einen Stachel in die Seite treibt, ist keine kleine Herausforderung!

Im Gebet flehte er darum, dass Gott ihn wegnehmen möge. Dieses »dreimal« ist die hebräische Art, »immer wieder« zu sagen. Aber das Gebet wurde auf unerwartete Weise erhört. Das Problem wurde nicht beseitigt, sondern es wurde zu einer Situation, in der Paulus die Realität des in ihm lebenden Christus kennenlernte. In der Bibel heißt es: »Er aber antwortete mir: ›Meine Gnade genügt dir; denn die Kraft wird in der Schwachheit vollendet‹« (Vers 9).

Die *Amplified Bible* gibt es so wieder: »Meine Kraft und Macht werden vervollkommnet (erfüllt und vollendet) und zeigen sich am wirksamsten in [deiner] Schwachheit.«

Die Schwierigkeiten, die er durchmachte, hatten ihm jeden Glauben und jede Erwartung an seine eigene Kraft genommen; der Verlust seines Vertrauens in sich selbst machte ihn zum perfekten Instrument, um die Kraft Christi zum Ausdruck zu bringen.

Es fällt uns schwer, uns diese Hilflosigkeit einzugestehen. Wir glauben nicht, dass wir schwach sind! Wir glauben, dass wir Gott gefallen können, wenn wir uns nur ein wenig mehr anstrengen. Unsere Gebete sind selten Ausdruck völliger Schwäche; meistens sind sie nur von dem Wunsch beseelt, Gott möge uns helfen, indem er unsere Kräfte stärkt und uns dort hilft, wo wir selber nicht klarkommen. Aber die Lektion, die Paulus lernte, macht deutlich, dass Christi Leben nur dann in und durch uns sichtbar werden kann, wenn wir uns im Zustand absoluter Schwachheit befinden.

Der Druck, der uns zwingt, uns der eigenen Schwachheit bewusst zu werden, kann als Segen betrachtet werden; das Wissen um unsere Schwachheit getrennt von ihm macht es uns leichter, sein Leben durch uns fließen zu lassen, wie Paulus am Ende des Bibelabschnitts feststellt: »Darum will ich mich lieber meiner Schwachheit rühmen, damit die Kraft Christi auf mir ruht« (Vers 9).

Er verwendet hier einen Ausdruck, der schwer zu übersetzen ist. Dieses »auf mir ruht« umschreibt, dass man von etwas umhüllt ist, dass man sich außer Sicht im Inneren von etwas befindet.[34] Die *Amplified Bible* formuliert es so: »damit die Kraft Christi auf mir ruhen (ja, ihr Zelt über mir aufschlagen und dort wohnen) möge!«

Es hat den Anschein, dass diese Erfahrung ein lebensverändernder Moment für ihn war. Gut möglich, dass er sich in Philipper 4,11–13 darauf bezog:

Nicht wegen des Mangels sage ich das; ich habe nämlich gelernt, mit der Lage zufrieden zu sein, in der ich mich befinde. Denn ich verstehe mich aufs Armsein, ich verstehe mich aber auch aufs Reichsein; ich bin mit allem und jedem vertraut, sowohl satt zu sein als auch zu hungern, sowohl Überfluss zu haben als auch Mangel zu leiden. Ich vermag alles durch den, der mich stark macht, Christus.

Die Worte »ich habe gelernt« bedeuten konkret »ich bin in ein Geheimnis eingeweiht worden«, und ich glaube, dass dies zu dem Zeitpunkt geschah, als er das, worauf er sich in 2. Korinther 12 bezieht, durchmachte, was es auch gewesen sein mag. An den Punkt völliger Schwachheit gebracht zu werden, machte ihn mit dem Geheimnis vertraut, wie er jede Situation bewältigen konnte, die das Leben ihm auferlegte. Er hatte das Geheimnis entdeckt, wie man in jeder Lebenslage zufrieden sein kann.

Das Wort »zufrieden« bedeutet, »zu genügen, genügend Kraft zu haben, einer Sache zu genügen«.[35] Es war das Lieblingswort der Stoiker, die glaubten, dass ein Mensch durch Ausübung seiner eigenen Willenskraft in der Lage sein sollte, den Auswirkungen seiner Umstände zu widerstehen und friedvoll, unerschüttert und ungerührt zu sein, was auch immer um einen herum geschehen mochte.[36] Paulus wollte damit sagen, dass er in die wahre Zufriedenheit eingeweiht war, die nicht seiner eigenen Willenskraft oder Selbstgenügsamkeit, sondern Christus in ihm entsprang.

Er erklärte das Geheimnis, das eigentlich eine Erweiterung dessen war, was man ihn gelehrt hatte. »Ich vermag alles durch den, der mich stark macht, Christus.« Es ist dieses »stark machen«, das für uns von Interesse ist. Die wörtliche Übersetzung lautet »innerlich stärken«, was vielleicht besser als »mit Kraft erfüllen« oder sogar mit »beleben« wiedergegeben werden kann.[37] Er wollte damit sagen, dass er in der Kraft Christi, die sein ganzes Wesen erfüllte und belebte, alles tun und bewältigen konnte. In der *Amplified Bible* heißt es: »Ich bin vollständig in der Vollständigkeit Christi.«

Ich weiß noch, wie ich vor vielen Jahren in England in einem Café saß und bei einer Tasse Tee mit diesen Wahrheiten rang. Ich schaute auf das Teekännchen und stellte plötzlich fest, dass das Wort »stärken« von der Flüssigkeit in meiner Tasse verbildlicht wurde. Die Briten sind zu Recht stolz auf die Art und Weise, wie sie Tee zubereiten! Sie wärmen die Teekanne vor, geben pro Tasse einen Löffel Tee plus einen extra für die Kanne hinein, gießen dann das kochend heiße Wasser in die Kanne und warten, bis der

Tee sich mit dem Wasser vereint. Meine Großmutter pflegte zu sagen, dass sie »Tee durchziehen« lassen wolle.

Als ich auf die Teekanne und meine Tasse Tee starrte, wurde mir klar, dass ich nicht wirklich Tee trank, denn die Blätter befanden sich am Boden der Kanne. Ich trank »Teewasser« – das geschmacksneutrale Wasser, das sich mit der reichhaltigen Kraft des Tees vereint hatte und nun zu meinem Genuss bereitstand. So wurde mir klar, dass ich in diesem Bund mit Christus nicht zu ihm werde, genauso wenig wie das Wasser zu den Blättern wird, und er auch nicht zu mir wird; dennoch vereint er mein fades, leeres Leben mit seinem reichhaltigen, ewigen Leben, damit die Welt durch mein Leben von ihm kosten kann. Ohne ihn wäre mein Leben ein Nichts.

Aber auch hier ist zu beachten, dass Paulus in Philipper 4,11–13 nicht als Marionette gesprochen hat. Er ging durch die Höhen und Tiefen des Lebens, mit allem, was dazugehört, und er war auch fähig, alles Erforderliche zu tun und dabei vollkommenen Frieden zu bewahren. Er war sich aber immer bewusst, dass er das, was er zu tun hatte, in der Kraft Christi tat, von der er durchdrungen war.

Der gleiche Gedanke findet sich in Kolosser 1,11, wo Paulus für die Gläubigen betet, dass sie »… mit aller Kraft gestärkt (würden) gemäß der Macht seiner Herrlichkeit zu allem standhaften Ausharren und aller Langmut, mit Freuden«.

Die Worte, die er hier für Kraft verwendet, sind für sich genommen eine Betrachtung wert. Das Wort »gestärkt« leitet sich von *dynamis* ab, was Fähigkeit oder innewohnende Kraft bedeutet.[38] Der Ausdruck »mit aller Macht« ist eine weitere Ableitung des Wortes *dynamis*, und der Ausdruck »Macht seiner Herrlichkeit« geht auf das Wort *kratos* zurück, das die allmächtigen Kraft Gottes beschreibt.[39]

Anstatt »gemäß der« könnte man auch »in Übereinstimmung mit« sagen. Nehmen wir an, ich möchte zu meinem Zimmer im sechsten Stock eines Hotels. Ich steige in den Aufzug, und der bringt mich zu meiner Etage. Wenn der Aufzug auf Höhe der sechsten Etage ist, öffnet sich die Tür, weil Fahrstuhlboden und Flur in Übereinstimmung sind. Zu diesem Zeitpunkt könnte man sagen, dass die Position des Fahrstuhls gemäß der Lage des sechsten Stockwerks ist.

Nimmt man all dies zusammen, so lesen wir hier, dass die Stärkung »mit aller Kraft«, die wir erhalten, mit der »allmächtigen Kraft Gottes übereinstimmt«. Von dieser Einheit im Bund sprechen wir hier!

Ich habe schon Leute sagen hören: »Mit einer solchen Kraft in uns, lasst uns doch ein paar Wunder vollbringen!« Der Vers beschreibt dann die Wunder, die durch diese Kraft in uns gewirkt werden: »zu allem standhaften Ausharren und aller Langmut«, hierbei geht es um die Geduld gegenüber Umständen und Menschen.[40] Christus Jesus ist in uns, um in und durch uns zu leben und die allmächtige Kraft seines Lebens in alles und jedes einfließen zu lassen, das uns im Laufe unseres Lebens begegnet.

Um das Wirken des Geistes beten

Der Heilige Geist führt uns zum Bund und macht uns zu Teilhabern daran, aber unsere Beziehung zum Geist darf dort nicht stehenbleiben. Er wirkt unablässig in uns, um jedes Detail des Bundes zu einer wirksamen Realität in unserem Leben zu machen. Der ganze Bund ist in Christus vollendet, und alles darin gehört uns, wenn wir mit Christus eins sind. Aber wir müssen zuversichtlich um das bitten, was uns gehört, und mit derselben Zuversicht darauf vertrauen, dass der Heilige Geist es Wirklichkeit werden lässt.

In diesem Zusammenhang sehen wir, dass Paulus in seinen Gebeten für die verschiedenen Gemeinden im Mittelmeerraum kühn um die Fülle des Geistes bat, damit das Ziel des Bundes zur gelebten Wirklichkeit würde. Schauen wir uns eines dieser Gebete an; es geht dabei um die Gläubigen in Ephesus:

> *Dass er euch Kraft gebe nach dem Reichtum seiner Herrlichkeit, gestärkt zu werden durch seinen Geist an dem inwendigen Menschen, dass Christus durch den Glauben in euren Herzen wohne. Und ihr seid in der Liebe eingewurzelt und gegründet, damit ihr mit allen Heiligen begreifen könnt, welches die Breite und die Länge und die Höhe und die Tiefe ist, auch die Liebe Christi erkennen könnt, die alle Erkenntnis übertrifft, damit ihr erfüllt werdet, bis ihr die ganze Fülle Gottes erlangt habt. Dem aber, der überschwänglich tun kann über alles hinaus, was wir bitten oder verstehen, nach der Kraft, die in uns wirkt, dem sei Ehre in der Gemeinde und in Christus Jesus durch alle Geschlechter von Ewigkeit zu Ewigkeit! Amen. — Epheser 3,16–21*

Sein Gebet verschlägt einem angesichts des Ausmaßes seiner Bitten den Atem. Sie stützen sich aber alle auf die Tatsache, dass der Bund geschlossen worden ist. Die Konzepte einer funktionierenden Einheit kommen zum Tragen, während er um die stärkende Kraft des Geistes im innersten Wesen der Gläubigen betet. Er betet, dass sie eine wirkliche Einheit mit Christus erfahren, dass er wirklich das Selbst ihres Selbst wird. Und dann führt er sie zurück zur Quelle von allem, damit sie die unergründliche Liebe Christi kennenlernen und erfahren mögen.

Sein Gebet beschreibt sie als »in der Liebe eingewurzelt«, von ihr genährt, wie eine Pflanze ihr Leben aus dem Erdreich bezieht, und als »in der Liebe … gegründet«, wie ein Gebäude in seinem Fundament gründet.

Der Höhepunkt seines Gebets ist das Herzstück des Bundes und das, was Christus vollbracht hat: »damit ihr erfüllt werdet, bis ihr die ganze Fülle Gottes erlangt habt« (Vers 19). Die *Amplified Bible* drückt es so aus: »… ein Körper, der ganz und gar von Gott erfüllt und durchflutet ist!« Es beschreibt die vollständige und endgültige Vereinigung des erlösten Geschöpfs mit Gott. Dies ist das eigentliche Ziel des Bundes – Gott wurde wie wir, damit wir werden, wie er ist. Johannes bekräftigt dies: »… denn gleichwie Er ist, so sind auch wir in dieser Welt« (1Joh 4,17).

Wie sollte ein solches Gebet erhört werden? Es übersteigt unsere menschlichen Vorstellungen! In Erwartung einer solchen Fragestellung schließt Paulus mit einer Lobpreisung des Gottes, der imstande ist, weit mehr zu tun als das, was wir erbitten oder uns vorstellen können – sogar mehr als Paulus soeben erbeten hatte! Auch hier liefert uns die *Amplified Bible* die volle Bedeutung dieser Worte im griechischen Sprachgebrauch:

> *… ist in der Lage, [seine Absichten auszuführen und] überreichlich zu tun, weit über alles hinaus, was wir [wagen] zu bitten oder zu denken [unendlich viel mehr als unsere höchsten Gebete, Wünsche, Gedanken, Hoffnungen oder Träume]. — Epheser 3,20 AMP*

Und wie wird er diese Dinge vollbringen, die außerhalb des für uns Vorstellbaren liegen? Durch die Kraft, die in uns wirkt (Vers 20), das heißt durch die Kraft des Heiligen Geistes. Die Sprache des Bundes wird auf unser tägliches Leben übertragen und wird durch die Kraft des Heiligen Geistes, der in uns wirkt, zu unserer Realität.

Der Leib Christi

Der Geist verbindet uns mit Christus zu einer Einheit, die als Beziehung beschrieben wird, wie sie zwischen menschlichem Körper und Kopf besteht. Paulus spricht von einer solchen Beziehung als ultimative Realität in Bezug auf die Identität des Gläubigen:

> *Durch den einen Geist wurden wir in der Taufe alle in einen einzigen Leib aufgenommen, Juden und Griechen, Sklaven und Freie; und alle wurden wir mit dem einen Geist getränkt. ... Ihr aber seid der Leib Christi und jeder Einzelne ist ein Glied an ihm. — 1. Korinther 12,13.27*

Paulus sagt klipp und klar: »Ihr seid der Leib Christi«; das ist nicht bloß beispielhaft gemeint, sondern er erklärt, dass es sich um eine gleichartige Beziehung handelt: Christus ist unser Haupt und wir sind seine Glieder, die auch untereinander in Beziehung stehen. Als Gläubige sind wir genauso gewiss in Christus als Teil von ihm wie deine Hände, die dieses Buch halten, und die Augen, die diese Seite lesen, mit deinem Körper verbunden und Teil von dir sind.

Die meisten von uns verstehen ihre Christuserfahrung als Zustand der Vergebung, während das Neue Testament von einer Vergebung spricht, die nicht von unserem Einswerden mit ihm zu trennen ist. Der Gläubige und Christus sind eins und sollten niemals getrennt voneinander betrachtet werden. Nachdem Paulus in Römer 5 das Wunder unserer völligen Vergebung dargelegt hat, weist er in Römer 6 als Nächstes auf die Unmöglichkeit hin, in der Sünde zu verharren, um Gottes fortwährende Vergebung zur vollen Entfaltung zu bringen – unmöglich deshalb, weil wir »in« Christus, »in« seinem Tod und seiner Auferstehung sind.

> *Was wollen wir nun sagen? Sollen wir in der Sünde verharren, damit das Maß der Gnade voll werde? Das sei ferne! Wie sollten wir, die wir der Sünde gestorben sind, noch in ihr leben? Oder wisst ihr nicht, dass wir alle, die wir in Christus Jesus hinein getauft sind, in seinen Tod getauft sind?*
> *— Römer 6,1–3*

Unter dem Haupt des Leibes ist mehr zu verstehen als die äußere Form des Kopfes mit seinen Augen und seinem Mund; er spricht von dem äußerlich nicht sichtbaren Gehirn im Inneren des Kopfes, von dem der ganze Leib sein Leben erhält. So ist Christus unser unsichtbares Haupt im Himmel, und wir sind sein sichtbarer Leib, der seinen Willen auf Erden zum Ausdruck bringt.

Der Gläubige und Christus sind eins, sie sind aber nicht zu einem undefinierbaren Klumpen verschmolzen! Weder ist der Gläubige Christus, noch wird Christus zu dem Gläubigen. Christus ist der lebendige, in den Himmel aufgefahrene und verherrlichte Herr, der sich vom Gläubigen unterscheidet und ihm ein Gegenüber ist, doch durch das Innewohnen des Heiligen Geistes im Gläubigen werden die beiden zu einer funktionalen Einheit.

Der Kopf und der Körper haben dieselbe Geschichte. Alles, was mein Kopf erlebt hat, hat auch mein Körper erlebt; überall, wo mein Kopf gewesen ist, ist auch mein Körper gewesen. Wenn mein Kopf in England ist, ist es auch mein Körper; und wenn mein Kopf von England in die USA gereist ist, dann gilt das auch für meinen Körper – andernfalls wäre ich in großen Schwierigkeiten!

Die beiden sind in jeder Hinsicht eins. So verhält es sich auch mit Christus: Wir bleiben in ihm; er ist in uns, und wir sind in ihm.

Christus ist also gestorben und hat in seinem Tod die Sünde, den Tod und den Teufel überwunden und lebt nun in der Kraft eines endlosen Lebens. Wir sind buchstäblich mit ihm verwachsen, und seine Geschichte wurde zu unserer Geschichte. Sein Tod ist der unsere, sodass Paulus zu Recht von sich sagen konnte, er sei mit Christus gekreuzigt worden. Ebenso ist seine Auferstehung die unsere, und wir leben und handeln in der Kraft dieser Auferstehung. Wir leben zugleich in zwei verschiedenen Welten. Wir leben im himmlischen Reich, während wir auch in der physischen Welt am Leben sind. Wir nehmen unsere Welt aus unserer Einheit mit Christus heraus wahr; wir betrachten unsere physische Welt mit unseren inneren Augen, die von den Toten auferweckt worden sind. Wir werden der göttlichen Natur teilhaftig; wir haben Anteil an seinem ewigen Leben und werden Teil der Familie des Vaters.

Das Haupt und der Leib – und jedes einzelne Glied dieses Leibes – teilen sich gleichermaßen denselben Zustand. Wenn das Haupt reich ist, ist es auch der Leib. Das Haupt genießt nicht die reiche Fülle und lebt in der himmlischen Dimension, während wir als Leib in Armut leben, gefangen in der materiellen Welt. Alle Segnungen, die er sich durch seinen Gehorsam verdient hat, gehören uns, weil wir in ihm sind. Wir sind mit seiner Geschichte verbunden; wir haben Anteil an seinem Tod, seiner Auferstehung und seinem Aufstieg in den Himmel.

> *Gepriesen sei der Gott und Vater unseres Herrn Jesus Christus, der uns gesegnet hat mit jedem geistlichen Segen in den himmlischen [Regionen] in Christus … und uns mitauferweckt und mitversetzt [hat] in die himmlischen [Regionen] in Christus Jesus. — Epheser 1,3; 2,6*

Im neuen Bund zu sein bedeutet, Teil einer Gemeinschaft zu sein, die Tag für Tag in einer himmlischen Dimension lebt, an einem konkreten geistlichen Ort, nämlich in der Person Jesu Christi.

Paulus spricht dies erneut an, als er an die Römer schreibt. Wir sollten uns daran erinnern, dass er die römischen Gläubigen nie getroffen hatte und nichts über ihren geistlichen Zustand wusste. Deshalb schreibt er, was seiner Ansicht nach für jeden Gläubigen gilt:

> *Oder wisst ihr nicht, dass wir alle, die wir in Christus Jesus hinein getauft sind, in seinen Tod getauft sind? Wir sind also mit ihm begraben worden durch die Taufe in den Tod, damit, gleichwie Christus durch die Herrlichkeit des Vaters aus den Toten auferweckt worden ist, so auch wir in einem neuen Leben wandeln. Denn wenn wir mit ihm einsgemacht und ihm gleich geworden sind in seinem Tod, so werden wir ihm auch in der Auferstehung gleich sein; wir wissen ja dieses, dass unser alter Mensch mitgekreuzigt worden ist, damit der Leib der Sünde außer Wirksamkeit gesetzt sei, sodass wir der Sünde nicht mehr dienen. — Römer 6,3–6*

Er spricht von dem, was ihnen bei ihrer Taufe zu Beginn ihres Christenlebens widerfahren war, und nicht von einer Erfahrung nach der Taufe oder nach etwas, das manche den »zweiten Segen« nennen. Er stellt es nicht als etwas dar, worüber man beten oder worum man bitten oder wonach man streben sollte, sondern als etwas, das für jeden Gläubigen gilt. Er sagt: »Ich spreche zu Gläubigen; deshalb wisst ihr, was für Menschen ihr seid – solche, die zu Christus gehören und eine gemeinsame Geschichte mit ihm haben.«

Er erinnert sie an ihren Status als Gläubige und an die grundlegenden Tatsachen ihres Glaubens an Christus. Die grundlegendste Tatsache dessen, was sie jetzt als Gläubige sind, besteht darin, dass sie in Christus sind, mit ihm vereint sind und an seiner Geschichte teilhaben; und das ist seit ihrer ersten Handlung im Glauben an ihn wahr, als sie sich taufen ließen.

Der Gläubige ist in die Geschichte Christi eingebunden und hat in diesem und in jedem anderen Moment Anteil an seinem Leben. Während du hier sitzt und dieses Buch liest, sei dir bewusst, dass der Geist dich in die Geschichte des Herrn Jesus mit aufgenommen hat. Du bist mit Christus gestorben und mit ihm auferstanden, und du sitzt jetzt im himmlischen Reich des Geistes. Das ist nichts, wofür du irgendwohin gehst und dir die Hände auflegen lässt, damit du es »bekommst«, sondern etwas, das da ist und auf dem du dein Leben und deine Handlungsweisen gründest.

Viele Gläubige leben in der ständigen Frustration, dort hinkommen zu wollen, wo sie bereits sind! Man stelle sich die Verwirrung einer bereits sitzenden Person vor, die ständig aufgefordert wird, sich zu setzen! Doch in einem Gottesdienst nach dem anderen werden die Gläubigen gedrängt, mit Christus zu sterben, und sie gehen nach vorne, um zu beten und für sich beten zu lassen, anstatt zu erkennen, dass der Geist sie in Christus und damit in dessen Tod und Auferstehung versetzt hat, als sie zum Glauben an Jesus kamen.

Die Erkenntnis, dass wir eins sind mit dem lebendigen Christus, dass wir sein Leib auf Erden sind, ist der fehlende Faktor in der Erfahrung vieler Gläubiger zu Beginn des 21. Jahrhunderts. Man hat uns beigebracht, Gott so zu sehen, als wäre er »dort oben« oder »dort drüben«. Unsere evangelikale Kirchensprache ist gespickt mit Aussagen, die dieses Denken untermauern. Begeistert erzählen wir einander: »Gott war heute wirklich hier«, oder wir werden in Liedern aufgefordert, »die Hand auszustrecken und den Herrn zu berühren, wenn er vorbeigeht« und zu bezeugen, von ihm »berührt worden zu sein«.

Ich weiß, was die Prediger und Liederschreiber meinen – sie sprechen von besonderen Momenten, in denen die Gegenwart des Herrn auf außergewöhnliche Weise spürbar ist. Aber wir haben die Bedeutung ihrer Worte auf unsere alltägliche Beziehung zu Gott ausgeweitet – eine Beziehung, in der wir ihn bestenfalls an unserer Seite wähnen, aber für die meisten ist er so weit weg, dass wir ihn aus dem fernen Himmel zu uns rufen müssen, damit er unsere Probleme löst. Er ist der Spezialist, der angerufen wird, wenn es um die schwierigen Fälle geht. Nachdem er sein Wunder vollbracht hat, bedanken wir uns bei ihm, er kehrt in den Himmel zurück, und wir machen mit unserem Leben weiter.

Die Gläubigen des Neuen Testaments wussten nichts von alledem, denn wie wir bereits gesehen haben, waren sie »in« ihm und er war »in« ihnen, so wie jede Zelle des Körpers »im« Körper ist und das Leben des Menschen »in« jeder Zelle seines Körpers ist. Sie beteten ihn an und priesen ihn als Empfänger ihres Lobpreises zur Rechten des Vaters; gleichzeitig wussten sie jedoch, dass sie durch den Geist mit ihm vereint waren. Die Sprache des Neuen Testaments weist ständig auf die Einheit des Gläubigen mit Christus hin. Der Ausdruck »in Christus« und seine Entsprechungen »im Herrn«, »in (Gottes) Liebe« und »im Geist« oder die Worte Jesu, die das Leben im Bund beschreiben: »Ich in euch und ihr in mir«, sind überall im Neuen Testament zu finden.

Wir sind in Christus – »in« im Sinne von »im Inneren von etwas« – und er ist »in« uns. Wir sind für ihn unmittelbar gegenwärtig und er für jeden von uns. Es gibt keine Sekunde, in der wir von ihm getrennt sind. Ich bin jetzt »in« der Atmosphäre des Planeten Erde. In dieser Atmosphäre finde ich Licht und Leben und die Nahrung, die das Leben aufrechterhält. In gleicher Weise sind wir in ihm, der unsere Atmosphäre, unser Leben ist.

Die physischen Zellen meines Körpers sind »in« meiner Gegenwart, so wie ich in ihrer Gegenwart bin. Jede Zelle ist mir gegenwärtig; ich bin jeder einzelnen Zelle gegenwärtig. Wenn ich die Erde verlasse, zerfällt der Körper zu Staub, denn ich bin sein Leben. So leben wir in ihm: Er ist unser Leben, und wir verdanken ihm unser wahres Leben.

In der Welt, aber nicht von der Welt

Einmal, als ich an einem Teich saß und über diese Dinge nachdachte, sah ich eine Wasserspinne, die sich an ein Schilfrohr klammerte. Dann verschwand sie im Wasser. Sie war zu ihrer Behausung am Grund des Teiches zurückgekehrt, die aus zahlreichen Luftblasen bestand. Diese Luftblasen nahm die Spinne an der Teichoberfläche mit den Beinen auf und trug sie dann hinunter zum Grund, wo sie sich lösten und im Schilf verankerten. Sie lebte dort im Wasser und atmete gleichzeitig die Luft der Welt über ihr. Obwohl sie im Wasser lebte, war sie kein Wassertier; sie atmete die Luft aus der Welt über dem Teich.

Wir sprechen hier nicht von irgendeiner Fantasie! Christus ist als Mensch in seinem verherrlichten Zustand buchstäblich und wahrhaftig gegenwärtig, und wir sind tatsächlich mit ihm vereint und haben Anteil an seinem Menschsein. Die Person, die all das gesagt und getan hat, wovon wir in den Evangeliumsberichten lesen, ist mit mir in diesem Raum, aber sie ist mehr als nur bei mir – sie ist in mir und ich bin in ihr; wir sind eins.

Was mein eigenes Leben betrifft, so war es einer der großen Momente der Freiheit, als ich diese Wahrheit entdeckte. Ich hatte in vielen Gebetstreffen damit gerungen, mit Christus zu sterben, aber je mehr ich versuchte zu sterben, desto lebendiger fühlte sich mein Ich! Dann erkannte ich, dass der Glaube mit der Erkenntnis beginnen musste, dass ich in den Bund aufgenommen worden war, in ihn, der den Bund verkörpert, Christus Jesus. Bei der Wiedergeburt war ich mit ihm vereint worden, und seither teilte ich seine Geschichte. Er lebte in mir, sein Leben war mein Leben, und alles, was er erreicht hatte, gehörte mir. Mein Problem war nur gewesen, dass mein unkundiger Glaube auf ein Ereignis in der Zukunft geblickt hatte, das mir erst noch widerfahren musste. Ich hatte nicht mit biblischem Glauben auf seinen Tod und seine Auferstehung zurückgeblickt und in der Tatsache geruht, dass ich bereits angekommen war.

Neutestamentliche Gläubige sind Menschen, die die ganze Welt aus dem Blickwinkel der Tatsache betrachten, dass sie in Christus sind. Wie wir unsere Beziehungen gestalten, wie wir uns allen Herausforderungen und Chancen des Lebens stellen, bis hin zu der Art und Weise, wie wir als Diener Christi auch scheinbar unbedeutende Arbeiten verrichten – das ganze Leben wird erkannt und bewältigt, weil wir in Christus sind.

> *Seid ihr nun mit Christus auferweckt, so strebt nach dem, was oben ist, wo Christus zur Rechten Gottes sitzt! Richtet euren Sinn auf das, was oben ist, nicht auf das Irdische! Denn ihr seid gestorben und euer Leben ist mit Christus verborgen in Gott. — Kolosser 3,1–3* EÜ

Die Gläubigen des Neuen Testaments lebten nicht nach Regeln und Gesetzen, sondern durch Christi Gegenwart in und bei ihnen. Er bestimmte ihr Leben von innen heraus. Es gab keine aufgezwungenen Gesetze; sie folgten seinem Willen als Folge des Lebens in ihrem Inneren.

In Christus leben lernen

Jack hat mir geschrieben und erzählt, wie es für ihn war, das Leben des Glaubens zu entdecken, und ich gebe es hier so wieder, wie er es mir geschildert hat. Jack ist Missionar auf den Philippinen. Er erzählte mir, wie sich sein Leben im Sommer vor seinem Abschlussjahr im theologischen Seminar völlig veränderte.

Er beschrieb sein Leben als Christ bis zu jenem Zeitpunkt als ständigen Kampf. Er disziplinierte sich, um dem zu entsprechen, was er für ein siegreiches Christenleben hielt. Aber seine geistlichen Übungen funktionierten nicht! Das strikte Schema aus Bibellesen und Gebet, seine Fastentage, seine monatliche Leseliste von Büchern geistlicher Giganten ließen ihn innerlich kalt und leer. In solchen Momenten, in denen er der nackten Wahrheit über sich selbst ins Auge blicken musste, wusste er, dass er zwar äußerlich den Anschein von Frömmigkeit erweckte, unter der Oberfläche aber meilenweit von dem entfernt war, was das Neue Testament forderte. Er hielt strenge Gebetszeiten ein, wusste aber, dass er das Gebot Jesu, andere so zu lieben, wie Gott ihn geliebt hatte, nicht einmal ansatzweise einhalten konnte. In seinen theologischen Prüfungen konnte er als Note eine 1+ erreichen, aber sollte jemals jemand seinen wahren Weg mit Gott prüfen, bekäme er die Note 6.

Als die Sommerferien kamen, nahm er einen Job auf einem Bauhof an, wo er Kunden behilflich war. Eine seiner Regeln bezüglich seiner Vorstellung von einem gelungen Christenleben bestand darin, regelmäßig christliche Radiosendungen zu verfolgen, also ging er zur Mittagszeit in einen nahegelegenen Park und hörte zu, während er ein Sandwich aß. An seinem ersten Arbeitstag stellte er den Sender ein, auf dem mein tägliches Programm lief. Hier seine Schilderung, was daraufhin mit ihm geschah:

»Ich glaube nicht, dass ich ein Alleswisser war, aber ich war Klassenprimus in Theologie und glaubte, das Evangelium und die verschiedenen Theorien über das Erlösungswerk gut zu verstehen, und ich dachte nicht, dass mir jemand etwas beibringen könnte, was ich auf diesem Gebiet nicht schon wusste. An jenem Tag im Park hörte ich, dass der Tod und die Auferstehung Jesu, sein Aufstieg in den Himmel und die Entsendung des Heiligen Geistes das Zustandekommen eines Bundes bedeutete, der um meinetwillen geschlossen wurde. Ich hatte das noch nie zuvor gehört und war wie vom Donner gerührt. In den nächsten sechs Wochen plante ich meine Tage so, dass ich täglich im Park sein konnte, um zuzuhören und mir Notizen zu machen.

Ich war gezwungen, das, was Jesus am Kreuz getan hatte, in Bezug auf das zu betrachten, was er für mich tat. Mit dem Kopf wusste ich das von ihm Getane so zu beschreiben, dass es gereicht hätte, um eine Abschlussprüfung zu bestehen, aber das hier war etwas völlig anderes – mein Herz schaltete sich ein. Wäre ich gefragt worden, hätte ich gesagt, dass Jesus gestorben und auferstanden ist, um mich vor dem ewigen Tod zu retten; ich hatte ihn zum Herrn meines Lebens gemacht und tat mein Bestes, ihm zu gehorchen und zu dienen.

Im Laufe der Tage wurde ich mit einem völlig neuen Konzept konfrontiert: dass Jesus mein Stellvertreter war, der für mich und an meiner statt einen Bund mit dem Vater geschlossen hatte. Sein Gehorsam gegenüber dem Vater, als er in den Tod ging, als er aus dem Tod auferstand und als er zum Vater zurückkehrte, war so, als wäre es meiner: Ich war in sein Handeln miteingeschlossen. Ich hatte gedacht, dass ich vollkommenen Gehorsam zu leisten hätte und meinem Egoismus gegenüber irgendwie sterben müsse. Jetzt wurde ich mit dem wahren Evangelium konfrontiert, demzufolge er stellvertretend für mich gehorcht hatte, stellvertretend für mich gestorben war und ich in seiner Auferstehung von den Toten mitauferstanden war. Es ging nicht mehr darum, dass ich versuchte zu gehorchen und doch immer wieder versagte, sondern darum, dass ich auf seinen für mich geleisteten Gehorsam und seinen für mich gestorbenen Tod vertraute. Ich brauchte keinem bestimmten System geistlicher Übungen zu folgen; es ging vielmehr darum, zu glauben, dass er mich bei seinem Aufstieg in den Himmel zum Vater getragen hatte und dass ich an himmlischen Orten in der Gegenwart des Vaters lebte.

Mir wurde klar, dass ich dachte, die Fülle meines Lebens als Christ würde ich eines Tages durch einen Akt des Gehorsams erreichen oder durch irgendeine Gotteserfahrung, sofern ich es schaffte, die richtige Kombination geistlicher Übungen zu finden. Ich hoffte und arbeitete auf dieses »Etwas« hin, das mir widerfahren und dafür sorgen würde, dass mein Ich sich tot fühlte und sich auch dementsprechend verhielt. All das lag immer in der Zukunft, und ich war stets bestrebt, alles Nötige zu tun, um in Christus zu sterben.

Nun erkannte ich, dass ich verkehrtherum vorgegangen war – ich hatte versucht, das zu erreichen, was bereits getan worden war, anstatt das Getane als Ausgangspunkt für mein Leben zu nehmen. Ich hatte nach jenem einen Erlebnis gesucht, das mich in eine Gotteserfahrung hineinkatapultieren würde, anstatt zu erkennen, dass Jesu Auferstehung und Aufstieg in den Himmel mich in die Bündnisfreundschaft mit Gott hineingetragen hatten.

Meine Taufe wurde für mich zu etwas Lebendigem. Bis dahin hatte sie in meinem Leben wenig Bedeutung gehabt. Jetzt verstand ich, dass sie der physische Ausdruck meines Glaubens an seine stellvertretend für mich vollbrachte Tat war, und der Akt, bei dem der Geist mich mit ihm vereinte.

Irgendwann wurde mir so richtig klar, dass ich in meinem Stellvertreter gestorben und wieder auferstanden war. Es war vollendete Geschichte, die nicht mehr rückgängig zu machen war. Ich war tot! Ich war von den Toten auferstanden. Ich war ein Mensch, der von seiner eigenen Beerdigung lebendig und in der Kraft eines endlosen Lebens zurückgekehrt war. Und das alles hatte sich in meinem Stellvertreter ereignet. Ich wollte zurück zum Bauhof laufen, um meinen Kunden zu sagen, dass ich ein Auferstandener war, aber ich hielt mich zurück!

Ich hatte meine Beziehung zu Gott immer als eine Beziehung zwischen Gott und mir betrachtet, was sie sehr wackelig und an Bedingungen geknüpft erscheinen ließ, da sie von meinem jeweiligen geistlichen Zustand abhing. Ich kann dir nicht sagen, was es bedeutet, zu wissen, dass meine Beziehung zu Gott auf Jesus aufbaut und von ihm als meinem Stellvertreter abhängt. Meine Beziehung zu Gott ist also genauso solide und unverbrüchlich wie die von Jesus zum Vater.

Nun hing meine ganze Existenz von Jesus ab. Ohne ihn habe ich nichts und kann ich nichts tun. Ohne ihn habe ich keine Geschichte mit Gott und keine Hoffnung, das Leben als Christ im Hier und Jetzt zu leben. Wenn ich zurückblicke, erkenne ich, dass mein Christsein ein Kampf darum war, dem

Bild zu entsprechen, das ich mir von einem Christen machte. Jesus war derjenige, dem ich nachzueifern versuchte. Jetzt verstand ich zum ersten Mal, was Paulus meinte, als er schrieb: ›Für mich ist Christus das Leben.‹

Während meine Rückkehr zum Seminar näher rückte, wurde mir klar, dass eine große Last von mir genommen worden war – eine Last, von der ich nicht wusste, dass ich sie trug, bis sie weggenommen wurde. Ich hatte mich nie als Kandidat für die Einladung Jesu an die Mühseligen und Beladenen gesehen, zu ihm zu kommen und auszuruhen; aber in diesen sechs Wochen merkte ich, dass er von mir gesprochen hatte, und ich kam zu ihm und ruhte mich aus. Mir war zum Lachen zumute vor lauter Erleichterung.

Seitdem habe ich gelernt und lerne immer noch, in den täglichen Situationen des Lebens in dieser Wahrheit zu stehen und mich dem Leben als ein Mensch zu stellen, der durch den Tod gegangen ist und nun im Leben Jesu lebt.«

Das verborgene Geheimnis

Dass wir mit Christus vereint sein sollten, dass wir als sein Leib durch sein Leben leben sollten, ist die »Weisheit« und das »Geheimnis«, von dem Paulus sprach, das vor vergangenen Zeiten verborgen wurde, uns aber jetzt durch den Geist offenbart wird.

Vielmehr verkünden wir das Geheimnis der verborgenen Weisheit Gottes, die Gott vor allen Zeiten vorausbestimmt hat zu unserer Verherrlichung. … Nein, wir verkünden, wie es in der Schrift steht, was kein Auge gesehen und kein Ohr gehört hat, was in keines Menschen Herz gedrungen ist, was

Gott denen bereitet hat, die ihn lieben. Uns aber hat es Gott enthüllt durch den Geist. Der Geist ergründet nämlich alles, auch die Tiefen Gottes. Wer von den Menschen kennt den Menschen, wenn nicht der Geist des Menschen, der in ihm ist? So erkennt auch keiner Gott – nur der Geist Gottes. Wir aber haben nicht den Geist der Welt empfangen, sondern den Geist, der aus Gott stammt, damit wir das erkennen, was uns von Gott geschenkt worden ist. — 1. Korinther 2,7.9–12 EÜ

Ohne die Erleuchtung durch den Geist ist die Wahrheit mehr, als wir aufnehmen können. Vereint mit Jesus ist es uns vergönnt, an der Liebesbeziehung der Dreieinigkeit teilzuhaben. Wie der Vater den Sohn liebt, so liebt er uns, denn wir sind im Sohn. Wir haben Anteil an seiner Herrlichkeit und sind deshalb genauso wenig von der Welt wie er selbst.

Auf dass sie alle eins seien, gleichwie du, Vater, in mir und ich in dir; auf dass auch sie in uns eins seien, damit die Welt glaube, dass du mich gesandt hast. Und ich habe die Herrlichkeit, die du mir gegeben hast, ihnen gegeben, auf dass sie eins seien, gleichwie wir eins sind, ich in ihnen und du in mir, damit sie zu vollendeter Einheit gelangen, und damit die Welt erkenne, dass du mich gesandt hast und sie liebst, gleichwie du mich liebst. … Und ich habe ihnen deinen Namen verkündet und werde ihn verkünden, damit die Liebe, mit der du mich liebst, in ihnen sei und ich in ihnen. — Johannes 17,21–23.26

Viele Gläubige sind so weit vom Neuen Testament und der Lebensweise der ersten Christen entfernt, dass sich die Erfahrung, in den Bund einzutreten, über Monate oder sogar Jahre hinzieht, obwohl sie ursprünglich als Beginn des Christenlebens gedacht war und auch so genossen wurde. Viele Christen kommen zum Glauben und lassen sich erst später taufen und erfahren dann, zu einem noch späteren Zeitpunkt, die Fülle des Geistes. In der frühen Gemeinde erfolgte die Aufnahme in Christus durch die Taufe und wurde von der Erfüllung des Bekehrten mit dem Heiligen Geist begleitet, ein herrlicher Eintritt in den neuen Bund, der mit großer Freude einherging.

Aber Gott liebt uns; er ist an unserer Seite und zeigt sich barmherzig uns gegenüber in unserem verwirrten Zustand. Dieses Kapitel soll nicht den Eindruck erwecken, dass diejenigen, die Monate oder gar Jahre mit der Taufe gewartet haben oder sich des Heiligen Geistes in ihrem Inneren noch nicht bewusst geworden sind, nicht zum Bund gehören. Ich möchte lediglich darauf hinweisen, dass das im Neuen Testament vorgegebene Muster der Weg ist, der uns zum unmittelbaren und umfassendsten Verständnis davon führt, wie das dynamische Wirken des Bundes in unserem Leben aussieht.

Wir sollten daher nicht schüchtern sein, noch sollten wir unseren Unglauben als Demut darstellen! Alles, was Christus ist, alles, was er gewonnen hat, und seine ganze Vollmacht auf der Erde offenbart sich in und durch uns. Er ist jetzt die Sphäre, in der wir leben. Er begegnet dem Leben in uns und durch uns. Er reagiert auf die Herausforderungen des Zeitalters in und durch uns, und wir stellen uns ihnen in und durch sein Leben.

KAPITEL 15

Wie man im Geist wandelt

Doch wie sieht das in der Praxis aus? Wie leben wir Tag für Tag unser Leben von Christus ausgehend? Wir haben gesehen, dass der Gläubige, der aus dem Taufwasser tritt, sich in einer neuen Welt in Christus befindet, mit neuen Möglichkeiten, wie sie vorher nicht gekannt wurden. Die Begrenzungen, die man im alten Leben gewohnt war, sind mit der Auferstehung Jesu verschwunden; die Wegweiser, die uns im Leben geleitet haben, sind entfernt worden und neue wurden aufgestellt. Wir können das Leben nie wieder auf dieselbe Weise betrachten.

Wir schauen auf unsere Welt, die seit wir denken können unser bequemes Zuhause war, auf all das, was wir als selbstverständlich hingenommen haben – den Egoismus, die Gier, den Zorn und den Neid – und sehen nun, dass alles zu Ende ist und vergeht, um der Wirklichkeit in Christus Platz zu machen. Wir erwachen in der neuen Schöpfung zum Leben, die auf der unendlichen, bedingungslosen Liebe Gottes gründet und in der alle Ausdrucksformen der Liebe – Freundlichkeit und Mitgefühl, Vergebung gegenüber unseren Feinden – das normale Verhalten sind. In der Taufe sind wir dieser Welt in Christus hinzugefügt worden; im Bundesmahl werden wir mit offenen Armen empfangen und willkommen geheißen und haben Anteil an ihm, der das Leben dieser neuen Welt ist.

So tun, als ob ...

Wie leben wir diese neuen Verhaltensweisen aus und wandeln in dieser Liebe, die dieser Welt fremd und unbekannt ist? Etwas zu tun, das wir noch nie getan haben, an das wir nie gedacht haben und von dem wir glaubten, es sei nicht machbar, beginnt damit, dass wir so tun, als wäre es machbar. Der Glaube hat keinen anderen Bezugsrahmen, keine Erfolgsbilanz aus der Vergangenheit, die wir heranziehen könnten; es gibt kein Gefühl, keine Erfahrungswerte, die wir in uns wachrufen könnten. Wir können nichts anderes tun, als nackt und bloß Gott zu gehorchen und uns so zu verhalten, als lebte Christus in uns und als könnten wir das Leben der neuen Schöpfung leben.

Denken wir für einen Moment an Petrus, als er im Boot auf dem See Genezareth den Ruf Jesu hörte, er solle zu ihm kommen und mit ihm auf dem Wasser gehen. Als er gehorchte, tat er das ohne jegliche Vorerfahrung. Tatsächlich kannte er sich mit dem Sinken wesentlich besser aus! Aber er verließ das Boot, als wäre das Wasser fester Grund unter seinen Füßen.

Normalerweise verlässt man ein Boot auf dem Wasser, indem man über die Bordwand springt und sich aufs Schwimmen einstellt. Wenn man vom Boot auf festen Grund tritt, ist das Vorgehen ein völlig anderes. Petrus muss ein Bein über die Bordwand geworfen haben, als würde ihn trockener Boden erwarten.

Ich verwende den Ausdruck »so tun, als ob«, um zu beschreiben, wie wir handeln, ohne auf irgendwelche Gefühle zu achten. Der Unglaube trifft sich mit den Gefühlen zu einer Komiteesitzung, um festzustellen, ob sie das, was Gott gesagt hat, gutheißen. Unsere Gefühle schreien und heulen und sagen uns, wie unvernünftig es ist, mit dem verrückten Plan fortzufahren, Gott zu gehorchen.

Glaube hingegen setzt sich über Gefühle hinweg und handelt so, als sei Gottes Wort wahr. Als Abraham seine Habseligkeiten zusammenpackte und das Land seiner Väter verließ, handelte er so, als habe Gott gesprochen.

In 2. Mose 14 wird geschildert, wie die Israeliten vom ägyptischen Heer verfolgt wurden. Das Rote Meer lag vor ihnen, und sie beschuldigten Gott, sie in der Wüste im Stich gelassen zu haben. Die Israeliten beugten sich der Präsenz des ägyptischen Heeres; und sie vergegenwärtigten sich die Präsenz des Roten Meeres! Mose dagegen nahm die Gegenwart Gottes wahr und hörte seine Stimme, die ihm sagte, was er tun solle.

> *Und der HERR sprach zu Mose: Was schreist du zu mir? Sage den Kindern Israels, dass sie aufbrechen sollen! Du aber hebe deinen Stab auf und strecke deine Hand über das Meer und zerteile es, damit die Kinder Israels mitten durch das Meer auf dem Trockenen gehen können! … Als nun Mose seine Hand über das Meer ausstreckte, da trieb der HERR das Meer die ganze Nacht durch einen starken Ostwind hinweg; und er machte das Meer zu trockenem Land, und die Wasser teilten sich. — 2. Mose 14,15–16.21*

Für menschliche Logik und Gefühle machte das Wort Gottes keinen Sinn. Der Weg nach vorn bedeutete, ins Rote Meer zu gehen! Wie sollte sich durch das Hochheben eines Stabes ein Weg durch das Meer öffnen? Nichts machte Sinn – Gott zu gehorchen bedeutete, gegen alle Vernunft, Logik und Gefühle zu verstoßen. Mose handelte aus bloßem Willen und tat so, als sei Gottes Wort wahr, obwohl er es nicht verstand und auch nicht sonderlich begeistert war.

Sobald unsere Gefühle und unsere Logik versuchen, den Willen Gottes zu übertönen, müssen wir uns fragen: »Was würde ich jetzt tun, wenn das wirklich wahr wäre?« Dann müssen wir so handeln, als sei sein Wort wahr. Es bleibt uns nichts anderes übrig, denn wir haben in der Vergangenheit nichts Vergleichbares getan; wir folgen allein dem Wort Gottes.

In gewissem Sinne verhält sich der Glaube immer nach dem Prinzip »so tun, als ob«. Wenn unsere Gefühle sagen, dass er nicht bei uns ist, sondern ein abwesender Gott ist, der uns im Leben allein gelassen hat, und wir diesen Gefühlen glauben, dann wird uns das so reagieren lassen, als wäre es tatsächlich die Wahrheit. Wir werden uns Sorgen machen und vor Angst schwitzen. Wenn wir aber dem Wort seines Bundes glauben, dass er mit uns und in uns ist, dann wird dieser Glaube uns so reagieren lassen, als wäre es auch so.

In 4. Mose 13 und 14 wird vom Unglauben der Israeliten an der Grenze des Landes Kanaan an einem Ort namens Kadesch berichtet. Mose hatte zwölf Kundschafter in das Land gesandt, einen für jeden der zwölf Stämme Israels. Sie kehrten zurück und berichteten, was sie gesehen hatten. Zehn der Kundschafter berichteten von den immensen Schwierigkeiten, die das Volk in dem Land erwarten würden; zwei der Kundschafter, Kaleb und Josua, gaben einen Bericht voller Glauben ab, der die Gegenwart Gottes bei seinem Volk erkennen ließ. Es ist ein langer Abschnitt in der Bibel, aber lies ihn sorgfältig, denn er enthält, wonach wir suchen. Die zehn Kundschafter erzählen:

> *Aber das Volk, das im Land wohnt, ist stark, und die Städte sind sehr fest und groß. Und wir sahen auch Söhne Enaks dort. … Kaleb aber beschwichtigte das Volk gegenüber Mose und sprach: Lasst uns doch hinaufziehen und [das Land]*

einnehmen, denn wir werden es gewiss bezwingen! Aber die Männer, die mit ihm hinaufgezogen waren, sprachen: Wir können nicht hinaufziehen gegen das Volk, denn es ist stärker als wir! Und sie brachten das Land, das sie erkundet hatten, in Verruf bei den Kindern Israels und sprachen: Das Land, das wir durchzogen haben, um es auszukundschaften, ist ein Land, das seine Einwohner frisst, und alles Volk, das wir darin sahen, sind Leute von hohem Wuchs. Wir sahen dort auch Riesen, Söhne Enaks aus dem Riesengeschlecht, und wir waren in unseren Augen wie Heuschrecken, und ebenso waren wir auch in ihren Augen! — 4. Mose 13,28.30–33

Eigentlich war das, was sie sagten, sehr vernünftig; es war ein Bericht, der ihren fünf Sinnen entsprechend akkurat wiedergegeben wurde. Auch ihre Ratschläge in Anbetracht dessen, was sie gesehen hatten, waren äußerst sinnvoll.

Da erhob die ganze Gemeinde ihre Stimme und schrie, und das Volk weinte in dieser Nacht. Und alle Kinder Israels murrten gegen Mose und Aaron; und die ganze Gemeinde sprach zu ihnen: Ach, dass wir doch im Land Ägypten gestorben wären oder noch in dieser Wüste sterben würden! Und warum führt uns der HERR in dieses Land, dass wir durch das Schwert fallen und dass unsere Frauen und unsere kleinen Kinder zum Raub werden? Ist es nicht besser für uns, wenn wir wieder nach Ägypten zurückkehren? Und sie sprachen zueinander: Wir wollen uns selbst einen Anführer geben und wieder nach Ägypten zurückkehren! Da fielen Mose und Aaron auf ihr Angesicht vor der ganzen Versammlung der Gemeinde der Kinder Israels. — 4. Mose 14,1–5

Die zehn Kundschafter und nun auch das Volk beschäftigten sich nur mit dem Vorhandensein der kanaanitischen Riesen und mit ihrer eigenen natürlichen Unfähigkeit, Gottes Geschenk anzunehmen. In ihrem gesamten Bericht wird Gott kein einziges Mal erwähnt; tatsächlich ist es ein Bericht, in dem nur Menschen vorkommen, aber weder Gott noch der Bund.

Sie konzentrierten sich ganz auf das, was sie mit ihren Sinnen wahrnahmen und was ihre Sinne berichteten. Bald waren sie von ihren Sinneseindrücken so erfüllt, dass sie von Schluchzern geschüttelt in ihren Zelten saßen und panische Diskussionen führten, die deutlich machten, dass Gottes Bund und Verheißung in ihren Augen ein törichter Wunschtraum war.

»So tun, als ob« ist kein Verhalten, das getrennt von allem anderen ist; es bezieht das ganze Leben mit ein. Es umfasst die Art und Weise, wie wir über eine Situation denken, wie wir mit engen Freunden darüber sprechen, wohin es uns in unserer Vorstellung führt.

Und Josua, der Sohn Nuns, und Kaleb, der Sohn Jephunnes, die auch das Land erkundet hatten, zerrissen ihre Kleider, und sie sprachen zu der ganzen Gemeinde der Kinder Israels: Das Land, das wir durchzogen haben, um es auszukundschaften, ist ein sehr, sehr gutes Land! Wenn der HERR Gefallen an uns hat, so wird er uns in dieses Land bringen und es uns geben – ein Land, in dem Milch und Honig fließt. Seid nur nicht widerspenstig gegen den HERRN und fürchtet euch nicht vor dem Volk dieses Landes; denn wir werden sie verschlingen wie Brot. Ihr Schutz ist von ihnen gewichen, mit uns aber ist der HERR; fürchtet euch nicht vor ihnen! — 4. Mose 14,6–9

Die beiden Kundschafter hatten dasselbe gesehen wie die anderen zehn. Auch sie hatten in ihrer Deckung kauernd die riesigen Bewohner des Landes gesehen. Sie hatten sie beobachtet und sich währenddessen Gottes Gegenwart bewusst gemacht und sich an seine Treue hinsichtlich der Verheißungen des Bundes erinnert. Sie redeten und handelten, als wäre der Herr als ihr Bündnispartner bei ihnen. Sie erwähnten das Land und dessen Bewohner nur am Rande, denn das, was sie in der Gegenwart Gottes an Bestätigung gefunden hatten, hob alles auf, was ihre Augen gesehen hatten.

Hebräer 4 veranschaulicht anhand der Reaktion der zehn Kundschafter und des Volkes, was passiert, wenn das Wort Gottes zwar gehört, aber nicht mit Glauben verquickt wird.

> *Denn auch uns ist eine Heilsbotschaft verkündigt worden, gleichwie jenen; aber das Wort der Verkündigung hat jenen nicht geholfen, weil es bei den Hörern nicht mit dem Glauben verbunden war. — Hebräer 4,2*

Kaleb und Josua sahen die unmögliche Aufgabe und fügten dem Gesehenen ihren Glauben hinzu. Der Gott des Bundes war der Ausgangspunkt für ihre Deutung der Fakten, die von ihren Sinnen erfasst worden waren.

Ich fürchte kein Unheil

Dieser Grundsatz, sich für den Glauben zu entscheiden, ohne sich auf Gefühle zu stützen, findet sich überall in den Psalmen, aber nirgendwo besser als in den Worten, die wir alle aus Psalm 23 kennen: »Auch wenn ich wandere im Tal des Todesschattens, fürchte ich kein Unheil, denn du bist bei mir; dein Stecken und dein Stab, sie trösten mich« (Vers 4 ELB).

An diesem Punkt blickte David in die Zukunft, ein Moment, in dem die meisten von uns in Angst und Schrecken verfallen, und stellte sich das Schlimmste vor, was ihm zustoßen könnte. Er sagte sich: »Wenn es dazu kommt, zu meiner schlimmsten Angst, dann werde ich Folgendes tun: Ich werde kein Unheil fürchten.« Er traf eine Lebensentscheidung, die aus seinem inneren, wahren Ich, seinem Geist, kam. Dann gab er den Grund für diese Entscheidung an: »… denn du bist bei mir.« Er sprach aus seiner Gewohnheit, sich seinen Bündnisgott zu vergegenwärtigen. Das Tal des Todesschattens war eine furchterregende Realität, aber die größere Realität, von der er ausging, war sein Gott, der bei ihm war und ihn nie verlassen würde.

Eine Haltung einnehmen

Die Bibel beschreibt diese Glaubenshandlung aus dem Willen heraus auch als Verhalten, in das man sich hüllt, als würde man ein Kleidungsstück anziehen. Sieh das nicht als heuchlerischen Akt. Dieser Ausdruck, der sich in der ganzen Bibel findet, beschreibt die Entscheidung, ein Verhalten an den Tag zu legen, das widerspiegelt, wer wir wirklich sind. Dies lässt sich anhand von Jesaja 59,17 veranschaulichen, wo es heißt, dass Gott seine Taten wie ein Gewand anzieht.

> *Er legte Gerechtigkeit an wie einen Panzer und setzte den Helm des Heils auf sein Haupt. Er legte als Kleidung Rachegewänder an und hüllte sich in Eifer wie in einen Mantel. — Jesaja 59,17*

Er hüllt sich gewiss nicht in eine Handlung oder ein Verhalten, das sein wahres Wesen verbirgt! Der Ausdruck »anlegen« signalisiert vielmehr die Ausübung eines Verhaltens, das widerspiegelt, wer wir in unserem Innersten wirklich sind.

Wir sehen das Gleiche in Jesaja 51,9, dort ergeht an Gott der Appell, Stärke anzuziehen: »Wache auf! Wache auf! Ziehe Stärke an, du Arm des HERRN!« Ganz offensichtlich zieht er nicht etwas an, das er vorher nicht hatte, vielmehr lässt er ein Verhalten sichtbar werden, das als Möglichkeit in seinem wahren Selbst schon die ganze Zeit vorhanden war.

Ein Verhalten »anzulegen«, das zu uns passt und ausdrückt, wer wir in Christus sind, wenn wir in ihm bleiben, ist keine Heuchelei, sondern ein Akt des Glaubens. Heuchelei wäre es, ein solches Verhalten an den Tag zu legen, jedoch nicht, weil wir uns seiner Gegenwart bewusst wären, sondern weil wir andere Menschen damit beeindrucken, zufriedenzustellen oder täuschen wollen.

Wir legen das Verhalten Christi an, weil wir als solche, die in ihm bleiben, ihm gegenwärtig sind und uns als das sehen, was wir in ihm wirklich sind, sicher wissen, dass dieses Verhalten der Wahrheit entspricht. Er bittet uns nie, etwas zu sein, was wir nicht sind. In der Bibel beschreibt das Gewand die Person. Wir ziehen das Gewand des Lobpreises an, weil wir aus der Finsternis herausgerufen worden sind, um sein Lob zu verkünden. Wir sind mit ihm, der die Liebe in Person ist, vereint, und die Liebe Gottes ist in unsere Herzen ausgegossen, und wir entscheiden uns durch einen Willensakt dafür, uns mit dem Verhalten der Liebe zu bekleiden. Indem wir das Verhalten Christi anziehen, arbeiten wir Hand in Hand mit dem Heiligen Geist, um den Willen des Vaters zu tun. Die Energie des Geistes verbindet unser Verhalten mit unserem wahren Ich, und unser ganzes Wesen wird in Einklang gebracht.

Wir ziehen Kleidung an, die uns passt und widerspiegelt, wer wir wirklich sind; und zu gewissen Zeiten zeigt sich das deutlicher als zu anderen Zeiten.

Joseph zog die Kleidung des Premierministers an und warf die Gefängniskleidung weg, denn er war jetzt der Premier und deshalb war es angemessen, Kleidung zu tragen, die seiner Stellung entsprach. Er hätte seine Pflichten nicht erfüllen können, wenn er darauf bestanden hätte, die Gefängniskleidung im Palast zu tragen!

Der verlorene Sohn warf die Kleidung weg, die er in der Fremde getragen hatte, und zog das beste Gewand an, weil die Lumpen aus dem fernen Land nicht dem entsprachen, was er wirklich war: der geliebte Sohn seines Vaters.

In beiden Fällen mussten diese Männer sich erst daran gewöhnen, sich in der neuen Kleidung wohlzufühlen. Nach der Gefängniskleidung und den Lumpen fühlte es sich gewiss seltsam, unangenehm oder sogar peinlich an, die neue Kleidung zu tragen. Beide Männer mussten sich an das Gekicher ihrer alten Freunde gewöhnen, die sich über ihre ungewöhnliche Kleidung lustig machten.

Ebenso durchlaufen wir eine Phase der Unbeholfenheit, während wir uns an die Tatsache gewöhnen, dass wir wirklich nicht mehr die Person sind, die wir einmal waren, sondern eine neue Schöpfung in Christus, und dass wir daher aufgerufen sind, uns mit neuen Verhaltensweisen zu bekleiden. Die Welt um uns herum macht uns Druck, sie nötigt uns und will uns dazu verleiten, die alte Kleidung wieder anzuziehen, die nicht länger ausdrückt, wer wir sind.

Und passt euch nicht diesem Weltlauf an, sondern lasst euch [in eurem Wesen] verwandeln durch die Erneuerung eures Sinnes, damit ihr prüfen könnt, was der gute

und wohlgefällige und vollkommene Wille Gottes ist.
— Römer 12,2

Die JP Phillips Version des Neuen Testaments formuliert den ersten Satzteil dieses Verses so: »Lass dich nicht von der Welt um dich herum in ihre eigene Form pressen.« Nie werde ich den traurigen Anblick einer Großmutter in der Abteilung für Jugendbekleidung vergessen, die sich in Kleider zwängte, aus denen sie dreißig Jahre zuvor herausgewachsen war! Wir sind in Christus, mit ihm im Bund vereint, und die Verhaltensweisen des Fleisches passen nicht mehr; wir machen uns lächerlich, wenn wir versuchen, so zu sein, wie wir nicht sind.

Die Kleidung kommt nicht zu uns, sondern wir gehen zum Kleiderschrank, wählen die Kleidung aus, die wir tragen wollen oder die wir brauchen, und ziehen sie ganz bewusst an. Wir wählen die Kleidungsstücke aus, die zu uns passen, die ausdrücken, wer wir sind. Wenn der Glaube die Wahrheit dessen ausdrückt und auslebt, wer Christus ist und wer wir in ihm sind, bezeugt der Geist diese Wahrheit in uns und bringt unser ganzes Wesen in Einklang mit ihr.

Das gilt nicht nur für die Entwicklung eines gottgefälligen Lebens, sondern auch für das ungöttliche. Wenn wir uns ein Verhalten aneignen, werden wir so, wie wir uns unserem Entschluss nach verhalten. Eine drastische Veranschaulichung dessen findet sich in Psalm 109:

Er zog den Fluch an wie sein Gewand; so dringe er in sein Inneres wie Wasser und wie Öl in seine Gebeine!
— Psalm 109,18

Dieser Mensch, den David beschreibt, verlegte sich darauf, seinen Nächsten zu verfluchen; er nahm dieses Verhalten an, wie er am Morgen seine Kleidung anlegte. Das Ergebnis war, dass sich sein Verhalten mit seinem ungöttlichen Ego verband; es sickerte in seinen Körper, und er wurde zu dem, was er sich angeeignet hatte. So sieht es aus, wenn die Kraft des Fleisches am Werk ist: Unversöhnlichkeit wird »angezogen« oder als Verhalten angenommen, indem man willentlich nicht vergibt – bis Bitterkeit zu dem wird, was man im tiefsten Inneren ist.

Wir alle haben schon mal Teenager erlebt, die sich in schlechte Gesellschaft begeben und vor unseren Augen die Verhaltensweisen der Clique »anlegen«. Sie übernehmen die Sprache, die Musik und den Lebensstil dieser Gruppe, und es ist nur eine Frage der Zeit, bis dies alles zu ihrer Lebensgewohnheit wird. Bevor ihr Verhalten zu ihrem Wesen wird, müssen sie es sich erst »übergezogen« haben.

Christus anziehen

Die neutestamentlichen Schriften enthalten eine Fülle von Aussagen über das Anziehen von Verhaltensweisen durch einen willentlichen Akt des Glaubens, so zum Beispiel in Römer 13,14 (LUT): »Sondern zieht an den Herrn Jesus Christus und sorgt für den Leib nicht so, dass ihr den Begierden verfallt.«

Wir ziehen nicht nur die Verhaltensweisen des Herrn Jesus an, sondern wir hungern auch das Fleisch aus, indem wir nicht für seine Bedürfnisse sorgen. Das bedeutet, dass wir die Orte und Auslöser meiden, nach denen sich das Fleisch sehnt – nicht in der Absicht, es zu töten, sondern weil es nicht mehr unserem wahren Wesen entspricht und wir es weder brauchen noch wollen. Wir stärken das, was wir wirklich sind, durch unser Glaubensverhalten, und wir bekräftigen die Kreuzigung des Fleisches, indem wir dessen Begierden nicht nähren. Die Schreie des Fleisches sind wie das Jucken eines amputierten Zehs! Der Zeh wurde entfernt, aber die Empfindungen des Zehs sind noch da. Wir bekennen uns zu unseren Gefühlen, handeln aber nach der Wahrheit und werden so zu dem, was wir sind.

Unsere alten Verhaltensweisen werden von uns nun als das erkannt, was sie sind – Lumpen, die von den Läusen der Begierde befallen sind –, und wir werfen sie von uns ab. Wir tun dies in der Taufe, aber es muss dann auch in der Glaubensentscheidung umgesetzt werden. Nicht nur das, sondern die Verhaltensweisen der Vergangenheit sind jetzt unpassend; wir sehen in ihnen nicht mehr gut aus. In Christus sind wir aus ihnen herausgewachsen, und sie sagen nicht mehr aus, wer wir sind; sie sind alt und reif für die Mülltonne.

> *So zieht nun an als Gottes Auserwählte, Heilige und Geliebte herzliches Erbarmen, Freundlichkeit, Demut, Sanftmut, Langmut; ertragt einander und vergebt einander, wenn einer gegen den anderen zu klagen hat; gleichwie Christus euch vergeben hat, so auch ihr. Über dies alles aber [zieht] die Liebe [an], die das Band der Vollkommenheit ist.*
> *— Kolosser 3,12–14*

Man beachte, dass zunächst die Personen, an die sich diese Aufforderung richtet, benannt werden; sie sind »Gottes Auserwählte, Heilige und Geliebte«. Weil sie das sind, wird ihnen aufgetragen, eine bestimmte Lebensweise anzunehmen, bestimmte Dinge zu tun. Von Gefühlen ist hier nicht die Rede. Die Lebensweise, die sie anziehen sollen, ist im Wesentlichen die Liebe, die auf der

Erde zum ersten Mal im Menschsein Jesu sichtbar wurde und jetzt durch den Geist die unsere ist. Sie wird ganz praktisch zu unserer, wenn wir die Verhaltensweisen dieser Liebe annehmen. Der letzte Satz schließlich ruft uns auf, die Liebe anzuziehen, als wäre sie der Mantel, der alle anderen Aspekte umhüllt.

Ich werde oft gefragt, wie wir so lieben können, wie Jesus geliebt hat, und das ist eine wichtige Frage, denn er hat uns genau das befohlen! Wir sollten uns nicht ständig selbst prüfen, um zu sehen, ob wir göttliche Gefühle der Liebe unserem Nächsten gegenüber haben, denn dieses Gebot spricht nicht von einem Verhalten, das aus einem Gefühl heraus entsteht. Es fordert uns auf, den Willen zu haben, Liebe zu zeigen: Handle so, als wärst du mit ihr bekleidet! Du wirst feststellen, wenn du dich im Glauben so verhältst, als liebtest du eine Person, wird der Geist im Stillen in dir wirken, und du wirst bald echte Liebe für sie empfinden.

Uns wird befohlen, diese Verhaltensweisen anzulegen, nicht sie zu fühlen. Wir werden vom Wort Gottes geleitet, das wir hören, wenn wir uns darin üben, in seiner Gegenwart zu bleiben, und nicht von unseren dunklen, fleischlichen Gefühlen.

> *Legt den alten Menschen des früheren Lebenswandels ab, der sich in den Begierden des Trugs zugrunde richtet, und lasst euch erneuern durch den Geist in eurem Denken! Zieht den neuen Menschen an, der nach dem Bild Gottes geschaffen ist in wahrer Gerechtigkeit und Heiligkeit! — Epheser 4,22–24*

Es hat eine radikale Veränderung stattgefunden, und wir müssen nun das zutiefst andersartige Verhalten annehmen, das damit einhergeht. Ich muss betonen, dass wir keine Marionetten sind, deren Handlungen vom Heiligen Geist gesteuert werden, indem er an den Fäden zieht! Wir handeln, wir treffen Entscheidungen, und unser Glaube erklärt: »Das bin ich in Christus; deshalb entscheide ich mich, im Einklang mit der Wahrheit zu handeln.« Wenn ich »so tue, als ob«, ist dies ein Akt des Glaubens an Christus in meinem Leben, mit dem ich sage, dass er wirklich in mir ist. Der Glaube sagt: »Da dies so ist, kann und muss ich jenes tun.« Es bedeutet, wir glauben, dass er in uns das Wollen und Vollbringen gewirkt hat, und wir deshalb jetzt unsere Errettung verwirklichen.

Werdet nun Gottes Nachahmer als geliebte Kinder.
— Epheser 5,1

Wir ahmen Gott nach, folgen seinem Verhalten; wir müssen uns aber wirklich bewusst machen, dass dies nicht auf die alte, tote Weise des Fleisches geschieht, das versucht, wie Gott zu sein. Wir ahmen Gott »als geliebte Kinder« nach; wir haben sein Leben empfangen. Sein Verhalten anzunehmen bedeutet, aus seinem Leben zu schöpfen, das in uns ist, und auf diese Weise zu dem zu werden, was wir sind: seine geliebten Kinder.

Ich habe einmal Missionare tief im Dschungel von Westafrika besucht und flog in einem kleinen Flugzeug von Station zu Station. Als wir auf den holprigen, selbst angelegten Flugpisten landeten, wurden wir von den Missionaren begrüßt, die von begeisterten Gläubigen begleitet waren. Bei einem dieser Besuche ging ich die Reihe der Missionare entlang, die mich in Empfang nahmen, und schüttelte jedem von ihnen die Hand. Am Ende der Reihe erwartete mich ein Schimpanse. Er trug Kleidung, die aus Kleiderspenden stammte, die in Fässern aus den USA geschickt worden waren. Er stand feierlich da und streckte mir seine Hand entgegen, die ich schüttelte. Wir gingen zurück zum Missionshaus, und der Schimpanse folgte uns, die Hände auf dem Rücken, ernst nickend, wie es der Missionsleiter tat, während er mit mir sprach. Diese nahezu perfekte Nachahmung eines Missionars wurde von allen mit schallendem Gelächter quittiert.

Ich flog von dort aus weiter nach London, wo ich von meiner Tochter und einem Freund begrüßt wurde. Der Freund sagte: »Deine Tochter wird dir jeden Tag ähnlicher.« Daraufhin kam mir der Schimpanse in den Sinn. Je perfekter er einen Menschen imitierte, desto mehr lachten wir; je ähnlicher meine Tochter mir wurde, desto mehr wurden wir beglückwünscht. Ich erkannte, dass meine Tochter, die aus meinem Leben lebte, das Verhalten jenes Lebens übernahm, das sie in mir sah. Als tierisches Leben versuchte, menschliches Leben zu imitieren, war es offensichtlich genau das: eine bloße Imitation – und je besser diese gelang, desto mehr wurde gelacht.

Nachdem wir das ewige Leben empfangen haben und mit Gott, unserem Vater, im Bund vereint sind, ist es ganz natürlich, sein Verhalten zu übernehmen und es aus seinem Geist heraus auszuleben. Aber wenn das Fleisch versucht, das Leben Gottes nachzuahmen, ist es bestenfalls eine armselige Imitation, und wenn es nicht so unendlich tragisch wäre, könnte es der größte Scherz des Universums sein.

Wo Gefühle ihren Platz haben

Jetzt könnte jemand sagen: »Ist das gesamte Christenleben frei von Gefühlen? Wird es nur aus nüchternen Entscheidungen und Willenskraft heraus gelebt?« Ganz und gar nicht. Das genaue Gegenteil trifft zu: Die Bibel ist voll von Worten, die auf starke Gefühle hindeuten. Formulierungen wie »erfüllt von herrlicher, unaussprechlicher **Freude**« oder »der Friede Gottes, der alles Verstehen übersteigt« sagen uns, dass der Gläubige in Gottes Gegenwart in Verzückung geraten kann.

Es besteht jedoch die verheerende Möglichkeit, dass wir süchtig nach dem Gefühl seiner Gegenwart werden und uns daran anstatt an seiner wahren Gegenwart erfreuen. Ich kenne einige hochgeschätzte Gläubige, die von geistlicher Begierde verzehrt werden und stets nach der nächsten Sinnesempfindung lechzen, die ihnen die Gewissheit zu geben vermag, dass Gott mit ihnen ist. Sie jagen dem Wind hinterher, suchen ständig nach etwas Neuem und erfahren nie die Befriedigung, die in der Person des Herrn Jesus liegt, weil sie davon besessen sind, ihn zu spüren.

Hand in Hand damit geht die Überzeugung, dass wir unser Leben als Christen auf der Grundlage von Erfahrungen und Gefühlen führen sollten. Seine Gegenwart tatsächlich zu spüren, wird uns von ihm als Geschenk zuteil, über das wir uns freuen, doch der Glaube richtet sich darauf ein, sich unabhängig von den Gefühlen einfach so zu verhalten, als füllte seine Gegenwart unser Leben aus.

Vor vielen Jahren gab es einen Bruder, mit dem mich eine Freundschaft verband, die ich für eine Bündnisbeziehung hielt. Wir beteten zusammen, tauschten uns über die Wahrheiten aus, die wir gemeinsam entdeckt hatten, und versuchten so oft wie möglich, gemeinsam auf Veranstaltungen zu predigen und die Botschaft des jeweils anderen zu ergänzen. Ich wusste jedoch nicht, dass er neidisch auf mich war und im Stillen die Zerstörung meines Dienstes plante. Als er schließlich in einer großen Zusammenkunft seine Absicht erkennen ließ, erschütterte mich das, was er sagte und tat. Ich wusste, dass die von ihm öffentlich verkündeten Lügen noch vor Mitternacht in den gesamten USA ausgestrahlt würden und man sie tags darauf bereits als Wahrheit betrachten würde, sodass mein Dienst beendet wäre. Aber die Tatsache, dass diese Worte von ihm, meinem Freund, gesprochen worden waren, löste bei mir eine Schockstarre aus, ich war wie betäubt. Alle Augen waren auf mich gerichtet, als ich vom Podium des Auditoriums stolperte und wie ein Roboter aus dem Gebäude stakste.

Ich lief einige Minuten lang ohne jegliches Gefühl durch die Gegend, doch dann explodierte ein gewaltiger Zorn in mir. Meine Gefühle gegen ihn flammten auf wie ein infernalisches Feuer. In meinem Herzen empfand ich angesichts dieses Verrats regelrechte Mordgelüste.

Tief in mir hörte ich die leise, sanfte Stimme des Heiligen Geistes: *Er kann dich niemals zerstören, aber wenn du so weitermachst wie jetzt, wirst du dich selbst zerstören!* In diesem Moment hörte ich auf, mich mit dem zu beschäftigen, was passiert war, mit meinem Verräter, mit meinem Schmerz und mit dem, was noch geschehen würde; ich wurde mir Christus, meinem Leben, bewusst und vergegenwärtigte mir seine Liebe, die mich umfing und an der ich teilhatte, und ich erkannte, was ich zu tun hatte.

Der Ausdruck von Wut, den ich gezeigt hatte, war kein Kleidungsstück, das zu einem Kind Gottes passte, wie ich eines war. Ich wusste, dass ich ihm verzeihen musste. Aber nirgendwo in meinem Inneren fand ich das Gefühl, vergeben zu können! Ich hatte noch nie einem Menschen für etwas so Gravierendes vergeben müssen; ich hatte keine Erfahrung, und meine Gefühle sträubten sich mit aller Macht gegen diese Vorstellung. Ich nahm die Vergebung und »zog sie an«; ich handelte so, als könne ich durch einen schieren Akt des willigen Gehorsams gegenüber Gott vergeben.

Ich drehte mich auf der Straße um, zeigte mit dem Finger auf das Gebäude und sagte laut zu diesem Mann, indem ich ihn namentlich nannte: »Ich verzeihe dir, was du getan hast, im Namen des Herrn Jesus Christus. Ich bin nicht dein Richter; ich lasse dich los und übergebe dich ihm, damit er mit dir verfährt, wie er will.«

Ich hatte sofort Frieden und setzte meinen Weg die Straße hinunter fort.

Zehn Minuten später hörte ich in mir: *Wie konnte er dir das nur antun?* Und jedes rachsüchtige Gefühl schoss wie Ofenglut mit siebenfach größerer Hitze durch mein Inneres.

Ich blieb stehen, drehte mich erneut in Richtung des Gebäudes und sagte: »Vor zehn Minuten wurde dieser Mann in die Obhut des Herrn Jesus entlassen. Ihm ist vergeben, und ich habe in dieser Angelegenheit nichts mehr zu sagen.«

Das ging die ganze Nacht so weiter, wobei die Zeitspannen, die zwischen den wiederkehrenden Wutgefühlen lagen, immer länger wurden. Irgendwann kehrten diese Gefühle vielleicht noch einmal am Tag zurück, später einmal die Woche, bis sie schließlich ganz ausblieben. Noch immer stieg bei mir kein Gefühl von Wärme und Freude auf, wenn ich den Namen dieses Mannes hörte, aber als jemand, der in Christus lebt, hielt ich in dieser Position an der Tatsache fest, dass ihm vergeben worden war.

Ein Jahr später rief er an und weinte am Telefon. Was er erfolglos versucht hatte, mir anzutun, hatte jemand tatsächlich mit ihm gemacht. Er hatte alles verloren und war aus dem Dienst ausgeschieden, war obdachlos und lebte auf der Straße. Mein Herz war von göttlichem Erbarmen erfüllt, und ich nahm ihn bei mir zu Hause auf und kümmerte mich um ihn, um ihn allmählich wieder zum Glauben und zum Dienst zurückzuführen.

Das ist es, was ich mit »so tun, als ob« und »ein göttliches Verhalten anziehen« meine.

Versuchung überwinden

Was ist mit den Versuchungen, die uns überkommen – wenn unsere Gefühle, Gedanken, Vorstellungen und sogar unser physischer Körper vom Lockruf einer Sünde, einer Gewohnheit oder einer Begierde erfasst und wie in einem Wirbelwind mitgerissen werden?

Wir wenden uns ganz bewusst der Gegenwart Gottes zu. Wir entscheiden uns dafür, uns nicht unseren Gefühlen, unseren Umständen oder den Mächten der Finsternis zuzuwenden. Gläubigen gegenüber, die gerade von Drogensucht oder von sexuellen Abhängigkeiten befreit wurden, kann dies nicht stark genug betont werden. Warte nicht, bis die Versuchung in voller Stärke auftritt, sondern wende dich beim ersten aufkommenden Gedanken, beim ersten suggestiven Flüstern, sofort dem Geist Christi zu. Mach dir bewusst, dass er in dir ist, dass dein Körper sein Tempel ist, dass du in ihm bist und er dein Leben und dein Atem ist.

Das ist deshalb so wichtig, weil wir, wenn wir das nicht glauben, davon ausgehen werden, dass die Aufwallung unseres Fleisches tatsächlich unserer wahren Natur entspricht. Schreibe dir Folgendes unauslöschlich in dein Gedächtnis: »Durch das Blut des Bundes und durch das Wirken des Heiligen Geistes ist mein wirkliches, wahres Ich ausgesöhnt, gewaschen und gereinigt; in meinem innersten und wahren Ich bin ich mit Christus verborgen in Gott. Aus dieser Position in ihm blicke ich direkt in das Antlitz Gottes, meines Vaters, der über mich verkündet, dass ich sein geliebtes Kind bin, an dem er seine Freude hat, und ich antworte mit ›Abba, Papa, mein Vater!‹«

Dies ist die wichtigste Waffe in deinem Arsenal, um die Scham zu bekämpfen, die dich ersticken wird, wenn du nicht sicher weißt, wer du bist.

Das ist nie wahrer als im Falle der schambesetzten Gebundenheit an sexuelle Süchte. Ein Mann, den ich Chris nennen werde, erzählte mir, wie er nach einigen Tagen der Buße und der Bitte an Gott, ihn von der Sucht nach Pornografie zu befreien, in seinem Kopf den alten verführerischen Lockruf zu den Zeitschriftenregalen und den Filmen im Fernsehen flüstern hörte. Seine erste Reaktion war Scham. Er erzählte mir: »Ich dachte: *O nein, ich bin genau derselbe Mensch, der ich immer war. Die Gedanken und Begierden sind nur eine Weile abgetaucht, und jetzt geht es wieder los!*« Er empfand tiefe Scham und Selbsthass und konnte nicht einmal daran denken, Gott gegenüberzutreten. Aufgrund dieser Gefühlslage dauerte es nur kurze Zeit, bis er nachgab und in einen noch tieferen Selbsthass verfiel, der ihn als Heilmittel für seinen Schmerz immer mehr Pornografie konsumieren ließ.

Als ich ihm sagte, dass die Gedanken und Begierden sowohl des Körpers als auch der Phantasie nicht der wahre Chris seien, da er mit Christus verborgen in Gott sei und in diesem Moment im Fokus seiner Liebe stünde, war er sprachlos. Ich sagte ihm: »Die Gedanken und körperlichen Begierden sind lediglich die Todeszuckungen deines besiegten Feindes. Gib der Versuchung nicht nach, aber schenke ihr auch nicht deine Aufmerksamkeit; entscheide dich in diesem Moment dafür, bewusst in Christus zu bleiben, dem Gott zugewandt, der dich liebt, und dir gleichzeitig zu vergegenwärtigen, wer du wirklich bist – sein Kind. An deine Versuchung zu denken, ihr deine volle Beachtung zu schenken und sie bekämpfen zu wollen, würde bedeuten, dass du dich auf das Vorhandensein der Begierde fokussierst und von Scham erfüllt bist und dir Gottes Gegenwart nicht bewusst machst.«

In jedem Bereich, in dem wir einer starken Versuchung ausgesetzt sind, führt die Scham darüber, die verlockenden Gedanken überhaupt zu haben, und der Versuch, sie zu bekämpfen und gar nicht erst wieder aufkommen zu lassen, in die sichere Niederlage. Diese Vorgehensweise schlägt unweigerlich fehl; die Gedanken tauchen immer wieder auf und lassen Bilder auf dem Bildschirm unserer Vorstellungskraft aufblitzen, die alle unsere Vorsätze, ihnen nicht nachzugeben, unerbittlich zunichtemachen. Wir scheitern zwangsläufig und stürzen dadurch noch tiefer in hoffnungslose Verzweiflung und Scham.

Wir verleugnen die in uns tobenden Gefühle nicht, und wir versuchen auch nicht, sie zu unterdrücken. Je mehr wir mit ihnen ringen, desto stärker werden sie, denn damit geben wir ihnen einen Stellenwert; wir erklären sie zu einem Teil unseres wahren Ichs, machen sie zu gültigen Empfindungen, mit denen wir uns auseinandersetzen und die wir bekämpfen müssen. Das sind sie nicht! Sie sind mit Christus gekreuzigt worden, und dein wahres Ich wird durch diese Situation vom Geist zum Vorschein gebracht.

Ich sagte zu Chris: »Wenn dich das Nagen lüsterner Gewohnheiten körperlich unruhig macht, entscheide dich dafür, innerlich ruhig zu sein, was auch immer dein Körper gerade tut, und mach dir bewusst, dass du in diesem Moment in der Gegenwart Gottes bist. Sei dir bewusst, dass er dich liebt und im Kampf gegen das Fleisch an deiner Seite steht. Ohne Scham kannst du ihm sagen, was du fühlst, was immer es ist. Lass ihn wissen, was du gerade durchmachst, und danke ihm, dass er dich zu seinem Eigentum gemacht hat. Sprich es laut aus, um dich aus dem Gewirr deiner Gedanken herauszuholen. Er ist gerade dabei, dich von deiner Vergangenheit zu trennen und dich heil zu machen. In diesem Moment beginnst du, der neue Mensch zu sein, der du in Wahrheit bist.«

Aus dem Zentrum unseres Wesens heraus, wo unsere mit ihm vereinte Identität liegt, treffen wir die Entscheidung, das Verhalten Christi anzuziehen. Wir legen die Verhaltensweisen Jesu an und erklären, dass sie im Äußeren die Person widerspiegeln, die wir in unserem Inneren wirklich sind.

Nutze die Versuchung

Hier kommt das Geheimnis, wie man die Versuchung nutzt. Wir dürfen die Versuchung nicht als Feind betrachten, sondern müssen sie als notwendige Konfrontation mit dem Negativen sehen, durch die das wunderbar Positive unseres Lebens in Christus zum Vorschein kommt. Wir können das Leben Christi nicht in einem Vakuum zur Geltung bringen; Christus wird sichtbar im Sieg über die Rufe des Fleisches und dessen Überwindung.

Einmal sprach ich mit einigen Leuten über die Auferweckung des Lazarus von den Toten, und eine Gläubige sagte mit verträumtem Blick: »Oh, das wäre so wunderbar, durch Jesus von den Toten auferweckt zu werden!« Ich erinnerte sie daran, dass man erst sterben muss, bevor man auferweckt werden kann! Die Macht Jesu, Tote aufzuerwecken, kann nur mit einem toten Körper erlebt werden; in einem Vakuum funktioniert sie nicht.

Wenn wir die Fülle der Liebe Gottes in uns erfahren wollen, müssen wir inmitten von Menschen sein, die auch mit den besten Bemühungen menschlicher Liebe nicht zu lieben sind. Wir werden den Frieden Gottes entdecken, der das menschliche Verständnis übersteigt, wenn wir uns in einer Situation befinden, in der das menschliche Fleisch vor Angst in die Knie gehen würde. Die Freude des Herrn lässt sich am besten erfahren, wenn unsere Umstände uns unter natürlichen Gesichtspunkten in Verzweiflung stürzen würden. Wie wir gesehen haben, musste Paulus die Lektion lernen, dass die Kraft Gottes am besten in unserer Schwachheit sichtbar wird, und das Rätsel des Bundes ist: »Wenn ich schwach bin, dann bin ich stark« (2Kor 12,10).

Widrigkeiten und Versuchungen werden in unserem Leben zugelassen, um die Fülle des Lebens Christi in uns zum Vorschein zu bringen, denn ohne die Versuchung kämen wir gar nicht auf die Idee, von dieser Fülle Gebrauch zu machen, weil es nicht nötig wäre. Wir sollten die Versuchung nicht als Feind betrachten, sondern als eine Gelegenheit, im Zustand des »so tun, als ob« und des »Anziehens« zu leben und auf diese Weise in der Gnade zu wachsen, wie wir es nie zuvor getan haben. Jakobus ermahnt uns: »Achtet es für lauter Freude, wenn ihr in mancherlei Anfechtungen geratet« (Jak 1,2 EÜ).

Versuchungen sind die Gelegenheit für den Geist, das Leben Christi in unserem Leben hervorzubringen. Wir werden immer scheitern, wenn wir die Versuchung als etwas betrachten, das wir mit unserer Willenskraft – statt mit der Stärkung durch den Geist Christi – für Gott überwinden müssten. Die Versuchung ist die Zeit, in der wir der Pseudokraft unseres Fleisches sterben und in das Auferstehungsleben Christi eintreten.

Christines Geschichte

Christine kannte ihr Problem: Es war der Hang zur Tratscherei. Sie konnte nicht widerstehen, wenn ihre Freundinnen ihr das neueste saftige Gerücht ins stets offene Ohr flüsterten. Sie konnte es sich nicht verkneifen, die Details dann mit einem derartigen Flair von Geheimhaltung weiterzugeben, dass der Empfänger sich geehrt fühlte, für den Erhalt einer solch streng vertraulichen Information ausgewählt worden zu sein. Sie war wegen der Unterstellungen und Halbwahrheiten, mit denen sie hausieren ging, schon mehr als einmal Mittelpunkt einer unangenehmen Situation in der Gemeinde gewesen. Dann begann der Heilige Geist, sie zu überführen. Sie erkannte, dass sie den Geist betrübte und ihre Brüder und Schwestern verletzte. Sie wusste, dass der Heilige Geist genau das meinte, als er sagte: »Kein schlechtes Wort soll aus eurem Mund kommen, sondern was gut ist zur Erbauung, wo es nötig ist, damit es den Hörern Gnade bringe« (Eph 4,29).

Der Geist machte ihr bewusst, dass jedes Mal, wenn sie zum Telefon griff, eine Flut von schlechten Äußerungen aus ihrem Mund kam, und sie nahm sich vor, dem ein Ende zu machen. Aber sie entdeckte schnell, dass sie nicht in der Lage war, es zu verhindern. Wenn ihr Gesprächspartner sagte: »Hast du schon gehört …«, vergaß sie ihren Vorsatz, sog die Information förmlich in sich auf und versuchte, auch noch den letzten Tropfen aus dem Informanten herauszuquetschen. Sobald sie den Anruf beendet hatte, war sie untröstlich über das, was sie getan hatte, und zugleich angewidert von sich selbst, weil sie nicht mehr Selbstbeherrschung gezeigt hatte. Sie hängte Zettel neben das Telefon, auf denen stand, was sie sagen sollte, wenn jemand versuchte, Klatsch und Tratsch zu verbreiten, aber sobald sich die Gelegenheit bot, war sie blind für solche Notizen und vergaß alle Versprechen und Vorsätze, die sie Gott gegenüber abgegeben hatte.

Auch ihr Entschluss, nur aufbauende und gnadenbringende Worte weiterzugeben, brachte nichts. Sie fühlte sich zum Klatsch mit ihren Freundinnen hingezogen, so sehr sie auch um Kraft betete. Sie begann ihren Tag mit dem Versprechen an Jesus, dass dieser Tag anders sein würde. Bevor sie sich mit ihren Freundinnen traf, flüsterte sie sich selbst zu: »Ich werde mich nicht zu Klatsch und Tratsch hinreißen lassen. Das werde ich nicht. Jesus, ich verspreche es dir.« Doch noch ehe eine halbe Stunde verstrichen war, hatte sie alle ihre Gelöbnisse vergessen.

Sie bat darum, mich nach einer Zusammenkunft in ihrer Gemeinde sprechen zu dürfen. Ich hatte über das Thema unserer Bündnisbeziehung mit Christus gesprochen, und ein Hoffnungsschimmer, dass sie ihre Sünde überwinden könnte, brachte sie dazu, mich aufzusuchen. Ich hörte mir ihre Geschichte an und fragte sie dann: »Wie würdest du deinen Umgang mit dieser Versuchung beschreiben, Christine?«

Sie sah verwirrt und fast schon verärgert drein: »Ich hasse es. Ich will es nicht, und deshalb sage ich jedes Mal nein, wenn ich denke, dass es wieder so weit ist!«

Ich sagte: »Christine, sag niemals nein zur Versuchung, sag ja zu Jesus!« Sie blickte schockiert, nickte aber und bedeutete mir, fortzufahren. Ich erklärte weiter: »Wenn du nein sagst, schöpfst du aus deiner Willenskraft, konzentrierst die gesamte Energie deines Fleisches darauf, der Versuchung zu widerstehen. Du bringst dein ganzes menschliches Vermögen auf, etwas zu tun, das Gott gefällt. Aber so funktioniert das Christenleben nicht. Das ist tote Religion in Reinkultur! Dies ist deine von Gott gegebene Gelegenheit, der fleischlichen Beschäftigung mit Klatsch und Tratsch und dem Versuch, mit dem Klatschen aufzuhören, gegenüber zu sterben und Christus mithilfe des Geistes durch dich leben zu lassen.«

Ich fuhr fort, ihr die Wahrheiten über ihre Einheit mit Christus zu vermitteln und wies sie auf Kolosser 3,1–3 hin: »Wenn ihr nun mit Christus auferweckt worden seid, so sucht das, was droben ist, wo der Christus ist, sitzend zur Rechten Gottes. Trachtet nach dem, was droben ist, nicht nach dem, was auf Erden ist; denn ihr seid gestorben, und euer Leben ist verborgen mit dem Christus in Gott.«

Die Ausrichtung des Denkens auf Christus und die Tatsache, dass unser Leben mit Christus verborgen in Gott ist, werden in den Versen 8, 12 und 13 neben anderem näher erläutert:

Jetzt aber legt auch ihr das alles ab – Zorn, Wut, Bosheit, Lästerung, hässliche Redensarten aus eurem Mund. … So zieht nun an als Gottes Auserwählte, Heilige und Geliebte herzliches Erbarmen, Freundlichkeit, Demut, Sanftmut, Langmut; ertragt einander und vergebt einander, wenn einer gegen den anderen zu klagen hat; gleichwie Christus euch vergeben hat, so auch ihr.

Das Ablegen unreiner Rede und das Anlegen der Sprache der Liebe könnte nicht losgelöst vom Inhalt der ersten drei Verse von Kolosser 3 erreicht werden. Ich sagte ihr: »Gerade, weil du jetzt mit Christus vereint bist und er dein Leben ist, kannst du die Sprache seiner Liebe erlernen. Es geht nicht darum, nein zu unflätigem Gerede zu sagen, sondern ja zu deinem wahren, neuen Ich in Christus und dazu, seine Liebe durch dich fließen zu lassen. Du bist kein Roboter. Du hast eine Wahl, eine bedeutende Wahl zu treffen. Aber die besteht nicht in dem Entschluss, aus eigener Kraft mit dem Klatschen aufhören zu wollen, sondern darin, sich Christus mit seinem Leben, seiner Liebe und seiner Kraft hinzugeben.«

Meine Veranstaltungen waren beendet, und ich flog am nächsten Tag ab. Später schrieb sie mir von der radikalen Veränderung, die seit diesem Gespräch bei ihr stattgefunden hatte. Von jenem Abend an hatte sich ihre gesamte Herangehensweise an das Problem geändert. Anstatt ihre ganze Energie auf das Versprechen an Gott zu konzentrieren, dass sie nicht tratschen würde, betete sie nun: »Ich danke dir, dass ich in Christus aufgenommen bin und sein Geist in mir lebt. Ich danke dir, dass es das ist, was ich wirklich bin, und deshalb ist dieses lästernde, schlechte Gerede nicht mit meinem wahren Ich vereinbar. Du bist mein Leben, Herr Jesus, und ich bitte dich, dass du jeden Tag rund um die Uhr meine Gedanken und die Worte, die ich spreche, mit dir ausfüllst. Ich bin diesem Verlangen nach Schmutz gegenüber machtlos, und ich bitte darum, dass der Geist dein Verlangen nach Wahrheit und Liebe in meinem Geist und meinem Mund hervorbringt.« Wenn sie sich mit ihren Freundinnen traf oder das Telefon klingelte, flüsterte sie: »Das ist dein Gespräch, Herr!«

Sie erzählte, was an diesem ersten Tag geschah, als das Telefon klingelte. Als Erstes fiel ihr auf, dass es nicht die übliche Anspannung gab, die durch die Angst verursacht wurde, sie könnte wieder schwachwerden. Stattdessen war da die Ruhe, dass er tatsächlich in ihr war und dies sein Gespräch war; sie konnte es sich leisten, sich zu entspannen und freudig abzuwarten, wie er es handhaben würde. Als das Gespräch in Gang kam, wurde ihr klar, dass sie wirklich eine Wahl hatte; sie ließ sich nicht vom Klang der Stimme ihrer Freundin mitreißen, als diese sich darauf vorbereitete, den neuesten Leckerbissen preiszugeben. Sie war kein Roboter; sie hatte die Wahl, und sie erkannte, dass die Macht der Wahl sein Geschenk war. Mit dem Telefon am Ohr wurde ihr klar, dass sie sich nicht auf das einlassen wollte, was ihre Freundin zu sagen hatte, und dass sie es auch nicht musste. Dann kamen die Worte, die normalerweise alle ihre Entschlüsse und Vorsätze über den Haufen geworfen hätten: »Du wirst nie erraten, was Janes Ehemann neulich bei der Arbeit angestellt hat!« Christine spürte den Heiligen Geist in sich, als sie sagte: »Nein, Susan, ich habe nichts davon mitbekommen, und ich würde es auch lieber nicht wissen. Der Heilige Geist hat mich über die Art und Weise, wie ich über Menschen gesprochen habe, eines Besseren belehrt. Ich werde für Janes Mann beten, aber ich muss nichts darüber wissen, denn der Herr weiß, was er getan hat.« Verblüfft sagte die Freundin: »Oh!« und beendete zügig das Gespräch.

Beim nächsten Treffen in der Gemeinde wurde sie von ihrer Clique seltsam beäugt, als sie auf sie zuging, um sich ihnen anzuschließen. Offensichtlich hatte Susan das Telefongespräch weitererzählt. Christine hatte für dieses erste Zusammentreffen mit ihren bisherigen Klatschfreundinnen gebetet und war vom Geist gedrängt worden, in die Offensive zu gehen. Sie begann: »Ich muss einfach erzählen, was der Heilige Geist in den letzten Tagen in meinem Leben getan hat ...« und fuhr dann fort, ihnen von dem Wirken des Geistes in ihrem Leben in den zurückliegenden Stunden zu berichten. Das war das Ende der Versuchung aus dieser Richtung. Einige der Frauen riefen sie später an und erzählten ihr, dass sie die gleiche Überzeugung erfahren hatten, und dankten ihr dafür, dass sie sich so offen mitgeteilt hatte.

Im Laufe der folgenden Tage wurde sie davon überzeugt, dass es nicht nur darum ging, nicht zu tratschen, sondern die Initiative zu ergreifen und die Menschen zu lieben. Sie las die Bibelstelle, mit der alles begonnen hatte – »Kein schlechtes Wort soll aus eurem Mund kommen, sondern was gut ist zur Erbauung, wo es nötig ist, damit es den Hörern Gnade bringe« (Eph 4,29) –, sowie den Abschnitt, den ich ihr gezeigt hatte:

> *Jetzt aber legt auch ihr das alles ab – Zorn, Wut, Bosheit, Lästerung, hässliche Redensarten aus eurem Mund. ... So zieht nun an als Gottes Auserwählte, Heilige und Geliebte herzliches Erbarmen, Freundlichkeit, Demut, Sanftmut, Langmut; ertragt einander und vergebt einander, wenn einer gegen den anderen zu klagen hat; gleichwie Christus euch vergeben hat, so auch ihr. Über dies alles aber [zieht] die Liebe [an], die das Band der Vollkommenheit ist.*
> *— Kolosser 3,8.12–14*

Sie erkannte, dass der Heilige Geist nicht nur wollte, dass sie mit dem Tratschen aufhörte, sondern dass sie ein völlig neues Leben beginnen sollte, was ihre Sicht auf andere betraf und die Art, wie sie mit deren Problemen umging, von denen sie vielleicht erfuhr. Es ging nicht nur darum, mit einer Aktivität aufzuhören, sondern eine neue zu beginnen. Sie betete und bat den Heiligen Geist, sie zu leiten. Sie erkannte, dass ihre Zunge jede Familie in der Gemeinde in irgendeiner Weise betroffen hatte. Sie nahm das Gemeindeverzeichnis zur Hand und begann, es im Gebet durchzugehen und jede Familie in der Gemeinde vor den Herrn zu bringen. Sie erkannte, dass sie Woche für Woche Stunden damit zugebracht hatte, entweder aktiv zu tratschen oder aber Einzelheiten über die Schwächen und Versäumnisse anderer herauszufinden. Sie nutzte nun diese Zeit, um zu beten, und machte die Schwächen, von denen sie gehört hatte, zum Gegenstand ihrer Gebete. Der Geist Gottes in ihr wandelte ihre hartnäckige Sünde in einen Dienst um, mit dem sie die Gemeinde segnete.

KAPITEL 16

Das Volk des Geistes

Der neue Bund wird im gesamten Alten Testament erwartungsvoll vorausgesehen, und in gewisser Weise ist er das Thema aller Propheten. Obwohl es viele Beschreibungen gibt, wie dieser Bund aussehen wird, gibt es eine Aussage, die immer wieder fällt: »Ich will ihr Gott sein, und sie sollen mein Volk sein.«

> *Sondern das ist der Bund, den ich mit dem Haus Israel nach jenen Tagen schließen werde, spricht der HERR: Ich will mein Gesetz in ihr Innerstes hineinlegen und es auf ihre Herzen schreiben, und ich will ihr Gott sein, und sie sollen mein Volk sein. — Jeremia 31,33*

> *Und ich will ihnen ein Herz geben, dass sie mich erkennen sollen, dass ich der HERR bin; und sie sollen mein Volk sein, und ich will ihr Gott sein; denn sie werden sich von ganzem Herzen zu mir bekehren. — Jeremia 24,7*

> *Ich will auch einen Bund des Friedens mit ihnen schließen; ein ewiger Bund soll mit ihnen bestehen, und ich will sie sesshaft machen und mehren; ich will mein Heiligtum auf ewig in ihre Mitte stellen. Meine Wohnung wird bei ihnen sein, und ich will ihr Gott sein, und sie sollen mein Volk sein. — Hesekiel 37,26–27*

Er ist »unser Gott«, und das kommt in den Psalmen zum Ausdruck, wenn der Psalmist ausruft: »O Gott, du bist mein Gott« (Ps 63,1). Nur ein Volk, das mit ihm im Bund steht, kann sagen, dass er allein der Gott dieses Volkes ist. Ein außerhalb des Bundes stehender Mensch kann sich zwar an Gott wenden, würde es aber nicht wagen, einen Anspruch auf ihn zu erheben.

Wir haben gesehen, dass einer der Hauptunterschiede zwischen einem Vertrag und einem Bund in der Frage besteht, was ausgetauscht wird. Ein Vertrag ist der Austausch und die Übergabe von Eigentum, von Besitz; ein Bund ist der Austausch von Personen. Der Vertrag besagt: »Das gehört jetzt dir«, während der Bund ausdrückt: »*Ich* gehöre jetzt dir«. Gott verspricht also nicht nur ganz allgemein seinen Segen; sein Segen ist die Gabe seiner selbst in der Person des Heiligen Geistes.

Der Tempel des neuen Bundes

Wir können uns den neuen Bund in seiner Wirksamkeit auf der Erde nicht ohne den Heiligen Geist vorstellen. Der innewohnende Geist ist das Merkmal des neuen Bundes, wie Hesekiel prophezeite:

> *Ja, ich will meinen Geist in euer Inneres legen und werde bewirken, dass ihr in meinen Satzungen wandelt und meine Rechtsbestimmungen befolgt und tut. — Hesekiel 36,27*

Der innewohnende Geist teilt den Gläubigen alle Segnungen des Bundes mit, die durch den Herrn Jesus erworben wurden. Ohne ihn wären die Segnungen nur schöne, aber unerreichbare Vorstellungen.

Wir haben gesehen, dass der Heilige Geist sich in jedem Gläubigen niederlässt und dessen Körper zu seiner Wohnstätte macht. Aber das ist nur der Anfang. Der Heilige Geist wohnt nicht nur in jedem Mann und jeder Frau auf individueller Basis; er weilt auch im gesamten Leib der Gläubigen an jedem Ort und formt diesen Leib am jeweiligen Ort zum Tempel des neuen Bundes.

Der Tempel des alten Bundes befand sich in Jerusalem, im Land Israel; es war der Ort, den Gott gewählt hatte, um dort seinen Namen und seine Gegenwart zu offenbaren. Das Bundesvolk lebte in diesem Land und begab sich jedes Jahr nach Jerusalem, um seinen Bundesgott anzubeten und ihn und den Bund, den er ihnen gegeben hatte, zu feiern. Aber im neuen Bund gibt es kein Land und keinen Ort, an dem der Bundesgott inmitten seines Volkes wohnt. Er wohnt in seiner Gemeinde und insbesondere im Leib der Gläubigen – seinem Volk – an jedem gegebenen Ort. In den Menschen, die ihm angehören, wird seine Gegenwart in einzigartiger Weise offenbar.

Wir haben gesehen, dass das griechische Wort *naos* »das Allerheiligste« bedeutet und als Bezeichnung für den Körper eines jeden Gläubigen verwendet wird (1Kor 6,15). Obwohl wir uns zunächst mit diesem Aspekt befasst haben, wird das Wort in erster Linie verwendet, um die versammelte Gemeinschaft des Volkes Gottes zu beschreiben. Die Gläubigen in jeder Stadt bilden sein Volk, und sie sind die Wohnstätte Gottes, der Ort, an dem die Herrlichkeit Gottes an der betreffenden Örtlichkeit wohnt.

> *In ihm wird der ganze Bau zusammengehalten und wächst zu einem heiligen Tempel (naos) im Herrn. Durch ihn werdet auch ihr zu einer Wohnung Gottes im Geist miterbaut.*
> *— Epheser 2,21–22 EÜ*

Achte auf die Ausdrucksweise des Bundes, die Paulus zur Beschreibung der Gläubigen in Korinth gebraucht:

Denn ihr seid ein Tempel (naos) des lebendigen Gottes, wie Gott gesagt hat: »Ich will in ihnen wohnen und unter ihnen wandeln und will ihr Gott sein, und sie sollen mein Volk sein«. — 2. Korinther 6,16

Wisst ihr nicht, dass ihr Gottes Tempel (naos) seid, und dass der Geist Gottes in euch wohnt? Wenn jemand den Tempel (naos) Gottes verderbt, den wird Gott verderben; denn der Tempel (naos) Gottes ist heilig, und der seid ihr. — 1. Korinther 3,16–17

Mit dem Kommen des Heiligen Geistes im neuen Bund wurde der Vorhang, der den sündigen Menschen von der Gegenwart Gottes trennte, entfernt, sodass wir die Herrlichkeit des Herrn im Angesicht Jesu Christi selbst schauen können. Wir sind in das Allerheiligste eingetreten; wir leben hinter dem Vorhang in der unmittelbaren Gegenwart Gottes. Wir schauen ihn nicht nur, sondern werden auch in sein Bild verwandelt, von einer Ebene der Herrlichkeit zur nächsten.

Wir alle aber, indem wir mit unverhülltem Angesicht die Herrlichkeit des Herrn anschauen wie in einem Spiegel, werden verwandelt in dasselbe Bild von Herrlichkeit zu Herrlichkeit, nämlich vom Geist des Herrn. — 2. Korinther 3,18

Der Tempel des neuen Bundes besteht aus »lebendigen Steinen«, dem Volk Gottes; dort wohnt Gott durch den Geist mitten unter uns. Der Eckstein, durch den das ganze Gebäude zusammengehalten wird, ist der Herr Jesus. Die Menschen des Volkes bilden nicht nur die Steine des Tempels, sondern sind auch die Priester, die dienen und Gott in der Kraft des Geistes anbeten.

> *Da ihr zu ihm gekommen seid, zu dem lebendigen Stein, der von den Menschen zwar verworfen, bei Gott aber auserwählt und kostbar ist, so lasst auch ihr euch nun als lebendige Steine aufbauen, als ein geistliches Haus, als ein heiliges Priestertum, um geistliche Opfer darzubringen, die Gott wohlgefällig sind durch Jesus Christus. … Ihr aber seid ein auserwähltes Geschlecht, ein königliches Priestertum, ein heiliges Volk, ein Volk des Eigentums, damit ihr die Tugenden dessen verkündet, der euch aus der Finsternis berufen hat zu seinem wunderbaren Licht. — 1. Petrus 2,4–5.9*

In der allerersten Gemeinde ging niemand zur Kirche, denn sie wurde nicht als ein Gebäude mit einer festen Adresse verstanden, in das man gehen konnte. Die Gemeinde bestand aus Gläubigen, die als lebendige Steine oder Ziegel das Gefüge des Tempels des neuen Bundes an den jeweiligen Orten bildeten, an denen die Gegenwart Gottes erkannt und offenbar gemacht worden war. Die Kirche war nicht in erster Linie ein Gebäude, sondern bestand aus Menschen, die sich versammelten und, nachdem sie ihren Bündnisgott angebetet und gefeiert hatten, zur über die ganze Stadt verteilten Gemeinde wurden.

Mit dem Leib Christi vereint

Das Neue Testament kennt keine einzelgängerischen Gläubigen, die in einer privaten Beziehung zu Gott leben. Jeder einzelne Gläubige ist mit Christus und somit auch mit seinem Leib, dem Volk Gottes, verbunden. Der Bund ist nicht mit uns als Einzelpersonen geschlossen, sondern mit dem »Volk«, das in Christus ist, mit dem der Bund geschlossen wurde. Wir haben eine intensive persönliche Beziehung zu Gott in Christus, aber wir haben keine individuelle Verbindung mit Gott, sondern eine gemeinschaftliche.

Christ zu werden bedeutet, dass man von ihm gefunden wurde und persönlich zu ihm gekommen ist, aber gleichzeitig den Schritt in eine Beziehung zum Bundesvolk, dem Leib Christi, gemacht hat. In seinen Gleichnissen fand Jesus den einzelnen verlorenen Gegenstand, aber immer mit dem Ziel, ihn in die Gemeinschaft zurückzubringen. Das verlorene Schaf wurde zur Herde zurückgebracht, die verlorene Münze wurde zurückgebracht, um ihren Platz bei den neun anderen Münzen der Frau einzunehmen; der verlorene Sohn kehrte nicht nur zum Vater zurück, sondern auch zum Fest der ganzen Familie.

Gegenstand des Heilsgeschehens Gottes in Christus ist das Volk Gottes. Gott rettet nicht eine unzusammenhängende Anzahl von Individuen, von denen jedes eine private, abgesonderte Beziehung zu ihm hat; er rettet eine Gemeinschaft, ein besonderes Volk. Die Bibel sagt uns, dass er »... sich selbst für uns hingegeben hat, um uns von aller Gesetzlosigkeit zu erlösen und für sich selbst ein Volk zum besonderen Eigentum zu reinigen, das eifrig ist, gute Werke zu tun« (Tit 2,14).

In der westlichen Welt sehen wir uns selbst getrennt von unseren Mitmenschen, als einsame Inseln, deren Existenz und Erfolg oder Misserfolg wenig oder gar keinen Bezug zu anderen haben. Daraus folgt, dass die Errettung als etwas Persönliches und Individuelles angesehen wird, eine Beziehung zu Gott, die nichts mit irgendwelchen anderen Menschen zu tun hat.

Das hat uns den Christen beschert, der allein vor dem Fernseher sitzt, als Mitglied der virtuellen Gemeinde. Wir müssen verstehen, dass dieses Szenario dem Neuen Testament unbekannt ist. Die Errettung ist etwas sehr Persönliches und wir werden als Einzelne zu Christus hingezogen, aber wir werden gerettet, um Teil seines Leibes zu werden. In den neuen Bund einzutreten bedeutet, mit Christus und seinem Volk vereint zu werden, um gemeinsam die Gegenwart Gottes auf der Erde zu verkörpern.

Es gibt Verse im Neuen Testament, die sich an Einzelpersonen richten, aber in erster Linie wird sich an das Volk Gottes und erst in zweiter Linie an Einzelne innerhalb dieser Gemeinschaft gewendet. Hier ist ein Beispiel:

> *Darum, meine Geliebten, wie ihr allezeit gehorsam gewesen seid, nicht allein in meiner Gegenwart, sondern jetzt noch viel mehr in meiner Abwesenheit, verwirklicht eure Rettung mit Furcht und Zittern; denn Gott ist es, der in euch sowohl das Wollen als auch das Vollbringen wirkt nach seinem Wohlgefallen. — Philipper 2,12–13*

Das hier Gesagte gilt natürlich für jeden einzelnen Gläubigen, aber nur im Zusammenhang mit der Beziehung des Gläubigen zu den anderen zu Gott gehörenden Menschen in seinem Umkreis. Gottes Wirken in unserem Leben, um das Wollen und Vollbringen nach seinem Wohlgefallen herbeizuführen, vollzieht sich, wenn wir mit anderen Menschen Gottes in Beziehung sind und ihre Ermutigungen, Zeugnisse, Gebete und Dienste empfangen.

Es ist wahr, wenn ich sage, dass mein Leben in jeder einzelnen Zelle meines Körpers steckt, aber das ist nur wahr, weil sich jede dieser Zellen in meinem Körper befindet! Es gibt viele, die sich als Einzelgänger sehen, die ihr Bestes tun, um an ihrem Glauben festzuhalten, bis sie in den Himmel kommen; für sie geht es beim Christsein nur darum, wohin man geht, wenn man stirbt. Im Neuen Testament werden die Gläubigen immer als ein Leib von Menschen dargestellt, unter denen der Geist wohnen kann und die in ihrem gemeinschaftlichen Leben und Handeln das Leben und das Wesen Gottes in ihrer Stadt widerspiegeln. Hier ist ein weiteres Beispiel:

Kinder, ihr seid aus Gott und habt jene überwunden, weil der, welcher in euch ist, größer ist als der, welcher in der Welt ist.
— 1. Johannes 4,4

Wie oft sind wir mit diesen Worten ermutigt worden, die zu uns als Einzelpersonen in einer privaten Beziehung zu Gott gesprochen wurden? Man hat uns gesagt, dass derjenige, der in uns lebt, größer ist als derjenige in der Welt. Es tut mir leid, dich enttäuschen zu müssen, aber das ist nicht die hauptsächliche Bedeutung des Textes. Beachte, dass er sich an eine Gruppe von Menschen richtet, die »Kinder« genannt werden, und auch das »ihr« in diesem Vers ist ein Plural und richtet sich an die gesamte Gemeinschaft der Gläubigen am jeweiligen Ort. Der Heilige Geist, die Gegenwart Gottes auf der Erde, ist im Leib der Gläubigen größer als alle Mächte der Hölle und der Welt zusammengenommen. Nur wenn es für den Leib der Gläubigen gilt, kann es auch von jedem einzelnen Glied des Leibes gesagt werden. Wenn wir uns eng an die Schriftstelle halten, kann es jedoch nicht über ein sich absonderndes Individuum gesagt werden, dessen einziger Kontakt zu anderen Gläubigen im Rahmen eines Fernsehgottesdienstes stattfindet.

> *Ihnen wollte Gott bekannt machen, was der Reichtum der Herrlichkeit dieses Geheimnisses unter den Heiden ist, nämlich: Christus in euch, die Hoffnung der Herrlichkeit.*
> *— Kolosser 1,27*

»Christus in euch«. Wir haben bereits gesehen, dass dies auf jeden Gläubigen zutrifft: Dein Körper ist die Wohnstätte Gottes. Aber am umfassendsten kommt dies darin zum Ausdruck, dass die Herrlichkeit Gottes, die göttliche Gegenwart, die im Allerheiligsten weilte, nun in der Zusammenkunft seines Volkes - beide, Juden und Nichtjuden - weilt.

Die neue Gemeinschaft

Das Volk Gottes im Neuen Testament verstand sich als das Volk der Endzeit. Mit »Endzeit« meine ich nicht die grandiosen Prophezeiungen über Israel, Russland, die Entrückung und den Antichristen, auf die sich manche Endzeittheologien beschränken. Das Ende wird durch die Auferstehung der Toten, das Ende der Herrschaft des Todes, die Vollendung des Reiches Gottes, die ewige Herrschaft des Herrn Jesus, das Vergehen dieses Weltsystems und unsere Begegnung mit ihm von Angesicht zu Angesicht signalisiert. Das Volk Gottes ist bereits in das Ende eingetreten.

> *Ihn liebt ihr, obgleich ihr ihn nicht gesehen habt; an ihn glaubt ihr, obgleich ihr ihn jetzt nicht seht, und über ihn*

werdet ihr euch jubelnd freuen mit unaussprechlicher und herrlicher Freude, wenn ihr das Endziel eures Glaubens davontragt, die Errettung der Seelen! — 1. Petrus 1,8–9

Wir sind des ewigen Lebens teilhaftig, welches das Leben von Gott selbst ist, das einzige Leben der Ewigkeit. Wir haben Anteil an der Auferstehung des Herrn Jesus, und im Geist genießen wir bereits die Vorhalle des Himmels.

Alle diese Dinge aber, die jenen widerfuhren, sind Vorbilder, und sie wurden zur Warnung für uns aufgeschrieben, auf die das Ende der Weltzeiten gekommen ist. — 1. Korinther 10.11

Denn es ist unmöglich, die, welche einmal erleuchtet worden sind und die himmlische Gabe geschmeckt haben und Heiligen Geistes teilhaftig geworden sind und das gute Wort Gottes geschmeckt haben, dazu die Kräfte der zukünftigen Weltzeit, … — Hebräer 6,4–5

Die Gläubigen des Neuen Testaments lebten zwar als Bürger des Römischen Reiches, wussten aber, dass sie zuallererst Bürger des Reiches Gottes waren und dass »die Gestalt dieser Welt vergeht« (1Kor 7,31).

Die Gemeinschaft der Gläubigen sind diejenigen, die zwar auf der Erde leben, aber ihr wahres Bürgerrecht im Himmel haben. Denn: »Unser Bürgerrecht aber ist im Himmel, von woher wir auch den Herrn Jesus Christus erwarten als den Retter« (Phil 3,20).

Paulus schrieb an die Philipper und bezog sich dabei auf den Status der Stadt Philippi innerhalb des Römischen Reiches. Im Interesse der Kolonisierung Mazedoniens wählten die siegreichen Römer diese wichtige Stadt aus und erklärten sie zum »kleinen

Rom« inmitten Mazedoniens. Obwohl sie griechischsprachige Mazedonier waren, wurden alle Bürger von Philippi zu Bürgern Roms. In der Stadt galten alle römischen Gesetze, und die Sitten, Moden und Gewohnheiten Roms wurden gefördert. Die Makedonier im Umkreis von mehreren Kilometern bekamen eine lebhafte Vorstellung davon, wie die Hauptstadt des Imperiums aussehen musste; denn wer die Stadt Philippi betrat, der betrat gleichsam Rom und bekam zu spüren, was Rom ausmachte. Die Römer wussten, wie man kolonisiert; es dauerte nicht lange, bis das gesamte Gebiet romanisiert war.

So sagte Paulus auch zu den Philippern: »Obwohl ihr auf der Erde in Philippi lebt, seid ihr bereits wahre Bürger des Himmels. Zu euch Gläubigen zu kommen, bedeutet, in einen ›kleinen Himmel‹ auf Erden zu kommen, wo sein Wille wie im Himmel geschieht und das Gesetz der göttlichen Liebe gilt. Ihr seid der lebende Beweis für das Herz Christi und dafür, was es bedeutet, in ihm zu sein. Ihr seid in der Tat die Gegenwart der Herrlichkeit Gottes in Philippi.«

Auf meinen Reisen durch die Welt bin ich gelegentlich auch schon in Länder gekommen, die dem Westen feindlich gesinnt sind. In einem solchen Land ist es ein großer Trost, die US-Flagge über einem Gebäude wehen zu sehen. Sie sagt mir, dass es sich um die US-Botschaft handelt, und wenn man deren Schwelle überschreitet, betritt man »Klein-Amerika«, wo die Gesetze der USA gelten. Wenn ich dieses Gebäude betrete, dann betrete ich einen Außenposten der USA. Ebenso ist jeder Heide oder Gläubige, der in eine Gemeinschaft von Gläubigen eintritt, im Himmel angekommen – auf seinem Weg zum Himmel –, um von der bedingungslosen Liebe Gottes umfangen zu werden.

Doch obwohl die Gläubigen des Neuen Testaments durch den Heiligen Geist in allen Kräften des Endes lebten, des kommenden Zeitalters, so warteten sie dennoch darauf, dass dieses bei der

Wiederkunft Christi in seiner ganzen Fülle offenbart würde. Sie waren Menschen, in denen das Ende bereits begonnen hatte, während sie auf dessen Vollendung warteten.

Dieses Verständnis prägte ihre Lebenseinstellung, ihr Verhalten und ihr Bewusstsein für die Geschehnisse. Es gab ihnen ein klares Verständnis davon, wo ihr Platz in der Welt war, die an ihr Ende gekommen war und vergehen würde.

> *Habt nicht lieb die Welt, noch was in der Welt ist! Wenn jemand die Welt lieb hat, so ist die Liebe des Vaters nicht in ihm. Denn alles, was in der Welt ist, die Fleischeslust, die Augenlust und der Hochmut des Lebens, ist nicht von dem Vater, sondern von der Welt. Und die Welt vergeht und ihre Lust; wer aber den Willen Gottes tut, der bleibt in Ewigkeit. — 1. Johannes 2,15–17*

Es war ihnen nicht erlaubt, sich an dieses Leben und seine Besitztümer zu klammern und Teil dieser Welt zu sein, die vergeht. Sie sahen sich als Durchreisende, als Fremde und Pilger, die nicht in einer Welt gefangen sind, die ihren Sinn in der Befriedigung des Fleisches findet.

> *Geliebte, da ihr Fremde und Gäste seid in dieser Welt, ermahne ich euch: Gebt den irdischen Begierden nicht nach, die gegen die Seele kämpfen! — 1. Petrus 2,11*

Wir gehen durch die Straßen unserer Städte, arbeiten in Fabriken und Büros und tragen den Stempel der Ewigkeit auf uns. Wir sind Fremde und Pilger, Bürger einer anderen Welt.

Der zukünftige Himmel ist so sicher wie die Gegenwart des Geistes in der Gemeinde. Der Geist ist das Eigentumssiegel auf dem Gläubigen; durch seine Gegenwart sagt Gott: »Dieser Mensch ist mein.« Er ist auch die Garantie dafür, dass wir schlussendlich das im Bund verankerte Erbe erhalten, das wir in ihm zu empfangen begonnen haben.

> *In ihm seid auch ihr, nachdem ihr das Wort der Wahrheit, das Evangelium eurer Errettung, gehört habt – in ihm seid auch ihr, als ihr gläubig wurdet, versiegelt worden mit dem Heiligen Geist der Verheißung, der das Unterpfand unseres Erbes ist bis zur Erlösung des Eigentums, zum Lob seiner Herrlichkeit. — Epheser 1,13–14*

Die Agape-Gemeinschaft

Ein solches Volk, das im gegenwärtigen Zeitalter in der Kraft des Lebens Gottes lebt, des ewigen Agape-Lebens, wird von einer göttlichen Liebe füreinander geprägt sein.

> *Denn ihr alle seid durch den Glauben Söhne Gottes in Christus Jesus; denn ihr alle, die ihr in Christus hinein getauft seid, ihr habt Christus angezogen. Da ist weder Jude noch Grieche, da ist weder Knecht noch Freier, da ist weder Mann noch Frau; denn ihr seid alle einer in Christus Jesus. Wenn ihr aber Christus angehört, so seid ihr Abrahams Same und nach der Verheißung Erben. — Galater 3,26–29*

Die Gemeinschaft, die Paulus beschreibt, ist in jedem Zeitalter ein Wunder! Herkunft, gesellschaftlicher Status und Geschlecht wurden in Christus überwunden, sodass die Menschen einander wirklich lieben und annehmen. Eine solche Gemeinschaft der

Liebe und Annahme kann nur existieren, weil der Gott, der die Liebe in Person ist, kraftvoll wirkend mitten unter seinem Volk ist; seine Liebe wird in die Herzen der Menschen ausgegossen. Es ist diese göttliche Liebe zueinander, die für das Bundesvolk in der Welt kennzeichnend und bestimmend ist.

Ein neues Gebot gebe ich euch, dass ihr einander lieben sollt, damit, wie ich euch geliebt habe, auch ihr einander liebt. Daran wird jedermann erkennen, dass ihr meine Jünger seid, wenn ihr Liebe untereinander habt. — Johannes 13,34–35

Der Heilige Geist ist es, der diese Liebe in unsere Herzen ausgießt.

Die Hoffnung aber enttäuscht uns nicht; denn die Liebe Gottes ist ausgegossen in unsere Herzen durch den Heiligen Geist, der uns gegeben worden ist. — Römer 5,5

Der Bund bringt eine neue und göttliche Gemeinschaft von Menschen hervor, die buchstäblich der Leib Christi auf Erden sind. Sie sind durch den Geist von seinem Leben, seinem Wesen durchdrungen. Diese Gemeinschaft ist die Wohnstatt Jesu Christi auf Erden durch den Heiligen Geist; unter diesen Menschen werden seine Worte der Vergebung gehört und empfangen, kann seine Heilungskraft kennengelernt und erfahren werden. Es ist der Ort, an dem Gott sich selbst und seine Absichten offenbart.

Die Gegenwart des Heiligen Geistes ist das Erkennungszeichen des Bundesvolkes Gottes; und wo der Geist ist, da ist Liebe. Jegliche Gruppierung, die dem Geist nicht den ersten Platz einräumt und der übernatürlichen Liebe nicht die Herrschaft überlässt, ist kein authentischer Ausdruck der Gemeinde. Beachte diesen Zusammenhang in 1. Johannes 4,7–8:

Geliebte, lasst uns einander lieben! Denn die Liebe ist aus Gott, und jeder, der liebt, ist aus Gott geboren und erkennt Gott. Wer nicht liebt, der hat Gott nicht erkannt; denn Gott ist Liebe.

Johannes wendet sich an die Gemeinschaft der Christen und ruft sie auf, einander zu lieben. Er verwendet das Wort *agape*, das, wie wir bereits gesehen haben, die einzigartige, vorbehaltlose Liebe Gottes bezeichnet. Er begründet dieses Gebot damit, dass die Liebe (*agape*) aus Gott kommt; sie findet ihre ewige Quelle in Gott, der die Liebe ist. Wenn wir aus Gott geboren sind, dann haben wir Anteil an Gottes Leben, der Agape, und deshalb werden wir einander lieben (*agape*). Das ist für Johannes die Antwort auf die Frage, wer zur Gemeinschaft des Volkes Gottes gehört und wer nicht. Wer nicht liebt, ist weder aus Gott geboren noch kennt er ihn.

Wir sind die Menschen, die die Liebe Gottes erfasst haben und ihr Ausmaß in dem erkennen, was Gott durch Christus getan hat. Ein Christ kann niemals abstrakt über Liebe sprechen; die Liebe hat in der Person des Herrn Jesus ein Gesicht. Unser Heil liegt darin, dass wir seine Liebe sehen und glauben, ihn als die Wahrheit bekennen, amen dazu sagen und ihm unser Leben anvertrauen. Wenn dies der Fall ist, wird von uns erwartet, dass wir unser ganzes Leben nach dieser Liebe ausrichten und sie sichtbar werden lassen, indem wir einander lieben.

Darin besteht die Liebe – nicht dass wir Gott geliebt haben, sondern dass er uns geliebt hat und seinen Sohn gesandt hat als Sühnopfer für unsere Sünden. Geliebte, wenn Gott uns so geliebt hat, so sind auch wir es schuldig, einander zu lieben. Niemand hat Gott jemals gesehen; wenn wir einander lieben, so bleibt Gott in uns, und seine Liebe ist in uns vollkommen geworden. Daran erkennen wir, dass wir in ihm bleiben und er in uns, dass er uns von seinem Geist gegeben hat. Und wir haben gesehen und bezeugen, dass der Vater den Sohn gesandt hat als Retter der Welt. Wer nun bekennt, dass Jesus der Sohn Gottes ist, in dem bleibt Gott und er in Gott. Und wir haben die Liebe erkannt und geglaubt, die Gott zu uns hat. Gott ist Liebe, und wer in der Liebe bleibt, der bleibt in Gott und Gott in ihm. — 1. Johannes 4,12–16

Er trifft die erstaunliche Aussage, dass der unsichtbare Gott in der Gemeinschaft der Gläubigen, die einander tätig lieben, sichtbar wird. Als eine Gemeinschaft von Menschen, die seinen Geist empfangen haben, bleiben oder wohnen wir in ihm und lieben einander. Das gilt für die Gemeinschaft, weil es für jeden Mann und jede Frau in der Gemeinschaft gilt. Man beachte, dass es nicht nur um das Wir der Gemeinschaft geht, sondern auch um den Einzelnen selbst.

Wenn jemand sagt: »Ich liebe Gott«, und hasst doch seinen Bruder, so ist er ein Lügner; denn wer seinen Bruder nicht liebt, den er sieht, wie kann der Gott lieben, den er nicht sieht? Und dieses Gebot haben wir von ihm, dass, wer Gott liebt, auch seinen Bruder lieben soll. — 1. Johannes 4,20–21

Er fasst alle Argumente zusammen, indem er auf die absolute Notwendigkeit der Liebe in der Christengemeinschaft hinweist. Wir sind Gegenstand der unendlichen, vorbehaltlosen Liebe Gottes; wir sind durch den Heiligen Geist dieser Liebe teilhaftig geworden und lieben unsere Geschwister mit der Kraft des Heiligen Geistes. Tun wir das nicht, weist Johannes unseren Anspruch, zum Volk Gottes zu gehören, ohne weitere Diskussion zurück.

Dieses hohe und erhabene Ziel liegt vor uns, und wir bewegen uns darauf zu. Lass dich nicht davon entmutigen, dass du noch nicht vollkommen bist! Ein kleiner grüner Apfel ist an seinem Alter gemessen vollkommen, und viele von uns sind grüne und saure Äpfel im Vergleich zu dem, was wir sein werden, wenn er sein Werk in uns vollendet hat.

Sei dir gewiss und glaube, dass Gottes Liebe zu uns weit über alle menschliche Elternliebe hinausgeht. Das Kleinkind stolpert und fällt, aber die Eltern freuen sich über jedes Zeichen, dass es Fortschritte macht. Es wird gefeiert und festgehalten, wenn nach ständigem Hinfallen der erste wankende Schritt gelingt. Ebenso wird im Himmel jeder noch so unbeholfene und unreife Schritt eines Gläubigen gefeiert, der versucht, in der Liebe zu wandeln und zu zeigen, dass Christus in ihm lebt. Konzentriere dich nicht auf deine Fehler und Unzulänglichkeiten, sondern gib Gott die Ehre und feiere mit, wenn du einen Schritt tust, der Christus in deinem Leben sichtbar werden lässt. Du wirst fallen, aber du weißt, wer in dir lebt. Steh auf und geh weiter, nun jedoch mit einem größeren Bewusstsein für deine Schwäche und daher mit einem tieferen Vertrauen auf ihn.

Dein Platz in der Gemeinde

Jemand hat mich mal gefragt, ob die Gemeinde, die ich hier zu beschreiben versucht habe, wirklich auf diesem Planeten existiert! Die häufigsten Fragen, die mir in Briefen und E-Mails gestellt werden, sind Fragen zur Gemeinde. Es wird gefragt: »Wo finde ich eine Ortsgemeinde, die auch nur im Entferntesten dem neutestamentlichen Vorbild entspricht?« Ich treffe auf Tausende von Menschen, die in der Ortsgemeinde ausgebrannt sind; sie lieben den Herrn, aber sie haben sein Volk aufgegeben. Sie sind einer Gemeinde überdrüssig, die wie ein Top-500-Unternehmen geführt wird und in die man am Sonntag vor allem deshalb geht, um den allgegenwärtigen Klingelbeutel zu füllen. Andere sind erschöpft, weil sie Woche für Woche mit Verurteilung gefüttert werden. Wo finden wir die Menschen, die ich in diesem Kapitel beschrieben habe?

Zweifellos befindet sich die Gemeinde zu Beginn des 21. Jahrhunderts in einem beklagenswerten Zustand – vom Glaubensabfall am einen Ende des Spektrums bis zur geistlichen Gier nach übernatürlichen Erfahrungen, die bestenfalls fleischlich ist und manchmal an Zaubereisünde grenzt, am anderen Ende. Wie soll ein Gläubiger zu der Art von Versammlung von Gläubigen kommen, die hier beschrieben ist?

Ich will zu dir als Fragenden ganz offen sein. In Gesprächen mit vielen Gläubigen über ihr Engagement in einer Ortsgemeinde habe ich festgestellt, dass sie die Angelegenheit fast ausschließlich unter dem Gesichtspunkt betrachten, was sie selbst von diesem Arrangement haben werden. Die Suche nach einer Gemeinde ist zu einem gesellschaftlichen Faktor verkommen; sie wird als Beitritt zu einem exklusiven Club von Gleichgesinnten verstanden, in dem jede Woche Vorträge und Unterhaltung geboten werden. Gemeinde wird so verstanden, dass man sich zusammenschließt, um gemeinsame Ziele zu erreichen und gleiche Interessen zu teilen und die eigenen Kinder in ein sauberes und sicheres Umfeld einzubinden, in dem auch sie ihre Unterhaltung und ihr Gesellschaftsleben finden. Es gibt kein Bewusstsein dafür, dass der Geist uns mit einer übernatürlichen Gemeinschaft von Menschen verbindet, um die Agape-Gemeinschaft des Bundes zu verwirklichen.

Der Gläubige versammelt sich mit jenen Menschen vor Ort, die dieselbe Gnadengabe des ewigen Lebens empfangen haben wie er oder sie, und versucht gemeinsam mit ihnen, der

Agape-Gemeinschaft in dem Stadtviertel, in dem er oder sie lebt, sichtbare Gestalt zu geben. Der Gläubige wird zusammen mit allen anderen Gemeindegliedern der Leib Christi in diesem Stadtviertel sein.

Denen, die auf der Suche nach der perfekten Gemeinde sind, sage ich oft: »Du wirst feststellen, dass die Menschen in der Gemeinde wahrscheinlich nicht qualifiziert sind, dir zu dienen, genauso wenig, wie du bereit oder qualifiziert bist, ihnen zu dienen. Du schließt dich einer Gruppe von sehr unvollkommenen Menschen an, die sich in verschiedenen Stadien ihres Wachstums in Christus befinden. Sie werden zahlreiche Fehler machen, während sie auf dem Weg sind, einander so zu lieben, wie Christus sie geliebt hat. Du wirst dich ihnen anschließen, weil sie deine Bündnisgeschwister in Christus sind, und auch du bist ein Fehler machender, unvollkommener Mensch, der als Bruder oder Schwester lernen muss, zu lieben.«

Die Gemeinden, die wir aus dem Neuen Testament kennen, waren alles andere als perfekt, und Paulus war sich bewusst, dass er es mit unvollkommenen, unreifen Gläubigen zu tun hatte, die sich zuweilen höchst unchristlich verhalten konnten. Zu entdecken, wie er mit diesen Gemeinden umging, wird uns helfen, während wir uns in unserer unvollkommenen, unreifen Gruppe einleben.

Geistgeleitete Vorstellungskraft

Paulus hatte das, was wir eine vom Geist geleitete Vorstellungskraft nennen könnten; er sah die Gläubigen so, wie sie in Christus wirklich waren und wie sie sein würden, wenn er mit ihnen fertig wäre. Er dachte so über sie und sprach sie auf diese Weise auch an. Die Gemeinde in Korinth war in vielerlei Hinsicht eine geistliche

Katastrophe, ein Zoo von einander widersprechenden Stimmen, zersplittert und um verschiedene Leiter versammelt. Als Paulus an sie schrieb, sprach er sie entsprechend seiner vom Geist inspirierten Vorstellung an.

> *An die Gemeinde Gottes, die in Korinth ist, an die Geheiligten in Christus Jesus, an die berufenen Heiligen, samt allen, die den Namen unseres Herrn Jesus Christus anrufen an jedem Ort, sowohl bei ihnen als auch bei uns: Gnade sei mit euch und Friede von Gott, unserem Vater, und dem Herrn Jesus Christus! Ich danke meinem Gott allezeit euretwegen für die Gnade Gottes, die euch in Christus Jesus gegeben ist, dass ihr in allem reich gemacht worden seid in ihm, in allem Wort und in aller Erkenntnis, wie denn das Zeugnis von Christus in euch gefestigt worden ist, sodass ihr keinen Mangel habt an irgendeiner Gnadengabe, während ihr die Offenbarung unseres Herrn Jesus Christus erwartet, der euch auch fest machen wird bis ans Ende, sodass ihr unverklagbar seid am Tag unseres Herrn Jesus Christus.*
> *— 1. Korinther 1,2–8*

Erstaunlich, dass dieser Passus an eine solche Gemeinde geschrieben wurde! Nur weil er sie so gesehen hat, konnte Paulus sie auf all ihre Problembereiche ansprechen. Wenn du den Leib der Gläubigen betrachtest, mit dem du als Teil des Leibes Christi verbunden bist, dann lerne, sie ganz bewusst so zu sehen, wie sie, wie du, in Christus sind. Gestatte es deinem Glauben, sie und dich so zu sehen, wie ihr sein werdet, wenn der Heilige Geist sein vollkommenes Werk in euch getan hat.

Geistgeleitetes Gebet

Paulus betete aber auch, dass der Leib wachsen und reifen möge. Seine Gebete finden sich überall in seinen Briefen. Epheser 1,16–21 und 3,14–21, Philipper 1,9–11 und Kolosser 1,9–12 sind dabei als wichtigste Stellen zu nennen. In den dort festgehaltenen Gebeten bittet er darum, dass sie – die Gläubigen – durch Erfahrung erkennen mögen, wer sie in Christus tatsächlich sind.

In den frühen 1960er Jahren war ich als Pastor in Nordirland ein Neuling und versuchte, meine Herde irischer Bauern zur Reife in Christus zu führen – mit wenig Erfolg. Dann erkannte ich, dass diese Gebete, die im Neuen Testament verteilt zu finden sind, uns vom Geist gegeben wurden, um uns als Vorlage für unsere Gebete zu dienen. Ich begann, sie für mich selbst zu beten, und dann für jedes der Gemeindeglieder, wobei ich die Gebete an ihre spezifischen Bedürfnisse anpasste. Innerhalb weniger Monate hatten wir alle eine Veränderung erfahren. Bete diese Gebete täglich für deinen Pastor bzw. deine Pastorin und für die Gemeinde, und du wirst erleben, wie sich vor deinen Augen Wunder ereignen.

Überlasse dich dem Heiligen Geist und bitte ihn, dir zu zeigen, wo dein Platz im Leib der Gläubigen ist, wo du hingehörst, um diese *Agape*-Gemeinschaft entstehen zu lassen. Denke vor allem daran, dass es sich um eine Bündnisgemeinschaft handelt, und daher ist *chäsäd* die Grundlage für das Funktionieren der Gemeinschaft. Handle gegenüber jedem Einzelnen in unerschütterlicher, treuer, bündnismäßiger Liebe. Lass Klatsch und alle Bosheit beiseite und sprich nur Worte der Liebe zu ihnen und über sie.

KAPITEL 17

Der Freund Gottes

Nachdem ich bei einer Veranstaltung in Brasilien zu den Pastoren gesprochen hatte, erzählte mir ein junger Pastor seine Geschichte. In gebrochenem Englisch sprach er darüber, wie er sein Leben Gott übergeben hatte, um das Evangelium zu predigen. Er ließ eine erfolgreiche, vielversprechende geschäftliche Karriere hinter sich und seine Glaubensgemeinschaft schickte ihn zusammen mit seiner Frau und seiner kleinen Tochter in ein abgelegenes Dorf im Amazonasgebiet. Sie stürzten sich mit Eifer und Begeisterung in die Verkündigung des Evangeliums. Er betete und setzte seine ganze Kraft ein, um die kleine Gemeinde mit Neubekehrten zu füllen.

Aber nichts geschah. Die Leute kamen nicht, und die wenigen Christen, die bei seiner Ankunft schon da gewesen waren, teilten seine Begeisterung nicht. Er schuftete in der erdrückenden Schwüle und sah zu, wie sein persönliches Finanzpolster allmählich schwand. Zehnte und Opfergaben wurden von seiner winzigen Gemeinde in Gemüse entrichtet. Die Wochen wurden zu Monaten und er musste mit ansehen, wie seine Frau und seine Kinder am Hungertuch nagten. Seine Glaubensgemeinschaft versicherte ihm, dass sie Geld schicken würde, aber es kam nur sporadisch etwas an. Er fühlte sich desillusioniert und von Gott und den Menschen im Stich gelassen.

Eines Nachts, als er schweißgebadet in der drückenden Hitze wach lag, spürte er, wie ihn die Entmutigung überkam. Er weckte seine Frau und teilte ihr mit, dass er beschlossen habe, nach Rio Janeiro zurückzukehren, wo er seine berufliche Laufbahn fortsetzen werde. Doch er wusste, dass er vor seiner Abreise seine Wut auf Gott verarbeiten musste.

»Er hat uns hierhergebracht und uns dann einfach im Stich gelassen. Ihm ist es egal, ob wir leben oder sterben, und ich muss ihm sagen, was ich empfinde«, sagte er wütend zu seiner Frau. Er überließ es ihr, die wenigen Habseligkeiten zusammenzupacken, während er sich in eine abgelegene Hütte am Rande des Dschungels zurückzog, um sein aufgebrachtes und verwirrtes Herz vor Gott auszuschütten.

Am ersten Morgen in der winzigen Hütte brachen bei ihm alle Dämme und er machte seinen aufgestauten Gefühle Luft. Er schimpfte und wetterte gegen Gott, weil er sie an einen solchen Ort gebracht hatte und von ihm und seiner Familie erwartete, ihm unter solch unmöglichen Bedingungen zu dienen. Er schüttelte die erhobene Faust und schrie: »Hast du uns hierhergebracht, um uns verhungern zu lassen?«, und weinte dann über seine eigene Enttäuschung gegenüber Gott.

Am frühen Nachmittag spürte er, wie die Gegenwart Gottes die Hütte erfüllte und eine große Stille über ihn kam. Er hörte Gott klar und deutlich in seinem Herzen sprechen:

Mehr als alles andere wünsche ich mir deine Freundschaft. Wenn mir zu dienen unsere Freundschaft stört und kaputt macht, wäre es mir lieber, du würdest dich wieder deinem Job widmen und weiterhin mein Freund sein. Deine Freundschaft ist mir wichtiger als all dein Dienen.

Er brach in Tränen aus und weinte den Rest des Nachmittags vor lauter Erstaunen und Freude. Diese wenigen Worte hatten seine ganze Vorstellung vom Christentum auf den Kopf gestellt. Ein Gott, der seine innige Freundschaft mehr wollte als seinen Dienst, war ein Konzept, das er in seinen verrücktesten Träumen nie in Betracht gezogen hatte. Er war dazu erzogen worden, sich Gott als einen gütigen Gebieter vorzustellen, dem man zu dienen hatte. Jetzt erkannte er, dass sein ganzes Christenleben aus dem Versuch bestanden hatte, für Gott zu arbeiten, anstatt eine Beziehung voller Liebe und Freundschaft mit ihm auszuleben. Er erinnerte sich daran, dass seine Gemeindeleiter ihn mit den Worten »Geh und verrichte ein Werk für Gott!« auf den Weg geschickt hatten, und er wusste, dass dieser Satz sein ganzes Leben als Christ auf den Punkt gebracht hatte. Das Ziel seines Christseins war es, für Gott zu arbeiten; sogar seine Gebetszeit war eine »To-do-Liste« von Dingen, die für sein Christsein und seinen Dienst für Gott notwendig waren. Gottes Freund sein! Mit ihm zusammen sein, um zu lieben und geliebt zu werden! Das waren Konzepte, über die er nie auch nur einen Moment nachgedacht hatte. Jetzt tanzte diese Vorstellung in seinem Kopf herum und er weinte vor Freude über die Aussicht auf ein solches Leben.

Tags darauf eilte er zu seiner Frau, um sie an seiner neuen Erkenntnis teilhaben zu lassen. Sie verließen die kleine Gemeinde nicht, sondern setzten neue Prioritäten. Es war, als hätte er das Evangelium zum ersten Mal gehört und damit eine revolutionäre neue Berufung empfangen. Er erkannte nun, dass seine Berufung nicht in erster Linie darin bestand, Gott zu dienen, sondern darin, in Gottes Liebe zu schwelgen, seine Freundschaft zu suchen und die Vertrautheit mit ihm zu genießen. Er freute sich an dem Gott, der ihn grenzenlos liebte, und ließ von dieser Beziehung seinen Dienst bestimmen. Er ging vom Tun für Gott zum Sein in ihm über.

Seine Predigten veränderten sich und spiegelten sein neues Verständnis des Evangeliums als Aufruf zum Einswerden mit dem Gott der unbegrenzten Liebe wider. Die kleine Kirche begann sich zu füllen und die Gemeinde blühte auf. Zu dem Zeitpunkt, als er mir seine Geschichte erzählte, versah er dort immer noch seinen Dienst.

Die Offenbarung, die der brasilianische Pastor empfangen hatte, war eine der Zusagen des Bundes:

> *Und es wird keiner mehr seinen Nächsten und keiner mehr seinen Bruder lehren und sagen: »Erkenne den HERRN!« Denn sie werden mich alle kennen, vom Kleinsten bis zum Größten unter ihnen, spricht der HERR; denn ich werde ihre Missetat vergeben und an ihre Sünde nicht mehr gedenken!*
> *— Jeremia 31,34*

Hier geht es nicht darum, ein Glaubensbekenntnis zu haben oder verstandesmäßig von der Existenz Gottes überzeugt zu sein, sondern darum, ihn persönlich zu kennen. Diese Bestimmung des Bundes ist Ausdruck der sehnsüchtigen Liebe Gottes, die sich nach uns ausstreckt, um uns in den Kreis seiner Vertrauten aufzunehmen.

Die ultimative Freundschaft

Der Bund erfüllt die Sehnsucht Gottes, indem er Männern und Frauen das Geschenk seines Lebens gewährt, damit sie in der gegenwärtigen Zeit das Leben des kommenden Zeitalters leben. Dieses Geschenk macht sie zu Gottes Kindern und verleiht ihnen das unbeschreibliche Vorrecht, eine innige Freundschaft mit ihm zu genießen.

Das Geheimnis des HERRN ist für die, welche ihn fürchten, und seinen Bund lässt er sie erkennen. — Psalm 25,14

Dies ist vielleicht einer der erstaunlichsten Verse in der Bibel, der den unfassbaren Plan, den Gott für die Menschheit vorgesehen hat, in einem Satz zusammenfasst. Die Einheit, die durch das hebräische Wort beschrieben wird, das hier mit »Geheimnis« übersetzt wurde, findet im selben Vers eine Parallele im Begriff »Bund«. Die Vereinigung von Gott und Mensch durch das starke Band der Freundschaft wird durch den Bund erreicht, den Gott mit uns geschlossen hat.

»Das Geheimnis des Herrn«[41] ist die Übersetzung eines komplexen hebräischen Begriffs, der sich nur mit vielen Worten und gedanklichen Bildern in eine andere Sprache übertragen lässt. Dieser Begriff beschreibt Personen, die ihre Köpfe dicht zusammenstecken, um sich über Privates auszutauschen, eine eingeschworene Gruppe von vertrauten Freunden. Er steht für Freunde, die sich auf Leben und Tod füreinander einsetzen, in einer Atmosphäre des bedingungslosen Vertrauens zueinander – ein sicherer Raum, in dem man ohne Angst vor Zurückweisung die eigenen Schwächen und Sorgen genauso mitteilen kann wie die Stärken und Siege, weil man sich geliebt weiß und in Zeiten der eigenen Schwäche die Stärke der Gruppe erfährt. Es geht bei diesem Begriff um Treue, Loyalität und dauerhafte Freundschaft.

Es ist ja schon wunderbar genug, wenn eine solche Beziehung unter Menschen zustande kommt, aber in diesem Vers geht es um die Beziehung von Menschen zu Gott, dem Herrn! Gott liebt die ganze Welt, aber die Gläubigen sind sein Kreis von vertrauten Freunden, die er wissen lässt, was in seinem Herzen ist. Jeder Gläubige ist zu einer solchen Beziehung zu Gott in Jesus Christus und in der Kraft des Heiligen Geistes berufen worden. Diese Art der

Freundschaft mit ihm ist in unserer neuen Geburt bereits angelegt. Wir wurden aus der Sünde errettet, um eine solche Beziehung zu haben. Wir sind aus der Welt gerettet worden, um Freunde Gottes zu werden, Teil seines inneren Kreises von Vertrauten. Der neue Bund macht es möglich, auf der Erde als diejenigen zu leben, deren wahrer Mittelpunkt und Lebensbereich der Himmel ist.

»Das Geheimnis des Herrn ist für die, die ihn fürchten.« Dieser enge Kreis inniger Freundschaft ist für diejenigen, die ihn fürchten. Das klingt seltsam, wenn wir von Freunden sprechen, die in einem sicheren Rahmen eine gute Zeit miteinander verbringen. Wir müssen verstehen, was die Bibel mit dem Ausdruck »die Furcht des Herrn« meint, denn es bedeutet nicht, dass wir uns vor ihm fürchten und auf Zehenspitzen um ihn herumschleichen! Es beschreibt vielmehr diejenigen Menschen, die in den Kreis seiner engsten Vertrauten eingetreten sind.

Das Wort »Furcht« bedeutet Ehrfurcht, Respekt, Erwartung, Ehre und Unterordnung.[42] Es ist ein Ausdruck, der im Alten Testament das Wesen des Glaubens beschreibt, den wir an Gott haben. Wir stehen in Ehrfurcht vor ihm, geben ihm Ehre, zollen ihm Respekt und ordnen uns ihm im Gehorsam unter. Dieses Wort steht auch für den Gedanken, dass wir ihm vertrauen und von ihm erwarten, dass er sein Wort uns gegenüber hält. Die Bibel kennt den Glauben nicht als eine Art Formel, mit der wir Gott etwas entlocken können. Glaube ist unsere vertrauensvolle Reaktion auf die Offenbarung, die Gott uns von sich selbst gegeben hat.

Sündhafte Furcht liegt vor, wenn wir unsere Furcht weg von Gott auf eine andere Person, auf Menschen allgemein oder auf das Dämonische verlagern. Wir bringen ihnen dann den Respekt, die Ehrfurcht und die fügsame Erwartung entgegen, die nur Gott gebühren. Wir zittern vor ihnen. Wir fürchten sie, weil wir an ihre Macht glauben, uns schaden zu können, anstatt an die Liebe

Gottes zu glauben und uns ihr zu unterstellen, indem wir ihr, die mächtiger ist als alle gegen uns geschmiedeten Pläne, Ehrfurcht entgegenbringen.

Den Herrn kennen

Wenn der Bund im Kern darin besteht, durch den Geist mit dem Herrn vereint zu sein, dann ist das Ziel des Bundes, ihn zu kennen. Das Wort »kennen«[43] ist sowohl im Hebräischen als auch im Griechischen ein gehaltvolles Wort. Im Hebräischen ist es das Wort *jada*, womit Wissen bezeichnet wird, das durch Beobachtung entsteht, das Vertrautheit und eine Verbindung schafft; gemeint ist Wissen, das durch Sinneserfahrung, durch Untersuchung und Prüfung, durch Nachdenken und Überlegung gewonnen wird; also Wissen aus erster Hand. Das Gegenteil dieses Wortes wäre Wissen, das auf Fremdinformationen beruht. Beides unterscheidet sich voneinander wie das Verhältnis des Studenten zu seinem Studienmaterial gegenüber dem zwischen Mann und Frau, die in vertrauter Beziehung zueinander leben.

Jada ist das Wort für Intimität, für die Vereinigung in einem Bund.[44] Es wird durchweg zur Beschreibung der Ehe verwendet, dem heiligsten Bund unter den Menschen. Es ist die Kenntnis der ganzen Person. Es steht auch für das Bloßlegen der Nacktheit des anderen, den letzten Schritt des Bundes, bei dem es keine Geheimnisse mehr gibt und nichts zurückgehalten wird. Das ist die Beziehung, zu der wir durch Jesus Christus mit Gott berufen sind. *Jada* könnte das Leben von Mose gut in einem Wort zusammenfassen.

Und der HERR sprach zu Mose: Auch dies, was du jetzt gesagt hast, will ich tun; denn du hast Gnade gefunden

vor meinen Augen, und ich kenne dich mit Namen!
— 2. Mose 33,17

Es stand aber in Israel kein Prophet mehr auf wie Mose, den der HERR kannte von Angesicht zu Angesicht.
— 5. Mose 34,10

Die Propheten des Alten Testaments bezeichneten die Beziehung Israels zum Herrn immer wieder als Ehe, und im Neuen Testament wird Christus als mit der Gemeinde verheiratet beschrieben.

Jada beschreibt Erfahrungswissen, bei dem der Wissende tatsächlich mit dem Wissensobjekt zu tun hat. Potiphar wusste nicht, was in seinem Haus vor sich ging, weil er keine Verbindung dazu hatte (1Mo 39,6). Gott zu kennen bedeutet, auf innige, erfahrungsbasierte und praktische Weise mit ihm vertraut zu sein.

Jada richtet sich nicht nach Stimmungslagen, sondern ist Ausdruck eines Glaubens, der dem Herrn gehorcht. Der Pharao des Exodus weigerte sich, Israel ziehen zu lassen. Sein Argument war:

Der Pharao antwortete: Wer ist der HERR, dass ich auf seine Stimme hören sollte, um Israel ziehen zu lassen? Ich kenne den HERRN nicht, und ich will Israel auch nicht ziehen lassen!
— 2. Mose 5,2

Er meinte damit, dass er auf intellektueller Ebene zwar durchaus von Gott wusste, aber seine Autorität als Herr über sein persönliches Leben oder bei seinen Entscheidungen als Pharao nicht anerkannte.

Salomo wurde ermahnt, den Herrn zu erkennen, was beinhaltete, ihm mit treuem Herzen und willigem Geist zu dienen:

Und du, mein Sohn Salomo, erkenne den Gott deines Vaters und diene ihm von ganzem Herzen und mit williger Seele! Denn der HERR erforscht alle Herzen und erkennt alles Trachten der Gedanken. Wenn du ihn suchst, so wird er sich von dir finden lassen; wenn du ihn aber verlässt, so wird er dich verwerfen auf ewig! — 1. Chronik 28,9

Es gibt keine bessere Beschreibung der Bedeutung von *jada* als die, die Jesus im Abendmahlssaal gegeben hat, als er vom innigsten Kennen und Verbleiben in der Liebe des dreieinigen Gottes sprach. Aber er machte unmissverständlich klar, dass es sich dabei nicht um ein sentimentales Gefühl verklärter Liebe handelt, sondern um eine Verbundenheit, die in der Einhaltung seiner Gebote zum Ausdruck kommt.

Wer meine Gebote festhält und sie befolgt, der ist es, der mich liebt; wer aber mich liebt, der wird von meinem Vater geliebt werden, und ich werde ihn lieben und mich ihm offenbaren. … Jesus antwortete und sprach zu ihm: Wenn jemand mich liebt, so wird er mein Wort befolgen, und mein Vater wird ihn lieben, und wir werden zu ihm kommen und Wohnung bei ihm machen. Wer mich nicht liebt, der befolgt meine Worte nicht; und das Wort, das ihr hört, ist nicht mein, sondern des Vaters, der mich gesandt hat. — Johannes 14,21.23–24

Diese innige Vertrautheit mit Gott, von der das Wort spricht, ist mit der Offenbarung seiner Absichten verbunden.

Samuel aber kannte den HERRN noch nicht, und das Wort des HERRN war ihm noch nicht geoffenbart. — 1. Samuel 3,7

Das neutestamentliche Wort ist *ginosko*, was so viel bedeutet wie »vollständig verstehen, Kenntnis nehmen, kennenlernen, erkennen, verstehen«.[45] Das Wort signalisiert, dass die erkannte Person oder Sache von großem Wert oder großer Bedeutung für denjenigen ist, der diese Erkenntnis hat, und dass folglich eine Beziehung zwischen beiden entsteht. So hat Jesus für uns das ewige Leben definiert, als er sagte: »Das ist aber das ewige Leben, dass sie dich, den allein wahren Gott, und den du gesandt hast, Jesus Christus, erkennen« (Joh 17,3).

Das ewige Leben bedeutet nicht nur, dass wir in den Himmel kommen, wenn wir sterben; es ist der Beginn des Himmels im Hier und Jetzt, indem wir am göttlichen Leben, dem ewigen Leben, teilhaben und dadurch in die innige Gemeinschaft der Dreieinigkeit aufgenommen werden.

Ginosko macht uns mit der Liebe Gottes zu uns bekannt, denn wir kennen ihn nur, weil er uns zum Gegenstand seiner Liebe gemacht hat und uns schon vor Erschaffung des Universums kannte. Ihn zu kennen ist unsere Reaktion darauf, dass er uns zuerst kannte.

Seine tiefe Einsicht in uns wird in Psalm 139 beschrieben. In den Versen 1–3 findet sich das Wort *jada*, das mit »kennen« übersetzt wurde.

> *HERR, du erforschst mich und kennst mich! Ich sitze oder stehe auf, so weißt du es; du verstehst meine Gedanken von ferne. Du beobachtest mich, ob ich gehe oder liege, und bist vertraut mit allen meinen Wegen.*

Hier geht es nicht darum, dass Gott uns kennt, weil Gott alles weiß, sondern darum, dass Gott uns kennt und sich in seiner Liebe über uns freut. Der Psalm vertieft diesen Gedanken noch. Die

Verse 13–16 schildern, wie Gott das Kind im Mutterleib liebkost und wie er uns unendlich liebt, ehe wir geboren sind.

Das Wort wird benutzt, um zu beschreiben, wie diese liebevolle Vertrautheit mit uns in der Errettung Ausdruck findet.

Wenn aber jemand Gott liebt, der ist von ihm erkannt.
— 1. Korinther 8,3

Jetzt aber, da ihr Gott erkannt habt, ja vielmehr von Gott erkannt seid, wieso wendet ihr euch wiederum den schwachen und armseligen Grundsätzen zu, denen ihr von Neuem dienen wollt? — Galater 4,9

Aber der feste Grund Gottes bleibt bestehen und trägt dieses Siegel: Der Herr kennt die Seinen!, und: Jeder, der den Namen des Christus nennt, wende sich ab von der Ungerechtigkeit! — 2. Timotheus 2,19

Ich bin der gute Hirte und kenne die Meinen und bin den Meinen bekannt … Meine Schafe hören meine Stimme, und ich kenne sie, und sie folgen mir nach. — Johannes 10,14.27

Achte auf die Steigerung in diesen Versen. Er kennt uns auf eine Weise, wie es nur die Liebe kann. Wir reagieren auf seine Liebe und lernen ihn kennen. Wenn wir in diesem Bewusstsein bleiben, hören wir seine Stimme, lieben ihn und gehorchen ihm, weshalb wir als solche gelten, die von ihm gekannt werden.

Wie schon bei *jada* geht es hier nicht um sentimentale Gefühle, sondern um eine Liebe, die handelt. Sein Wissen um uns hat ihn ans Kreuz geführt, und unsere Liebe zu ihm drückt sich darin aus, dass wir freudig seinen Willen tun. Nicht um diese göttliche

Erkenntnis zu erlangen, gehorchen wir ihm, sondern weil wir sie bereits haben, und infolge dieser Liebesbeziehung freuen wir uns nun, seinen Willen zu tun.

Und daran erkennen wir, dass wir ihn erkannt haben, wenn wir seine Gebote halten. Wer sagt: »Ich habe ihn erkannt«, und hält doch seine Gebote nicht, der ist ein Lügner, und in einem solchen ist die Wahrheit nicht; wer aber sein Wort hält, in dem ist wahrhaftig die Liebe Gottes vollkommen geworden. Daran erkennen wir, dass wir in ihm sind. Wer sagt, dass er in ihm bleibt, der ist verpflichtet, auch selbst so zu wandeln, wie jener gewandelt ist. — 1. Johannes 2,3–6

Geliebte, lasst uns einander lieben! Denn die Liebe ist aus Gott, und jeder, der liebt, ist aus Gott geboren und erkennt Gott. Wer nicht liebt, der hat Gott nicht erkannt; denn Gott ist Liebe. … Und wir haben die Liebe erkannt und geglaubt, die Gott zu uns hat. Gott ist Liebe, und wer in der Liebe bleibt, der bleibt in Gott und Gott in ihm. — 1. Johannes 4,7–8.16

Ich kann nicht stark genug betonen, dass er uns zuerst geliebt und gekannt hat; aus seiner Liebe heraus initiiert, lernen wir ihn kennen und lieben und erfahren, wie man in dieser Liebe lebt. Unsere ersten Schritte der Liebe und des Gehorsams werden stolpernd und weit entfernt von Perfektion sein, aber das Leben Gottes ist in uns geboren und der Prozess, unser ganzes Wesen in den Gehorsam der Liebe zu bringen, hat begonnen. Diese Erkenntnis seiner Person erfährt ständiges Wachstum.

Wachst dagegen in der Gnade und in der Erkenntnis unseres Herrn und Retters Jesus Christus! Ihm sei die Ehre,

sowohl jetzt als auch bis zum Tag der Ewigkeit! Amen.
— 2. Petrus 3,18

Von Gott gelehrt, ihn zu kennen

Wie erlangen wir eine solch tiefgehende Vertrautheit mit Gott? Wir finden sie nicht durch intensives Bibelstudium, das öde und leblos werden kann. Wir wollen ihn wirklich kennen, nicht nur Informationen über ihn sammeln; wir können ihn nicht in übersichtliche theologische Kategorien einordnen, sondern es geht darum, in eine Liebesbeziehung zu ihm hineinzuwachsen.

Wir sollten auch nicht davon ausgehen, dass dies nur einer kleinen, elitären Gruppe innerhalb der Gemeinschaft der Gläubigen vorbehalten ist. Er freut sich, diese Erkenntnis allen seinen Kindern zu geben; wie wir gesehen haben, ist dies die Essenz des ewigen Lebens. Die Verheißung des Bundes besagt eindeutig, dass sie allen gilt, die dem Bund angehören:

Und es wird keiner mehr seinen Nächsten und keiner mehr seinen Bruder lehren und sagen: »Erkenne den HERRN!« Denn sie werden mich alle kennen, vom Kleinsten bis zum Größten unter ihnen, spricht der HERR; denn ich werde ihre Missetat vergeben und an ihre Sünde nicht mehr gedenken!
— Jeremia 31,34

Dieses »alle« beginnt bei den Kleinsten und geht bis zu den Größten, so als wolle er Glaubensneulinge und diejenigen, die sich noch unwürdig fühlen, ermutigen. Diese Gotteskenntnis gilt dir!

Sowohl *jada* als auch *ginosko* beschreiben den Wissenden als Liebenden und Freund. Für so manchen, der sich mit einem Leben als Diener Gottes zufriedengibt, mag es ein Schock sein, dass es Gott vor allem anderen nach unserer Freundschaft verlangt. Er sehnt sich unendlich viel mehr nach uns als wir uns nach ihm sehnen. Das Evangelium lädt uns zu den schwindelerregenden Höhen einer innigen Liebesbeziehung ein, zu einem Leben in der Umarmung Gottes, der uns seine Freunde nennt. Viele Menschen unserer Zeit haben sich mit einer verkümmerten und geschrumpften Theologie abgefunden, die das Evangelium zum bloßen Mittel macht, um einem zornigen Gott und der Hölle zu entkommen.

Es kann uns helfen, über den Schrei eines Menschen nach Gott nachzudenken und dann die gleichen Worte zu hören, die aus dem Herzen seiner unendlichen Liebe kommen:

> *Wie ein Hirsch lechzt nach Wasserbächen, so lechzt meine Seele, o Gott, nach dir! Meine Seele dürstet nach Gott, nach dem lebendigen Gott: Wann werde ich kommen und vor Gottes Angesicht erscheinen? — Psalm 42,1–2*

So beschrieb der Psalmist seinen eigenen Herzensschrei, aber was, wenn wir ihn als den Schrei Gottes wahrnehmen? »Wie der Hirsch nach den Wasserbächen lechzt, so lechzt mein Herz nach dir, mein Kind. Mein ganzes Wesen dürstet nach dir, mein Kind. Wann wird die Sehnsucht meines Herzens gestillt werden?« Als Gott in Christus am Kreuz hing und rief: »Mich dürstet«, sehnte er sich nach mehr als nur nach Wasser: Ihn dürstet nach deiner Liebe und Freundschaft; er wollte lieber sterben, als dich nicht bei sich zu haben. Das ist die wunderbare Botschaft des Bundes.

Jeder von uns ist zu einer innigen Freundschaft mit ihm aufgerufen, zu einer Verbundenheit, die wir zu Hause, in unseren Klassenzimmern, in der Werkshalle und im Büro ausleben. Wir müssen nicht aus der Gesellschaft aussteigen und religiös werden, um eine innige Beziehung zu Gott zu haben. Mitten im Alltag mit all seinen Anforderungen, Verantwortlichkeiten und Aktivitäten sind wir aufgerufen, mit Gott durchs Leben zu gehen. Unsere Freundschaft mit ihm wird zum Herzstück unseres Daseins, von dem aus das gesamte Leben in Harmonie fließt.

Abraham wurde der Freund Gottes genannt. Er war sicherlich kein Einsiedler oder Einzelgänger! Im ersten Buch Mose wird er als Wüstenscheich beschrieben, der über sein Zeltreich herrschte, als Viehzüchter und kluger Geschäftsmann, der 300 Männer beschäftigte. Während er seine Rinder, Schafe und Kamele züchtete und seine Geschäfte machte, war er ein Freund Gottes, der durchs Leben ging und lernte, Gott zu vertrauen.

Denk daran, dass dies die Verheißung des Bundes ist und daher durch den Eid Gottes gestützt wird. Dies ist keine Zugabe zum Leben, kein Extra für die wirklich Begeisterten, sondern die Verheißung des Bundes, der mit dem Blut Gottes besiegelt wurde. Er hat es sich zur Aufgabe gemacht, uns zu seiner Erkenntnis zu führen. Diese Erkenntnis wird durch das Wirken des Heiligen Geistes vermittelt und wächst, wie wir gesehen haben, unser ganzes Leben hindurch.

Und ich will ihnen ein Herz geben, dass sie mich erkennen sollen, dass ich der HERR bin. — Jeremia 24,7

In jener Zeit sprach Jesus: Ich preise dich, Vater, Herr des Himmels und der Erde, weil du das vor den Weisen und Klugen verborgen und es den Unmündigen offenbart hast. Ja, Vater, so hat es dir gefallen. — Matthäus 11,25–26 EÜ

Die Weisen und Klugen könnte man besser als die »Schlauen« bezeichnen; und die Unmündigen sind die Ungelehrten,

Unwissenden, Ungeübten oder auch Kindlichen. Achte auf die zwei wichtigsten Punkte im Text: Einerseits hat er sich vor den »Schlauen« verborgen, andererseits hat er sich den Unmündigen offenbart. Je mehr wir versuchen, Gott kennenzulernen, indem wir unsere Köpfe mit religiösen Fakten vollstopfen, desto weiter sind wir davon entfernt, ihn zu kennen; umgekehrt macht uns das Eingeständnis unserer Hilflosigkeit, wenn wir zu ihm kommen, zu Kandidaten für die Umsetzung der Bündniszusage durch ihn.

Im alten Bund gab es Vermittler: die Priester, durch die sich das Volk an Gott wandte, und die Propheten, durch die es von Gott hörte.

Und es wird keiner mehr seinen Nächsten und keiner mehr seinen Bruder lehren und sagen: »Erkenne den HERRN!« Denn sie werden mich alle kennen, vom Kleinsten bis zum Größten unter ihnen, spricht der HERR; denn ich werde ihre Missetat vergeben und an ihre Sünde nicht mehr gedenken! — Jeremia 31,34

Im neuen Bund haben wir keine irdischen Vermittler, sondern kennen den Herrn und wenden uns direkt an ihn.

Lasst uns also voll Zuversicht hinzutreten zum Thron der Gnade, damit wir Erbarmen und Gnade finden und so Hilfe erlangen zur rechten Zeit! — Hebräer 4,16 EÜ

In dem wir die Freimütigkeit und den Zugang haben in Zuversicht durch den Glauben an ihn. — Epheser 3,12

In diesen beiden Versen sind die Wörter »Zuversicht« und »Freimütigkeit« gleichbedeutend. Das waren mächtige Worte für den Menschen, der nur den alten Bund kannte, in dem lediglich der stellvertretende Hohepriester das Allerheiligste betreten konnte, und dies auch nur einmal im Jahr. Dieses »voll Zuversicht« hat eine starke Bedeutung. Es bedeutet, kühn, voller Vertrauen und ohne Furcht zu sein, einfach kommen und frei reden zu dürfen.

Das bedeutet nicht, dass wir keine Unterweisung brauchen; Gott hat in der Gemeinde Pastoren und Lehrer eingesetzt. Aber der Lehrer muss sich seiner völligen Abhängigkeit vom Heiligen Geist stets deutlich bewusst sein. Die Zuhörenden werden den Lehrer nicht verstehen, wenn der Heilige Geist nicht die Verheißungen des Bundes zur Anwendung bringt. Gott ist derjenige, der dafür sorgt, dass seine Menschen ihn kennenlernen. Der Lehrer der Wahrheit ist von Gott gelehrt worden, und derselbe Geist lehrt nun auch diejenigen, die durch den Lehrer unterwiesen werden. Sowohl Lehrer als auch Schüler müssen sich bei der Schulung des Herzens voll und ganz auf den Heiligen Geist verlassen. Wenn die Bibel genauso gelehrt wird, wie man jemandem Mathematik beibringt, ist das nichts anderes als eine Anhäufung von Fakten, die am Ende zu einem aufgeblähten Intellekt führt. Wenn der Geist lehrt, dann werden wir in unserem Herzen erleuchtet, um in eine innigere Freundschaft mit Gott hineingezogen zu werden und dem Bild von Gottes Sohn noch ähnlicher zu werden.

Es handelt sich um eine Gotteserkenntnis, die nicht im Kopf, sondern im Herzen angesiedelt ist. Diese Erkenntnis ist nicht von einem Gefühl geistiger Befriedigung umgeben, die dem Verstehen eines theologischen Sachverhalts entspringt, vielmehr handelt es sich um ein direktes und unmittelbares Wissen, ein inneres Wissen, das unabhängig von Studien oder Belehrungen durch den Menschen zustande kommt und Gewissheit und Vertrautheit mit Gott bewirkt. In 1. Johannes 5,10 wird es als das Zeugnis des Geistes beschrieben, das der Gläubige in sich trägt.

Für mich ist das allerdings ein großes Problem, denn ich bin ein Büchermensch; ich liebe es, zu lernen! Vielleicht bin ich sogar süchtig nach dem typischen Geruch von Bibliotheken! Ich kehre deshalb immer wieder zu dieser Wahrheit zurück, weil ich weiß, dass ich sonst Gefahr laufe, das Bewusstsein *für* ihn im Wissen *über* ihn zu verlieren.

Ich möchte hinzufügen, dass es sich hierbei nicht um theoretisches Wissen handelt, wie wir es durch den Besuch von Bibelkonferenzen oder in der Sonntagsschule erhalten und das von den Ausführungen und Unterweisungen einer Person abhängt. Es kann durchaus während solcher Lehreinheiten vermittelt werden, aber es unterscheidet sich. Die Unterweisung, wie auch das persönliche Bibelstudium, baut Fakten auf Fakten auf, während dieses Wissen von der Gnade übermittelt wird und sowohl voll ausgereift als auch mit großer Überzeugung im Bewusstsein anlangt.

Sein oder Tun

Tragischerweise haben wir uns mit viel weniger als einer solch innigen Bündnisbeziehung zufriedengegeben. Im Gleichnis vom verlorenen Sohn in Lukas 15 schildert Jesus, wie dieser den Entschluss fasste, zurück zu seinem alten Zuhause zu gehen, weil seine Sünde ihn in einen erbärmlichen Zustand gebracht hatte. Er konnte sich nicht vorstellen, dass sein Vater ihn liebte und ihm in seinem Haus wieder die Stellung eines geliebten Sohnes zugestehen würde. Er bereitete eine Rede vor, in der er seinem Vater ein geschäftliches Angebot machen und ihm vorschlagen wollte, als bezahlter Gehilfe in seine Dienste zu treten.

Ich bin nicht mehr wert, dein Sohn zu heißen;
mache mich zu einem deiner Tagelöhner! — Lukas 15,19

Ein Tagelöhner war das, was wir heute einen Zeitarbeiter nennen würden. Die dauerhaft angestellten Knechte lebten auf dem zum Hof gehörenden Land und wurden das ganze Jahr über versorgt, unabhängig davon, ob es Arbeit zu tun gab oder nicht. Tagelöhner hingegen wurden tageweise beschäftigt, wenn es für die Knechte zu viel Arbeit gab, meist während der Aussaat oder wenn die Ernte eingebracht werden musste. Frühmorgens ging der Bauer auf den Marktplatz, wo sich die Arbeitslosen versammelten, und suchte sich die Männer aus, die er brauchte, einigte sich mit ihnen auf einen angemessenen Lohn für die Tagesarbeit und nahm sie mit zu seinem Hof.

Da der verlorene Sohn vorschlug, er solle als Tagelöhner beschäftigt werden, ist anzunehmen, dass er außerhalb des väterlichen Anwesens leben und sich frühmorgens zu den Arbeitslosen gesellen wollte, um von seinem Vater ausgewählt zu werden, wenn dieser zusätzliche Hilfe benötigte. Es entsprach einem Verhältnis auf Armeslänge zu seinem Vater und war das Beste, was er sich in Anbetracht seines Lebenswandels vorstellen konnte.

Jesus schildert dann, wie der Vater den Vagabunden erblickte, als dieser noch weit vom Hof entfernt war. Er erkannte ihn als seinen Sohn und lief auf ihn zu, er umarmte ihn, hielt ihn fest und bedeckte ihn mit Küssen. Der verblüffte, von der väterlichen Liebe überrumpelte junge Mann wusste kaum, wie ihm geschah. Unglaublicherweise war er dennoch fest entschlossen, seine vorbereitete Rede zu Ende zu führen und darum zu bitten, hin und wieder als Aushilfskraft angeheuert zu werden! Aber der Vater ließ ihn gar nicht erst zu Ende reden. Er unterbrach ihn, bevor er seinen Vorschlag unterbreiten konnte. Der Vater wollte keinen weiteren

Angestellten! Dieser junge Mann war sein geliebter Sohn, der mit Gewändern, Schuhen und einem Siegelring ausgestattet und mit dem gemästeten Kalb gefeiert werden sollte.

In der wilden Hektik der Aktivitäten für Gott, die in vielen Gemeinden als engagiertes Christsein gilt, müssen wir uns eine Frage stellen: Sind wir zu Gott gekommen, um ihm aus ängstlicher Distanz heraus zu dienen oder geht es uns darum, das Ziel seiner Freude zu sein und unsere wahre Identität in seiner Liebe zu entdecken?

In vielen Fällen scheint es so, als würden wir uns mit zunehmendem Engagement in der Gemeinde immer weiter von der herrlichen Berufung entfernen, die wir mit unserer Errettung empfangen haben, anstatt ihr Potential voll auszuschöpfen. Je mehr Leitungsverantwortung wir in der Gemeinde übernehmen, desto stärker werden wir in geschäftliche Angelegenheiten, in Programme und Werbemaßnahmen eingebunden. Der Pastor einer großen Gemeinde an der Westküste der USA vertraute mir an: »Ich habe alles aufgegeben, um mich Gott hinzugeben und ihm zu dienen, aber heute stelle ich fest, dass ich ein Buchungsagent geworden bin, immer auf der Suche nach den besten charismatischen Künstlern, die durch die Stadt kommen!« Ein anderer, dessen soeben erst fertiggestelltes Kirchengebäude das größte im weiten Umkreis war, saß am Abend der Einweihung mit bleichem Gesicht und voller Angst in seinem Büro und sagte zu mir: »Ist das alles? Ist es das, wofür ich mein Leben gegeben habe? Diesem Gebäude habe ich jahrelang mein Dasein geopfert, und schon jetzt ödet es mich an.«

Pastoren, Geistliche und Gemeinden müssen dringend erkennen, dass Christus gestorben ist, um uns in eine innige Bündnisbeziehung mit dem dreieinigen Gott zu bringen. Während wir hektisch bemüht sind, etwas für ihn zu tun, laufen wir Gefahr, den eigentlichen Sinn des Evangeliums zu übersehen – nämlich mit ihm zusammen zu sein.

Wir müssen nicht im Dienst stehen, um mit den gleichen Problemen konfrontiert zu werden wie der junge brasilianische Pastor. Wie definierst du deine Beziehung zu Gott? Ist sie vergleichbar mit der eines Bediensteten, der seinem Vorgesetzten gehorcht? Oder ist es ein tägliches Reagieren auf seine Liebe, das sich über ihn als besten Freund freut? Ist es ein Für-ihn-Tun oder ein In-seiner-Liebe-Sein?

Er hat viele Diener, aber nur wenige Freunde!

Der Geist ruft uns, er stupst uns mit dieser inneren Sehnsucht danach an, Gott wirklich zu kennen, aber wir müssen darauf eingehen, indem wir zu einer Haltung kommen, die es dem Heiligen Geist ermöglicht, uns Gott nahezubringen.

> *So lasst uns [ihn] erkennen, ja, eifrig trachten nach der Erkenntnis des HERRN! Sein Hervorgehen ist so sicher wie das Licht des Morgens, und er wird zu uns kommen wie ein Regenguss, wie ein Spätregen, der das Land benetzt!«*
> *— Hosea 6,3*

Diese Formulierung »eifrig trachten« geht auf ein sehr aussagekräftiges Wort zurück, das so viel bedeutet wie »mit Eifer und Begeisterung verfolgen«. Der Prophet fordert uns nicht nur auf, nach solcher Erkenntnis zu streben, sondern er versichert uns auch, dass wir den Herrn finden werden – so sicher wie die Morgendämmerung anbricht und der Regen zu seiner Zeit kommt.

Es ist bezeichnend, dass sich viele der Gebete des Apostel Paulus für seine Neubekehrten um diesen Gedanken drehten. Er wollte, dass sie über das rein verstandesmäßige Wissen, das Studieren eines Themas, das bloße Bescheidwissen über eine Sache, hinausgehen und diese tiefe Erfahrung der Vertrautheit machen würden. Wir können nichts Besseres tun, als eine seiner Bitten zum Gebet unseres Lebens zu machen:

> *[Dass er euch gebe,] die Liebe des Christus zu erkennen, die doch alle Erkenntnis übersteigt, damit ihr erfüllt werdet bis zur ganzen Fülle Gottes. — Epheser 3,19*

SCHLUSSWORT

Wir sind gemeinsam durch die Wunder des neuen Bundes gereist, und bald trennen sich unsere Wege wieder. Doch noch steht die Frage im Raum: »Was sollen wir jetzt tun?«

Wir müssen das Wesen dieser Wahrheit, die wir den neuen Bund nennen, in ihrer Gesamtheit verstehen. Die Ereignisse, von denen sie zeugt, sind in der Menschheitsgeschichte verankert – das Blut Gottes wurde vergossen, während die Minuten und Stunden verrannen –, aber sie dürfen niemals als längst vergangene Geschichte betrachtet werden. Das Evangelium ist Gottes Reden zu uns hier und jetzt, seine Worte kommen frisch aus seinem Mund und sind so neu wie an dem Tag, an dem sie zum ersten Mal gesprochen wurden; die Ereignisse sind uns in der ganzen Fülle der unendlichen Kraft gegenwärtig, die in derselben Sekunde freigesetzt wurde, als sie stattfanden.

Weil diese Worte und Ereignisse einen echten historischen Bericht darstellen, können wir über sie nachdenken, sie erörtern und sie auf einer intellektuellen Ebene verstehen. Sie künden aber auch vom Handeln des lebendigen Gottes; wir müssen daher über eine rein sachliche Auseinandersetzung mit der Thematik hinausgehen und diesen Worten und Ereignissen Glauben schenken, indem wir unser Leben dem Herrn Jesus anvertrauen, denn er ist der Bund.

Das Evangelium des neuen Bundes steht in der ewigen Gegenwart: Es ist jetzt gültig, in seiner ganzen Fülle. Es gibt nichts hinzuzufügen, und es gibt nichts, was in mir erst noch erreicht werden müsste, um mich seiner würdig zu machen. Es ist ein reines Geschenk, das jetzt, in diesem Augenblick, empfangen werden kann.

Wir müssen uns bewusst sein, dass dies für das Fleisch, das falsche Selbst, lebensbedrohlich ist. Ja zu sagen zu dem reinen Geschenk Gottes und es zu empfangen, bedeutet, dass man sich in der Position des hilflosen Empfängers in den Händen eines anderen befindet und die vermeintliche Kontrolle über das eigene Heil oder die Lebensführung als Christ abgegeben hat. Unabhängigkeit, Eigenständigkeit und Kontrolle über das eigene Heil sind die Lebensenergie des Fleisches; etwas als Geschenk zu empfangen, das man sich nicht verdienen kann und über das man keine Kontrolle hat, ist der sichere Tod des Fleisches.

Zu erkennen, dass der neue Bund, das unentgeltliche Geschenk Gottes, sich in seiner ganzen Fülle uns entgegendrängt und darauf wartet, von uns angenommen zu werden, bringt das Fleisch in eine ernste Notlage! In dem Moment, in dem wir das uns erwartende Geschenk entdecken, werden wir uns auch der Entschlossenheit des falschen Selbst bewusst, das uns drängt, in diesem Moment vor jeder Reaktion zu fliehen. Es versucht, uns gleich an zwei Fronten aufzuhalten. Erstens drängt es uns: »Studiere mehr; du verstehst es noch nicht – werde würdig, es durch vollkommene Erkenntnis zu empfangen!«

Endloses Studieren, Erörtern und Diskutieren, das jedoch ohne Auswirkungen auf das eigene Leben und Verhalten bleibt, ist die erste Abwehrmaßnahme des Fleisches. Erweitere dein Wissen, aber empfange nicht das Geschenk! Für das Fleisch in einer solchen Abwehrhaltung bedeutet Glaube, dass man zwar etwas *über* eine Sache glaubt, ohne jedoch darauf zu vertrauen oder sein Leben und Verhalten mit dem, was man jetzt »glaubt«, in Einklang zu bringen.

Tragischerweise gibt es zahllose Gläubige, die die Wahrheiten des Evangeliums eher hobbymäßig studieren, ohne einen ernsthaften Plan, sie in ihrem Leben und Verhalten umzusetzen. Die damit verbundenen Informationen werden zum Selbstzweck; man weiß etwas, nur um es zu wissen. Das ist als Wissen im Grunde genauso unsinnig wie die Behauptung, dass zwei plus zwei gleich null sei! Es ist eine Beschäftigung des religiösen Fleisches ohne göttliches Leben, ohne Erleuchtung durch den Heiligen Geist, die keine Liebe hervorbringt, sondern nur Stolz, Streit und Spaltung fördert.

Immer wieder werden wir im Neuen Testament zum Glauben aufgerufen, in dem Sinne, dass wir dem Ziel unseres Glaubens unsere ganze Person anvertrauen. Ein solcher Glaube ist keine gedankliche Übung mehr, sondern wird zur echten Lebenskraft. Wir studieren, reflektieren und erörtern die göttliche Wahrheit, aber mit Ehrfurcht, weil wir wissen, dass unser Lernen mit der Erleuchtung durch den Heiligen Geist einhergehen muss und zu einer Vertiefung des Vertrauens in ihn führen sollte.

Wer kann die Liebe Gottes durch Erforschung begreifen? Das menschliche Gehirn ist zu klein und begrenzt, um die unendliche Liebe Gottes zu erfassen! Eine solche Liebe kann nur durch die Offenbarung des Geistes erkannt und durch einen Glaubensschritt erfahren werden, bei dem wir uns ihm voll und ganz anvertrauen. Wir können also jede Facette des neuen Bundes nur bis zu einem gewissen Punkt studieren und müssen uns dann dem lebendigen Herrn des Bundes anvertrauen und zulassen, dass er diese Dinge in uns hineinwirkt und unser Leben verändert.

Das Fleisch hat noch einen zweiten Abwehrmechanismus, der uns daran hindern soll, das Geschenk direkt anzunehmen; das Fleisch ist zur Annahme bereit – *aber nur unter gewissen Bedingungen.* Es muss Zeit haben, sich darauf vorzubereiten, mit Zusagen der Hingabe, mit Gelöbnissen, gottgefälliger und disziplinierter zu werden – und zwar gleich ab morgen oder spätestens nächste Woche. Auf diese Weise hat das Fleisch einen Grund geschaffen, um die Zusagen des Bundes durch einen Prozess zu empfangen, bei dem es immer noch die Kontrolle hat und bestimmt, wann wir bereit und würdig sind, den Bund anzunehmen.

Das religiöse Fleisch muss um jeden Preis die Kontrolle behalten. Die Konfrontation mit der Realität der bedingungslosen Liebe Gottes, der in Christus alles gegeben hat, bedeutet für das Fleisch den Tod. Der Pharao zur Zeit des Auszugs lief über einen Teppich von quakenden Fröschen, schlief mit ihren schleimigen Körpern auf seinem Bett und ertrug es, dass sie während der Mahlzeiten über die königliche Tafel hüpften. Als Mose verkündete, die Plage sei vorbei und die Frösche würden verschwinden, wann immer der Pharao es wollte, entschied sich dieser erstaunlicherweise für den nächsten Tag. Er konnte nicht akzeptieren, dass die Plage beendet war und die Frösche in diesem Augenblick verschwinden konnten. Durch ein solches sofortiges Reagieren hätte er die Situation nicht mehr unter Kontrolle gehabt und wäre von der Hand Gottes abhängig gewesen. Er zog es vor, sein Bett eine weitere Nacht mit dem lebenden Froschteppich zu teilen, um zu beweisen, dass er immer noch die Kontrolle hatte und die Frösche gehen würden, wenn *er* es sagte!

Ich verbrachte einmal auf Einladung ein Wochenende damit, diese Wahrheiten einer Gemeinde darzulegen. Der Pastor dieser Gemeinde brachte die Zusammenkünfte zum Abschluss, indem er die Leute aufforderte, nach vorne zu kommen und »den Preis zu zahlen«, damit sie den Segen empfangen könnten, von dem ich gesprochen hatte! Ich musste ihn sanft korrigieren und der Gemeinde versichern, dass es keinen Preis zu zahlen gebe, dass dieses Geschenk ohne ihr Zutun in ihnen sei und sie keinen Prozess durchlaufen müssten, bevor sie es empfangen konnten!

Die Reaktion des Glaubens auf das Geschenk des Bundes sollte Hingabe sein – *jetzt*, in diesem Moment –, indem wir alles, was wir über uns selbst wissen, dem hingeben, was wir über ihn wissen. Wir wissen wenig über uns selbst und noch weniger über ihn, aber wenn wir uns ihm überlassen, werden wir bald mehr wissen. Und die Hingabe ist nicht kompliziert, sondern besteht in einem Ja, das von Herzen kommt; ein Ja ohne irgendwelche Versprechungen, sondern nur mit einem Danke für sein Geschenk. Mit dieser Haltung des Empfangens geben wir dem Heiligen Geist dann den nötigen Raum, seine Wunder zu wirken.

Indem wir uns der im Bund enthaltenen Wahrheit überlassen, fangen wir an, uns im Licht dieser Wahrheit zu sehen. Das Fleisch wird uns immer auf unsere Vergangenheit reduzieren wollen, aber durch den Glauben, der sich ihm hingibt, werden wir uns auf Grundlage des uns gegebenen Bundes wahrnehmen. Wir sehen und beschreiben uns selbst dann gemäß dem, was wir im Licht der Liebe, die uns geschenkt wurde, wirklich sind:

»Ich bin grenzenlos und bedingungslos geliebt. Ja, das bin ich!«

»Ich bin jetzt im Bund mit Gott durch den Herrn Jesus. Ja, das bin ich!«

»Ich wurde in Christus aufgenommen und bin jetzt in ihm lebendig. Ja, das bin ich!«

»Der Geist ist in mir und gießt die Liebe Gottes in meinem Herzen aus. Ja, das tut er!«

»Mein Körper ist die Wohnstätte des Geistes. Ja, das ist er!«

Aus einer solchen Haltung heraus werden wir immer weiter in der Gnade und in der wahren Erkenntnis des Herrn Jesus wachsen.

ENDNOTEN

1. Vines Expository Dictionary of Old and New Testament Words, s.v. »new«.
2. »Covenant and Creation: A Theology of Old Testament Covenants,« by W.J. Drumbrell, Paternoster Press, Seite 16.
3. Webster's Universal Encyclopedic Dictionary, 2002 Edition, Barnes and Noble; Webster's New College Dictionary, Houghton Mifflin Co., 1995, s.v. »represent«.
4. Webster's Universal Encyclopedic Dictionary, 2002 Edition, Barnes and Noble, s.v. »contract«.
5. Elberfelder Studienbibel, AT 2685 *häsäd*, Witten: SCM R.Brockhaus ^{4}2013.
6. Elberfelder Studienbibel, AT 2478 *hajah*, Witten: SCM R.Brockhaus ^{4}2013.
7. Elberfelder Studienbibel, NT 2203 *zoe*, Witten: SCM R.Brockhaus ^{4}2013.
8. Elberfelder Studienbibel, NT 264 *hamartia*, Witten: SCM R.Brockhaus ^{4}2013.
9. Elberfelder Studienbibel, AT 2685 *häsäd*, Witten: SCM R.Brockhaus ^{4}2013.
10. Elberfelder Studienbibel, AT 2027 *halal*, Witten: SCM R.Brockhaus ^{4}2013.
11. Elberfelder Studienbibel, NT 25 *agape*, Witten: SCM R.Brockhaus ^{4}2013.
12. »Eros« auf Duden online. URL: https://www.duden.de/node/42088/revision/1255322.
13. Elberfelder Studienbibel, AT 3128 *jada*, Witten: SCM R.Brockhaus ^{4}2013.
14. Elberfelder Studienbibel, NT 3181 *mesites*, Witten: SCM R.Brockhaus ^{4}2013.
15. Webster's Universal Encyclopedic Dictionary, 2002 Edition, Barnes and Noble, s.v. »intercede«; Strong's, »Hebrew« Eintrag #5241, s.v. »huperentugchano«.
16. Elberfelder Studienbibel, NT 1816 *exegeomai*, Witten: SCM R.Brockhaus ^{4}2013.
17. Dictionary of Ecclesiastical Latin, s.v. »ecce« und »homo«.
18. Elberfelder Studienbibel, NT 3708 *paradidomi*, Witten: SCM R.Brockhaus 42013.
19. Encarta World English Dictionary, s.v. »ratify«.
20. Elberfelder Studienbibel, AT 557 *aman*, Witten: SCM R.Brockhaus ^{4}2013.
21. Elberfelder Studienbibel, AT 546 *ämunah*, Witten: SCM R.Brockhaus ^{4}2013.
22. Elberfelder Studienbibel, NT 3205 *metanoeo*, Witten: SCM R.Brockhaus ^{4}2013.
23. Kittel Theological Dictionary of the New Testament, Band 1, S. 348ff.
24. Webster's Universal Encyclopedic Dictionary, 2002 Edition, Barnes and Noble, s.v. »symbol«.

25. Elberfelder Studienbibel, NT 2816 *koinonia*, Witten: SCM R.Brockhaus ^{4}2013.
26. Vines Expository Dictionary of Old and New Testament Words, s.v. »eat«.
27. Webster's Universal Encyclopedic Dictionary, 2002 Edition, Barnes and Noble, s.v. »debt«.
28. Elberfelder Studienbibel, NT 856 *aphiemi*, Witten: SCM R.Brockhaus ^{4}2013.
29. Complete Word Study Dictionary, New Testament, Spiros Zodhiates, TH.D., AMG Publishers, Chattanooga, TN, #142, s.v. »forgiveness«.
30. Elberfelder Studienbibel, NT 144 *airo*, Witten: SCM R.Brockhaus ^{4}2013.
31. Complete Word Study Dictionary, New Testament, Spiros Zodhiates, TH.D., AMG Publishers, Chattanooga, TN, #1968, s.v. »epipipto«.
32. Elberfelder Studienbibel, NT 2384 *hieron*, Witten: SCM R.Brockhaus ^{4}2013.
33. Elberfelder Studienbibel, NT 3341 *naos*, Witten: SCM R.Brockhaus ^{4}2013.
34. Complete Word Study Dictionary, New Testament, Spiros Zodhiates, TH.D., AMG Publishers, Chattanooga, TN, #1981.
35. Vines Expository Dictionary of Old and New Testament Words, s.v. »content«.
36. Wycliffe Bible Commentary, Electronic Database, 1962 Moody Press, s.v. Philippians 4:11–13.
37. Complete Word Study Dictionary, New Testament, Spiros Zodhiates, TH.D., AMG Publishers, Chattanooga, TN, #1743, s.v. »endunamoo«.
38. Elberfelder Studienbibel, NT 1406 dynamis, Witten: SCM R.Brockhaus ^{4}2013.
39. Elberfelder Studienbibel, NT 2879 *kratos*, Witten: SCM R.Brockhaus ^{4}2013.
40. Elberfelder Studienbibel, NT 3089 *makrothymia*, Witten: SCM R.Brockhaus ^{4}2013.
41. Vines Expository Dictionary of Old and New Testament Words, s.v. »secret«.
42. Vines Expository Dictionary of Old and New Testament Words, s.v. »fear«.
43. Vines Expository Dictionary of Old and New Testament Words, s.v. »know«.
44. Vines Expository Dictionary of Old and New Testament Words, s.v. »know«.
45. Complete Word Study Dictionary, New Testament, Spiros Zodhiates, TH.D., AMG Publishers, Chattanooga, TN, #1097, s.v. »ginosko«.

GEBET ZUR ERRETTUNG

Gott liebt dich – ganz gleich, wer du bist oder wie deine Vergangenheit aussieht. Gott liebt dich so sehr, dass er seinen einziggeborenen Sohn für dich hingab. Die Bibel sagt uns, »damit jeder, der an ihn glaubt, nicht verlorengeht, sondern ewiges Leben hat« (Joh 3,16). Jesus hat sein Leben niedergelegt und ist wieder auferstanden, damit wir die Ewigkeit mit ihm im Himmel verbringen und schon auf Erden sein absolut Bestes erleben können. Wenn du Jesus in dein Leben aufnehmen möchtest, sprich das folgende Gebet laut und von Herzen kommend aus.

Himmlischer Vater, ich komme zu dir und bekenne,
dass ich ein Sünder bin. Hier und jetzt entscheide ich mich,
der Sünde den Rücken zu kehren, und ich bitte dich, mich
von aller Ungerechtigkeit zu reinigen.
Ich glaube, dass dein Sohn, Jesus, am Kreuz gestorben ist,
um meine Sünden wegzunehmen. Ich glaube auch, dass er
von den Toten auferstanden ist, damit mir meine Sünden
vergeben würden und ich durch den Glauben an ihn gerecht
werden könnte. Ich rufe den Namen Jesus Christus an,
möge er der Retter und Herr meines Lebens sein.
Jesus, ich entscheide mich, dir zu folgen, und bitte dich,
mich mit der Kraft des Heiligen Geistes zu erfüllen.
Ich erkläre, dass ich in diesem Moment ein Kind Gottes
bin. Ich bin frei von Sünde und voll von der Gerechtigkeit
Gottes. Ich bin gerettet in Jesu Namen. Amen.

ÜBER DEN AUTOR

Malcolm Smith wurde in London, England, geboren. Er kam 1964 in die Vereinigten Staaten. Als Pastor einer Gemeinde in Brooklyn, New York, veränderte sich sein Dienst radikal durch die Offenbarung, dass der Kern des Evangeliums in der bedingungslosen Liebe Gottes zu finden ist, die er den Menschen durch Jesus Christus im Bund entgegenbringt. In den 1960er und 70er Jahren lehrte Malcolm im Zusammenhang mit der charismatischen Erneuerung und wurde durch Radio- und Fernsehsendungen sowie durch Seminare und Einkehrtage in der ganzen Welt bekannt.

Heute ist Malcolm überall in den Vereinigten Staaten und auf den Missionsfeldern der Welt tätig.

Wenn du mit Malcolm Smith Kontakt aufnehmen möchtest, schreibe ihm:

Unconditional Love Ministries
P.O. Box 1599
Bandera, TX 78003
www.malcolmsmith.org

Bitte teile in deinem Schreiben auch deine Gebetsanliegen und Kommentare mit.